当代儒师培养书系·教师教育系列
主　编　舒志定　李　勇

本书系国家社会科学基金项目"县域内城乡流动教师身份认同的影响因素及其政策支持研究"（编号：16BGL173）的研究成果

On Urban-Rural Teacher Exchange
and its Policy Support within the County

县域内城乡教师交流
及其政策支持研究

李茂森　著

ZHEJIANG UNIVERSITY PRESS
浙江大学出版社
·杭州·

图书在版编目(CIP)数据

县域内城乡教师交流及其政策支持研究 / 李茂森著. —
—杭州：浙江大学出版社,2022.10
ISBN 978-7-308-20578-8

Ⅰ.①县… Ⅱ.①李… Ⅲ.①县—地方教育—师资培
养—研究—中国 Ⅳ.①G451.2

中国版本图书馆 CIP 数据核字(2020)第 171100 号

县域内城乡教师交流及其政策支持研究
XIANYU NEI CHENGXIANG JIAOSHI JIAOLIU JI QI ZHENGCE ZHICHI YANJIU
李茂森 著

责任编辑	葛 娟	
责任校对	朱 辉	
责任印制	范洪法	
封面设计	春天书装	
出版发行	浙江大学出版社	
	（杭州市天目山路 148 号 邮政编码 310007）	
	（网址:http://www.zjupress.com）	
排 版	浙江时代出版服务有限公司	
印 刷	杭州高腾印务有限公司	
开 本	710mm×1000mm 1/16	
印 张	12.25	
字 数	252 千	
版 印 次	2022 年 10 月第 1 版 2022 年 10 月第 1 次印刷	
书 号	ISBN 978-7-308-20578-8	
定 价	42.00 元	

当代儒师培养书系
总　序

　　把优秀传统文化融入教师教育全过程,培育有鲜明中国烙印的优秀教师,这是当前中国教师教育需要重视和解决的课题。湖州师范学院教师教育学院对此进行了探索与实践,以君子文化为引领,挖掘江南文化资源,提出培养当代儒师的教师教育目标,实践"育教师之四有素养、效圣贤之教育人生、展儒师之时代风范"的教师教育理念,体现教师培养中对优秀传统文化的尊重,昭示教师教育中对文化立场的坚守。

　　能否坚持教师培养的中国立场,这应是评价教师教育工作是否合理的重要依据,我们把它称作教师教育的"文化依据"(文化合理性)。事实上,中国师范教育在发轫之时就强调教师教育的文化立场,确认传承优秀传统文化是决定师范教育正当性的基本依据。

　　19世纪末20世纪初,清政府决定兴办师范教育时的一项重要工作是选派学生留学日本和派遣教育考察团考察日本的师范教育。1902年,朝廷讨论学务政策,张之洞就对张百熙说:"师范生宜赴东学习。师范生者不惟能晓普通学,必能晓为师范之法,训课方有进益。非派人赴日本考究观看学习不可。"[1]以1903年为例,该年4月至10月间,留学日本的毕业生共有175人,其中读师范者71人,占40.6%。[2]但关键问题是要明确清政府决定向日本学习师范教育的目的是什么。无论是选派学生到日本学习师范教育,还是派遣教育考察团访日,目标都是拟定教育方针、教育宗旨。事实也是如此,派到日本的教育考察团向清政府

---

　　[1][2]　田正平.传统教育的现代转型.杭州:浙江科学技术出版社,2013.

1

建议要推行"忠君、尊孔、尚公、尚武、尚实"的教育宗旨。这10个字的教育宗旨，有着鲜明的中国文化特征。尤其是把"忠君"与"尊孔"立于重要位置，这不仅要求把"修身伦理"作为教育工作的首要事务，而且要求教育坚守中国立场，是传统中国道统、政统、学统在现代学校教育中的传承与延续。

当然，这一时期坚持师范教育的中国立场，目的是发挥教育的政治功能，为清政府巩固统治地位服务。只是，这些"学西方、开风气"的"现代性"工作的开展，并没有改变国家进一步衰落的现实。因此，清政府的"新学政策"，引起了一批有识之士的反思、否定与批判，他们把"新学"的问题归结为重视科技知识教育、轻视社会义理教育。早在1896年梁启超就在《学校总论》中批评同文馆、水师学堂、武备学堂、自强学堂等新式教育的问题是"言艺之事多，言政与教之事少"，为此，他提出"改科举之制""办师范学堂""区分专门之业"三点建议，尤其是强调开办师范学堂的意义，否则"教习非人也"。① 梁启超的观点得到军机大臣、总理衙门的认同与采纳，1898年颁布的《筹议京师大学堂章程》就明确要求各省所设学堂不能缺少义理之教。"夫中学体也，西学用也，两者相需，缺一不可，体用不备，安能成才。且既不讲义理，绝无根底，则浮慕西学，必无心得，只增习气。前者各学堂之不能成就人才，其弊皆由于此。"② 很明显，这是要求学校处理好中学与西学、义理之学与技艺之学之间的关系，如果只重视其中一个方面，就难以实现使人成才的教育目标。

其实，要求学校处理好中学与西学、义理之学与技艺之学之间的关系，实质是对学校性质与教育功能的一种新认识，它突出学校传承社会文明的使命，把维护公共利益、实现公共价值确立为学校的价值取向。这里简要举两位教育家的观点以说明之。曾任中华民国教育部第一社会教育工作团团长的董渭川认为，国民学校是"文化中心"，"在大多数民众是文盲的社会里，文化水准既如此其低，而文化事业又如此贫乏，如果不赶紧在全国每一城乡都建立起大大小小的文化中心来，我们理想中的新国家到哪里去培植基础？"而这样的文化中心不可能凭空产生，"其数量最多、比较最普遍且最具教育功能者，舍国民学校当然找不出第二种设施。这便是非以国民学校为文化中心不可的理由"。③ 类似的认识，也是

① 梁启超.饮冰室合集·文集之一.北京：中华书局，1989.
② 朱有瓛.中国近代学制史料.第一辑（上册）.上海：华东师范大学出版社，1983.
③ 董渭川.董渭川教育文存.北京：人民教育出版社，2007.

陶行知推行乡村教育思想与实践的出发点。他希望乡村教育对个人和乡村产生深刻的变革,使村民自食其力和村政工作自有、自治、自享,实现乡村学校是"中国改造乡村生活之唯一可能的中心"的目标。①

可见,坚守学校的文化立场,是中国教师教育的一项传统。要推进当前教师教育改革,依然需要坚持和传承这一教育传统。就如习近平总书记所说:"办好中国的世界一流大学,必须有中国特色。……世界上不会有第二个哈佛、牛津、斯坦福、麻省理工、剑桥,但会有第一个北大、清华、浙大、复旦、南大等中国著名学府。我们要认真吸收世界上先进的办学治学经验,更要遵循教育规律,扎根中国大地办大学。"②扎根中国大地办大学,才能在人才培养中融入中华优秀传统文化资源,培育具有家国情怀的优秀人才。

基于这样的考虑,我们提出把师范生培养成当代儒师,这符合中国国情与社会历史文化的发展要求。因为在中国百姓看来,"鸿儒""儒师"是对有文化、有德行的知识分子的尊称。当然,我们提出把师范生培养成当代"儒师",不是要求师范生做一名类似孔乙己那样的"学究"(当然孔乙己可否称得上"儒师"也是一个问题,我们在此只是做一个不怎么恰当的比喻),而是着力挖掘历代鸿儒大师的优秀品质,将其作为师范生的学习资源与成长动力。

的确,传统中国社会"鸿儒""儒师"身上蕴含的可贵品质,依然闪耀着光芒,对当前教师品质的塑造具有指导价值。正如董渭川对民国初年广大乡村区域学校不能替代私塾原因的分析,其认为私塾的"教师"不仅要教育进私塾学习的儿童,更应成为"社会的"教师,教师地位特别高,"在大家心目中是一个应该极端崇敬的了不起的人物。家中遇有解决不了的问题,凡需要以学问、以文字、以道德人望解决的问题,一概请教于老师,于是乎这位老师真正成了全家的老师"③。这就是说,"教师"的作用不只是影响受教育的学生,更是影响一县一城的风气。所以,我们对师范生提出学习儒师的要求,目标就是要求师范生成长为师德高尚、人格健全、学养深厚的优秀教师,由此也明确了培育儒师的教育要求。

一是塑造师范生的师德和师品。要把师范生培养成合格的教师,面向师范生开展师德教育、学科知识教育、教育教学技能教育、实习实践教育等教育活动。

①　顾明远,边守正.陶行知选集.第一卷.北京:教育科学出版社,2011.
②　习近平.青年要自觉践行社会主义核心价值观.中国青年报.2014-05-05(1).
③　董渭川.董渭川教育文存.北京:人民教育出版社,2007.

其中,提高师范生的师德修养是第一要务。正如陶行知所说,教育的真谛是千教万教教人求真、千学万学学做真人,因此他要求自己是捧着一颗心来、不带半根草去。

当然,对师范生开展师德教育,关键是使师范生能够自觉地把高尚的师德目标内化成自己的思想意识和观念,内化成个体的素养,变成自身的自觉行为。一旦教师把师德要求在日常生活的为人处世中体现出来,就反映了教师的品质与品位,这就是我们要倡导的师范生的人品要求。追求高尚的人格、涵养优秀的人品,是优秀教育人才的共同特征。不论是古代的圣哲孔子,朱熹、王阳明等一代鸿儒,还是后来的陶行知、晏阳初、陈鹤琴等现当代教育名人,在他们一生的教育实践中,始终保持崇高的人生信仰,恪守职责,爱生爱教,展示为师者的人格力量,是师范生学习与效仿的榜样。倡导师范生向着儒师目标努力,旨在要求师范生学习历代教育前辈的教育精神,培育其从事教育事业的职业志向,提升其贡献教育事业的职业境界。

二是实现师范生的中国文化认同。历代教育圣贤,高度认同中国文化,坚守中国立场。在学校教育处于全球化、文化多元化的背景下,更要强调师范生的中国文化认同。强调这一点,不是反对吸收多元文化资源,而是强调教师要自觉成为优秀传统文化的传播者,这就要求把优秀传统文化融入教师培养过程中。这种融入,一方面是从中华优秀传统文化宝库中寻找教育资源,用中华优秀传统文化资源教育师范生,使师范生接触和了解中华优秀传统文化,领会中国社会倡导与坚守的社会主义核心价值观,增强文化自信;另一方面是使师范生掌握中华优秀传统文化、社会发展历史的知识,具备和学生沟通、交流的意识和能力。

三是塑造师范生的实践情怀。从孔子到活跃在当代基础教育界的优秀教师,他们成为优秀教师的最基本特点,便是一生没有离开过三尺讲台,没有离开过学生,换言之,他们是在"教育实践"中获得成长的。这既是优秀教师成长规律的体现,又是优秀教师关怀实践、关怀学生的教育情怀的体现。而且优秀教师的这种教育情怀,出发点不是"精致利己",而是和教育报国、家国情怀密切联系在一起。特别是在国家兴亡的关键时期,一批批有识之士投身教育,或捐资办学,或开门授徒,以思想、观念、知识引领社会进步和国家强盛。比如浙江的朴学大师孙诒让,作为清末参加科举考试的一介书生,看到中日甲午战争中清政府的无能,怀着"自强之原,莫先于兴学"的信念,回家乡捐资办学,首先办了瑞安算学馆,希望用现代科学拯救中国。

四是塑造师范生的教育性向。教育性向是师范生是否喜教、乐教、善教的个人特性的具体体现,是成为一名合格教师的最基本要求。教育工作是一项专业工作,其对教师的专业素养提出了严格要求。教师需要的专业素养,可以概括为很多条,说到底最基本的一条是教师能够和学生进行互动交流。因为教师的课堂教学工作,实质上就是和学生互动的实践过程。这既要求培养教师研究学生、认识学生、理解学生的能力,又要求培养教师对学生保持宽容的态度和人道的立场,成为纯粹的、高尚的人,成为精神生活丰富的人,能够照亮学生心灵,促进学生的健康发展。

依据这四方面的要求,我们主张面向师范生开展培养儒师的教育实践,不是为了培养儒家意义上的"儒"师,而是要求师范生学习儒师的优秀品质,学习儒师的做人之德、育人之道、教人之方、成人之学,造就崇德、宽容、儒雅、端正、理智、进取的现代优秀教师。

做人之德。对德的认识、肯定与追求,在中国历代教育家身上体现得淋漓尽致。舍生取义,追求立德、立功、立言三不朽,这是传统知识分子的基本信念和人生价值取向。当前对教师来说,最值得学习的德之要素,是以仁义之心待人,以仁义之爱弘扬生命之价值。所以,要求师范生学习儒师、成为儒师,既要求师范生具有高尚的政治觉悟、思想修养、道德立场,又要求师范生具有宽厚的人道情怀,爱生如子,公道正派,实事求是,扬善惩恶。正如艾思奇所说,要"天性淳厚,从来不见他刻薄过人,也从来不见他用坏心眼考虑过人,他总是拿好心对人,以厚道待人"。①

育人之道。历代教育贤哲都认为教育是一种"人文之道""教化之道",也就是强调教育要重视塑造人的德行、品格,提升人的自我修养。孔子就告诫学生学习是"为己之学",意思是强调学习与个体自我完善的关系,并且强调个体的完善,不仅是要培育德行,而且是要丰富和完善人的精神世界。所以,孔子相信礼、乐、射、御、书、数等六艺课程是必要的,因为不论是乐,还是射、御,其目标不是让学生成为唱歌的人、射击的人、驾车的人,而是要从中领悟人的生存秘密,这就是

---

① 董标.杜国庠:左翼文化运动的一位导师——以艾思奇为中心的考察;刘正伟.规训与书写:开放的教育史学.杭州:浙江大学出版社,2013.

追求人的和谐,包括人与周围世界的和谐、人自身的身心和谐,成为"自觉的人"。这个观点类似康德所言教育的目的是使人成为人。但是,康德认为理性是教育基础,教育目标是培育人的实践理性。尼采说得更加清楚,认为优秀教师是一位兼具艺术家、哲学家、救世圣贤等身份的文化建树者。①

教人之方。优秀教师不仅学有所长、学有所专,而且教人有方。这是说,教师既懂得教育教学的科学,又懂得教育教学的艺术,做到教育的科学性和艺术性的统一。中国古代圣贤推崇悟与体验,正如孔子所说,"三人行,必有我师焉",成为"我师"的前提,是"行"("三人行"),也就是说,只有在人与人的相互交往中,才能有值得学习的资源。可见,这里强调人的"学",依赖参与、感悟与体验。这样的观点在后儒那里,变成格物致良知的功夫,以此达成转识成智的教育目标。不论怎样理解与阐释先贤圣哲的观点,都必须肯定这些思想家的教人之方的人文立场是清晰的,这对破解当下科技理性主导教育的思路是有启示的,也能为解释互联网时代教师存在的意义找到理由。

成人之学。学习是促进人成长的基本因素。互联网为学习者提供了寻找、发现、传播信息的技术手段,但是,要指导学生成为一名成功的学习者,教师更需要保持强劲的学习动力,提升持续学习的能力。而学习价值观是影响和支配教师持续学习、努力学习的深层次因素。对此,联合国教科文组织在研究报告《反思教育:向"全球共同利益"的理念转变?》中明确指出教师对待"学习"应坚持的价值取向:教师需要接受培训,学会促进学习、理解多样性、做到包容、培养与他人共存的能力及保护和改善环境的能力;教师必须营造尊重他人和安全的课堂环境,鼓励自尊和自主,并且运用多种多样的教学和辅导策略;教师必须与家长和社区进行有效的沟通;教师应与其他教师开展团队合作,维护学校的整体利益;教师应了解自己的学生及其家庭,并能够根据学生的具体情况施教;教师应能够选择适当的教学内容,并有效地利用这些内容来培养学生的能力;教师应运用技术和其他材料,以此作为促进学习的工具。联合国教科文组织的报告强调教师要促进学习,加强与家长和社区、团队的沟通及合作。其实,称得上是儒师的中国学者,都十分重视学习以及学习的意义。《礼记·学记》中说"玉不琢,不成器;人不学,不知道";孔子也说自己是"十有五而志于学",要求"学以载道";孟

---

① 李克寰.尼采的教育哲学——论作为艺术的教育.上海:桂冠图书股份有限公司,2011.

子更说得明白，"得天下英才而教育之"是值得快乐的事。可见，对古代贤者来说，"学习"不仅仅是为掌握一些知识，获得某种职业，而是为了"寻道""传道""解惑"，为了明确人生方向。所以，倡导师范生学习儒师、成为儒师，目的是使师范生认真思考优秀学者关于学习与人生关系的态度和立场，唤醒心中的学习动机。

基于上述思考，我们把做人之德、育人之道、教人之方、成人之学确定为儒师教育的重点领域，为师范生成为合格乃至优秀教师标明方向。为此，我们积极推动优秀传统文化融入教师教育的实践，取得了阶段性成果。一是开展"君子之风"教育和文明修身活动，提出了"育教师之四有素养、效圣贤之教育人生、展儒师之时代风范"的教师教育理念，为师范文化注入新的内涵。二是立足湖州文脉精华，挖掘区域文化资源，推进校本课程开发，例如"君子礼仪和大学生形象塑造""跟孔子学做教师"等课程已建成校、院两级核心课程，成为优秀传统文化融入教师教育的有效载体。三是把社区教育作为优秀传统文化融入教师教育的重要渠道，建立"青柚空间""三点半学堂"等师范生服务社区平台，这些平台成为师范生传播优秀传统文化和收获丰富、多样的社区教育资源的重要渠道。四是重视推动有助于优秀传统文化融入教师教育的社团建设工作，例如建立胡瑗教育思想研究社团，聘任教育史专业教师担任社团指导教师，使师范生在参加专业的社团活动中获得成长。这些工作的深入开展，对向师范生开展优秀传统文化教育产生了积极作用，成为师范生认识国情、认识历史、认识社会的重要举措。而此次组织出版的"当代儒师培养书系"，正是学院教师对优秀教师培养实践理论探索的汇集，也是浙江省卓越教师培养协同创新中心浙北分中心、浙江省重点建设教师培养基地、浙江省高校"十三五"优势专业（小学教育）、湖州市重点学科（教育学）、湖州市人文社科研究基地（农村教育）、湖州师范学院重点学科（教育学）的研究成果。我们相信，本书系的出版，将有助于促进学院全面深化教师教育改革，进一步提升教师教育质量。我们更相信，把优秀传统文化融入教师培养全过程，构建先进的、富有中国烙印的教师教育文化，是历史和时代赋予教师教育机构的艰巨任务和光荣使命，值得教师教育机构持续探索、创新有为。

舒志定

2018 年 1 月 30 日于湖州师范学院

CONTENTS
目 录 ·············· ▸▸▸ ▸

第一章 教师交流政策发展脉络与文献述评

一、教师交流政策的发展脉络

改革开放以来,我国社会流动不仅推动了经济社会的持续快速发展和人们生活方式的极大改变,而且促进了人才资源的流动与竞争。正是在这个宏大的社会流动背景下,一大批优秀的中小学教师也加入了人才资源流动的行列,主要从我国经济相对落后的中西部地区流向经济发达的东部地区,从农村学校流向城市学校,从薄弱学校流向优质学校。这种流动是从贫到富、从弱到强、从农村到城市的单向上位流动,也是在市场主导下教师个体带有趋利特征的自主流动。然而从教育均衡意义上来看,这些流动导致了部分区域和学校优质师资的严重流失,造成农村学校或薄弱学校师资力量在数量上的短缺和质量上的失衡,在很大程度上诱发甚至加剧了我国基础教育的不均衡、不充分发展,直接关乎社会正义和教育公平的实现。当然,出现的这些现实问题应该如何有效解决和积极应对,如何在根本上推动基础教育优质均衡高质量发展,也迅速成为我国教育政策持续关注的焦点内容。

为了推动基础教育均衡发展和实现教育公平这一国家层面的宏伟战略目标,不断缩小地域之间、城乡之间、学校之间的客观差距,实现教师资源的优化调整和合理配置,缓解"择校热"和"择师热"带来的现实矛盾,20多年来我国党和政府在不同时期出台了许多与教师流动有关的政策文件,在制度上和实践上尝试改变市场利益主导、单向度的不合理流动倾向,努力开展推动旨在促进教育均衡发展的教师双向流动。以下对我国颁布的有关教师交流政策进行系统全面的文本梳理,并分析其呈现的基本特点。

(一)教师交流政策的发展阶段

对不同时期我国教师交流政策的文本解读和内涵把握,需要紧紧抓住贯穿于不同发展阶段的关键词。以此为判断依据,我国教师交流政策的发展历程可以大致分为起步探索、持续发展、基本定型和深化完善等四个阶段。

1. 起步探索阶段(1996—2005 年)

1996 年,国家教育委员会在《关于"九五"期间加强中小学教师队伍建设的意见》中明确指出:"要积极进行教师定期交流。打破在教师使用方面的单位所有制和地区所有制,促进中小学教师在学校和地区之间的交流。要建立教师流动的有效机制,采取切实的政策措施,鼓励教师从城市到农村,从强校到薄弱学校任教。"①这是在我国教育政策法规中首次提出城乡教师之间"定期交流"的基本思想,并突出强调要制定切实可行的有效机制和政策措施来"吸引""鼓励"教师的积极参与,以促进教育系统内部教师资源的合理配置,而且在教师的管理与使用上还提出了要打破"单位所有制"和"地区所有制"的基本设想,这为后来要开展的教师人事制度管理改革奠定了基础。

1999 年 6 月,中共中央、国务院颁布了《关于深化教育改革全面推进素质教育的决定》,其中指出:"各地要制定政策,鼓励大中城市骨干教师到基础薄弱学校任教或兼职,中小城市(镇)学校教师以各种方式到农村缺编学校任教。"②这一规定意味着城乡教师交流开始在国家政策层面得到大力支持,积极倡导和鼓励城市骨干教师以各种灵活的方式到农村学校或薄弱学校任教,由此全国各地开始了形式多样的实践探索。同时在该政策中也首次提出"原则上要有 1 年以上在薄弱学校或农村学校任教经历",城镇中小学教师才可以申请评聘高级职称。这样,有交流经历也就逐步成为教师职称(或职务)评聘的必备条件之一。

进入 21 世纪以后,我国中央政府和各部门出台的与推动城乡教师交流有关的政策文件越来越多。2001 年教育部印发的《中小学教师队伍建设"十五"计划》,以及 2003 年人事部和教育部印发的《关于深化中小学人事制度改革的实施意见》都强调:"建立城镇教师到农村或薄弱学校任教服务制度。有条件的地区,通过试点,逐步实现教师合理流动的制度化。"③可见,城乡教师交流制度的探索亦明确采用了"先试点、后推广"的渐进发展式改革策略。在 2003 年国务院颁布的《关于进一步加强农村教育工作的决定》中进一步提到,要"建立城镇中小学教师到乡村任教服务期制度。地(市)、县教育行政部门要建立区域内城乡'校对

---

① 国家教育委员会.《关于"九五"期间加强中小学教师队伍建设的意见》的通知[EB/OL].[1996-12-31] https://law.lawtime.cn/d638087643181.html.

② 中共中央国务院关于深化教育改革全面推进素质教育的决定[EB/OL].[1996-06-13]http://www.moe.gov.cn/jyb_sjzl/moe_177/tnull_2478.html.

③ 人事部、教育部关于印发《关于深化中小学人事制度改革的实施意见》的通知[EB/OL].http://www.moe.gov.cn/jyb_xxgk/gk_gbgg/moe_0/moe_9/moe_38/tnull_45.html.

校'教师定期交流制度"①。这一政策规定明确使用了"教师定期交流制度"的提法,尝试采用城乡校际"结对"的流动方式,让城乡教师交流政策实践探索初步走向"制度化""县(或区)域化"的发展轨道。

2005 年,教育部出台的《关于进一步推进义务教育均衡发展的若干意见》规定:"要采取各种有效措施,建立区域内骨干教师巡回授课、紧缺专业教师流动教学、城镇教师到农村任教服务期等项制度,积极引导超编学校的富余教师向农村缺编学校流动,切实解决农村学校教师不足及整体水平不高的问题。"②这里提到了在区域内开展教师交流的一些具体灵活形式,以及参与交流的主要对象是"骨干教师""紧缺专业教师""城镇教师"和"超编学校的富余教师"。其目的在于顺利推进城乡义务教育的均衡发展,统筹使用有限的教师资源,实现资源的共享协调和均衡配置,并在整体上提升农村学校的教育质量水平。

概而言之,在起步探索阶段的教师交流政策更多地体现为积极鼓励和引导的价值倾向,鲜明突出了城市学校对农村学校、强校对弱校的"支援""帮扶"或"援助"等特征。城乡教师交流主要是以"对口支援""送教下乡""巡回授课""流动教学"等多种富有柔性的流动形式展开,具有较为明显的短期行为特点,提出实施的"教师定期交流制度"由于在政策上缺少相应的配套保障措施,对从根本上解决农村师资薄弱和不足问题发挥的作用依然有限。

2. 持续发展阶段(2006—2010 年)

"以县为主,统筹管理",是我国义务教育管理体制改革的基本特征。2006年新修订的《中华人民共和国义务教育法》(以下简称《义务教育法》)第三十二条明确规定:"县级人民政府教育行政部门应当均衡配置本行政区域内学校师资力量,组织校长、教师的培训和流动,加强对薄弱学校的建设。"③这是我国首次在教育法律中对校长、教师流动的明文规定。这一法律表述也明确了我国义务教育学校教师流动是由县级教育行政部门统筹负责管理的基本内容,凸显了"县域内"的鲜明特点。

2006 年 2 月,教育部印发的《关于大力推进城镇教师支援农村教育工作的意见》指出,推进城镇教师支援农村教育是"统筹城乡教育协调发展、优化教师资源配置、解决农村师资力量薄弱问题的重大举措",并在组织实施上提出了"对口

---

① 国务院关于进一步加强农村教育工作的决定[EB/OL].[2008-03-28] http://www.gov.cn/zhengce/content/2008-03/28/content_5747.htm.

② 教育部关于进一步推进义务教育均衡发展的若干意见[EB/OL].[2005-05-25]http://www.moe.gov.cn/srcsite/A06/s3321/200505/t20050525_81809.html.

③ 中华人民共和国义务教育法.[2021-10-29]http://www.gov.cn/guoqing/2021—10/29/content_5647617.htm.

支援""县域内城镇教师定期到农村任教""特岗教师计划""师范生实习支教",以及其他灵活多样的"智力支教活动"等途径。① 应该说,这些途径还是以更加灵活的支教服务式流动为主,定期的刚性流动尚未成为"主流",但"定期选派城镇学校教师到农村学校交流任教"已经在部分县区进行了实践探索。与此前的教育行政法规和部门规章相比,这是一个相对系统、全面地指向城镇教师开展援助性流动的指导性文件。

2010 年 1 月,教育部颁布的《关于贯彻落实科学发展观进一步推进义务教育均衡发展的意见》强调要"健全城乡教师交流机制,推动校长和教师在城乡之间、学校之间的合理流动,鼓励优秀校长和骨干教师到农村学校和薄弱学校任职、任教,发挥示范、辐射和带动作用。建立完善城镇教师到农村学校任教服务期制度。"② 由此,如何积极调动和激活优秀或骨干教师的示范、辐射和带动作用,也就成为教师交流政策关注的重要内容。2010 年 7 月 29 日,中共中央、国务院正式发布了《国家中长期教育改革和发展规划纲要(2010—2020 年)》(以下简称《教育规划纲要》)。作为新时期指导全国教育改革和发展的纲领性文件,《教育规划纲要》明确提出要"推进义务教育均衡发展","实行县(区)域内教师、校长交流制度"和"建立健全义务教育学校教师和校长流动机制"。③ 这些原则性的政策表达,意味着在国家层面明确提出了实行县(区)域内义务教育教师交流制度的根本要求。

综上,从 2006 年新修订的《义务教育法》到 2010 年颁发的《教育规划纲要》这段时间,城乡教师交流已经从局部性、零星的支教服务行为,逐步发展到成为具有全局性、系统的制度化行动,同时也让实行县域内城乡教师交流制度,具有了坚实可靠的法律依据和政策基础。

3. 基本定型阶段(2011—2014 年)

2012 年 8 月,国务院制定印发了《关于加强教师队伍建设的意见》,其中明确提到"加强教师资源配置管理,逐步实行城乡统一的中小学教职工编制标准";"建立县(区)域内义务教育学校教师校长轮岗交流机制,促进教师资源合理配置。大力推进城镇教师支持农村教育,鼓励支持退休的特级教师、高级教师到农

---

① 教育部关于大力推进城镇教师支援农村教育工作的意见. [2006-02-26]http://www. moe. gov. cn/srcsite/A10/s7058/200602/t20060226_81598. html? authkey=idyef3.

② 教育部关于贯彻落实科学发展观进一步推进义务教育均衡发展的意见[EB/OL]. [2010-01-19] http://www. moe. gov. cn/srcsite/A06/s3321/201001/t20100119_87759. html.

③ 中共中央 国务院. 国家中长期教育改革和发展规划纲要(2010—2020 年)[EB/OL]. [2010-07-29] http://www. moe. gov. cn/jyb_xwfb/s6052/moe_838/201008/t20100802_93704. html.

村学校支教讲学"①。这是首次在国家政策文件中提到教师交流"轮岗"的话语表述,强调了城乡教师交流的双向互动属性,也意味着"交流轮岗"将要成为每个教师必须履行或担当的重要责任和义务。在这里还有两个重要内容需要强调:一是要改变以往城乡倒挂的教师编制标准,采用城乡统一的编制标准,开始将关注点转向了教师的人事管理制度改革;二是鼓励支持"退休"的特级教师和高级教师服务农村学校,支教流动的对象范围有所扩大。同年9月,国务院在《深入推进义务教育均衡发展的意见》中强调要"合理配置教师资源","完善促进县域内校长、教师交流的政策措施"。② 2013年11月,党的十八届三中全会通过的《中共中央关于全面深化改革若干重大问题的决定》明确指出要"深化教育领域综合改革",在具体举措上强调要"统筹城乡义务教育资源均衡配置,实行公办学校标准化建设和校长教师交流轮岗"。③ 以上这几个文件预示着我国义务教育学校教师交流政策的初步定型。

2014年8月13日,教育部、财政部、人力资源和社会保障部联合发布了《关于推进县(区)域内义务教育学校校长教师交流轮岗的意见》(以下简称《交流轮岗意见》),这是一个专门针对县域内教师交流轮岗制定的政策文件,着重从校长教师交流轮岗的工作目标、人员范围、方式方法、激励保障机制、"县管校聘"管理改革、责任主体等六个方面分别做出了具体的指导性意见。④《交流轮岗意见》细化了县域内城乡教师交流政策实施的工作方案,旨在通过系统的制度建构来进一步促进教师交流的制度化、稳定化。此后,全国各地按照《交流轮岗意见》的指导性规定和顶层设计要求,在框架范围内纷纷出台具体落实、具有地域特点的政策文件,从而拉开了全面实施县域内城乡教师交流轮岗制度的序幕,教师交流轮岗的实施逐步趋向制度化、常态化。

4. 深化完善阶段(2015年至今)

虽然我国在顶层设计上已经建立城乡教师交流的基本机制,多部门联合出台了专门化、指导性的政策文件,多种形式的城乡教师交流政策实践已经全面展

① 国务院关于加强教师队伍建设的意见[EB/OL]. [2012-09-07]http://www.gov.cn/zhengce/content/2012-09/07/content_5390.htm.

② 国务院关于深入推进义务教育均衡发展的意见[EB/OL]. [2012-09-07]http://www.gov.cn/zhengce/content/2012-09/07/content_5339.htm.

③ 中共中央关于全面深化改革若干重大问题的决定[EB/OL]. [2013-11-15]http://www.gov.cn/zhengce/2013-11/15/content_5407874.htm.

④ 教育部 财政部 人力资源和社会保障部.关于推进县(区)域内义务教育学校校长教师交流轮岗的意见[EB/OL]. [2014-08-15]http://www.moe.gov.cn/srcsite/A10/s7151/201408/t20140815_174493.html.

开,但城镇教师到农村学校任教仍然存在着较大的制度障碍。因此,城乡教师交流制度化、常态化的顺利推进,破除教师管理制度体制上存在的壁垒或障碍,则是当前阶段着重关注和探讨的政策问题。

2015年6月,国务院办公厅印发了《乡村教师支持计划(2015—2020年)》(以下简称《支持计划》),着力解决乡村教师"下得去""留得住"和"教得好"这些根本问题,其中"推动城镇优秀教师向乡村学校流动"则是加强乡村教师队伍建设的关键举措之一。《支持计划》进一步从教师交流的管理体制改革、具体方式等方面做出了详细规定,指出"全面推进义务教育教师队伍'县管校聘'管理体制改革,为组织城市教师到乡村学校任教提供制度保障。各地要采取定期交流、跨校竞聘、学区一体化管理、学校联盟、对口支援、乡镇中心学校教师走教等多种途径和方式,重点引导优秀校长和骨干教师向乡村学校流动。县域内重点推动县城学校教师到乡村学校交流轮岗,乡镇范围内重点推动中心学校教师到村小学、教学点交流轮岗"①。这些具体多样的举措不仅有助于打破城乡教师交流的制度门槛,也将会极大提升城乡教师交流的实效,增强乡村教师队伍的整体活力和发展动力,而且教师交流轮岗覆盖的范围进一步扩大,实现从县城学校到乡村学校,从乡镇中心校到村小学和教学点的流动,教师流动的层级重心依次下沉,以发挥优秀教师的带动和辐射效应。

2016年7月,国务院发布了《关于统筹推动县域内城乡义务教育一体化改革发展的若干意见》。为了解决当前依然突出的城乡社会二元结构矛盾或冲突,"统筹城乡师资配置"是其中的应对举措之一。该文件具体指出要"实现职称评审与岗位聘用制度的有效衔接,吸引优秀教师向农村流动""全面推进教师'县管校聘'改革,按照教师职业特点和岗位要求,完善教师招聘机制,统筹调配编内教师资源,着力解决乡村教师结构性缺员和城镇师资不足问题"②。在这里,"县管校聘"与教师的职称、岗位、编制、招聘等人事问题的管理体制改革,成为深入推进县域内城乡义务教育一体化发展,以及保障城镇优秀教师向农村学校或薄弱学校流动的关键任务。

2017年1月,国务院印发了《国家教育事业发展"十三五"规划》,提出在促进义务教育均衡优质发展的过程中,要"完善校长教师轮岗交流机制和保障机制,推进城乡校长教师交流轮岗制度化、常态化。推广集团化办学、强校带弱校、

---

① 国务院办公厅关于印发《乡村教师支持计划(2015—2020年)》的通知[EB/OL].[2015-06-08] http://www.gov.cn/zhengce/content/2015-06/08/content_9833.htm.

② 国务院关于统筹推动县域内城乡义务教育一体化改革发展的若干意见[EB/OL].[2016-07-11] http://www.gov.cn/zhengce/content/2016-07/11/content_5090298.htm.

委托管理、学区制管理、学校联盟、九年一贯制学校等办学形式,加速扩大优质教育资源覆盖面,大力提升乡村及薄弱地区义务教育质量"①。2018 年 1 月 31 日,中共中央、国务院发布了《关于全面深化新时代教师队伍建设改革的意见》,这是新中国成立以来党中央第一次专门出台面向教师队伍建设的政策文件,具有里程碑式的重要意义。该文件中明确指出,在优化教师资源配置中要"实行义务教育教师'县管校聘'。深入推进县域内义务教育学校教师、校长交流轮岗,实行教师聘期制、校长任期制管理,推动城镇优秀教师、校长向乡村学校、薄弱学校流动。实行学区(乡镇)内走教制度,地方政府可根据实际给予相应补贴"②。从上述政策文件中可见,一些城乡教师交流的实践探索,如集团化办学、学区化管理、走教制等新的流动方式,将会成为今后政策实践探索的重要内容。

2018 年 1 月,中共中央、国务院出台了《关于实施乡村振兴战略的意见》。同年 9 月,中共中央、国务院再次印发了《乡村振兴战略规划(2018—2022 年)》,文件中强调"推动优质学校辐射农村薄弱学校常态化,加强城乡教师交流轮岗"是"优先发展农村教育事业"的根本举措之一。③ 因此,在实施乡村振兴战略的新时代背景下,建立以城带乡、整体推进、城乡一体、均衡发展的义务教育发展机制,持续、深入推进城乡教师交流轮岗的常态化实施,则是新时期城乡义务教育优质均衡发展的新使命、新要求。

(二)教师交流政策的基本特点

自国家教育委员会 1996 年颁布《关于"九五"期间加强中小学教师队伍建设的意见》以来,至今在国家政府和部门层面涉及城乡教师交流的政策文本有 30 多个。基于对上述不同发展阶段有关教师交流政策的文本内容梳理后发现,虽然在概念上使用了"教师定期交流""教师流动""交流轮岗"等不同的语言表述,但政策的根本目标始终指向在政府的行政主导下如何促进城乡义务教育的优质均衡和公平发展,实现教师资源的优化配置和合理使用,这也恰恰是政策制定依循的思维逻辑。政策内容大多数是零星地出现于教育行政法规和部门规章之中,直到 2014 年教育部等 3 个部门出台了专门化、体系化的指导性政策文件,但在政策的核心内容上都十分强调如何推动城镇优秀教师向乡村学校或薄弱学校流动。从不同时期所制定政策的重心变迁看,如何实现城乡教师交流的制度化

① 国务院关于印发国家教育事业发展"十三五"规划的通知[EB/OL]. [2017-01-19]http://www.gov.cn/zhengce/content/2017-01/19/content_5161341.htm.

② 中共中央　国务院关于全面深化新时代教师队伍建设改革的意见[EB/OL]. [2018-01-31]http://www.gov.cn/zhengce/2018-01/31/content_5262659.htm.

③ 中共中央　国务院. 乡村振兴战略规划(2018—2022 年)[EB/OL]. [2018-09-26]http://www.gov.cn/zhengce/2018-09/26/content_5325534.htm.

和常态化推进则是贯穿其中的一条主线,"交流""县域内""轮岗"和"县管校聘"四个关键词构成了不同阶段教师交流政策强调的重心所在,而政策发展的整体趋势是从"灵活"走向"刚性"、从"鼓励引导"转向"行政主导"(或"制度安排")。以下主要从这些政策文本在价值诉求、内容重心、价值导向和形式表现等方面进行特点分析。

1. 政策价值诉求旨在促进城乡义务教育均衡发展

任何一项教育政策的制定,都是为了解决好某个具体的教育问题,也必然有其特定的价值诉求和目标设定。如何解决农村教师的学科结构性缺编或人员严重不足,如何实现优质师资的资源共享和均衡配置,如何发挥城镇学校优秀教师或骨干教师的示范、辐射与带动作用,这些长期存在的现实问题直接催生了我国城乡教师交流的政策设计与制度建构。城乡教师交流政策的形成之初,其直接目标就是引导城市优秀师资合理地流向师资严重不足的农村学校和薄弱学校。此后,"援助农村"这一直接的政策目标初衷都没有发生改变,"不论处于教师流动政策发展的哪个阶段,对农村的倾斜以及缩小城乡差距的目的都不会变化"①。这个实质或精神在 2005 年教育部颁布的《关于进一步推进义务教育均衡发展的若干意见》和 2006 年印发的《关于大力推进城镇教师支援农村教育工作的意见》中更是清晰可见。

在"援助农村"这一直接政策目标的背后,是"实现县域内义务教育的均衡发展"这一终极的政策目标定位。这个在 2010 年以后的有关教师交流政策文本表述中得到充分体现,在理论研究和政策实践中也都达成了普遍共识。我国地域辽阔,由于各地经济社会发展的现实差异,区域间、城乡间、学校间的教育资源分布存在严重失衡的状况,存在着义务教育不均衡、不充分发展的客观事实。然而,解决好面临的义务教育发展不均衡、不充分问题,能够为每个孩子提供公平而有质量的教育,一直是我国教育改革发展的努力方向和追求目标。义务教育均衡和公平发展的关键在于教师资源的均衡配置,而国家实施的教师交流政策正是促进教师资源均衡配置的有力举措。城乡教师交流政策的顺利实施,可以对现有的教师资源"存量"进行动态调整和优化配置,以达到缩小区域内城乡教师间力量对比的差距,实现优质师资共享的目的,从而使义务教育的优质均衡发展成为可能。

2. 政策内容重心的关注点具有持续性和动态性

从不同时期关于教师交流政策规定的具体来源看,政策内容大多数是零散

---

① 操太圣,吴蔚. 从外在支援到内在发展:教师轮岗交流政策的实施探析. 全球教育展望,2014(2).

地出现于由教育部、国务院出台的"义务教育均衡发展""农村教育""教师队伍建设"等方面的政策文件之中,以及由中共中央和国务院发布的纲领性文件之中,当然在 2014 年教育部等 3 个部门也联合颁布了专门化、体系化的指导性政策文件,但在政策的核心内容上都十分强调如何推动城镇优秀教师向乡村学校或薄弱学校的流动。这在很大程度上保持了各种政策之间内在的稳定性和连续性。

"推动城镇优秀教师向乡村学校或薄弱学校流动"作为教师交流政策内容的核心表达,它体现的是一种行政推动下的逆向流动。从教师流动的性质或方向来看,可以将其分为顺向流动和逆向流动两种类型。其中,顺向流动是一种从下到上、从低到高的流动,它符合教师作为"自然人"或"经济人"的人性假设,这种流动顺应了教师个体的职业自主或利益需求,但却可能引发甚至加剧教育资源分配的不均衡问题。逆向流动则是一种从上到下、从高到低的流动,它需要借助外部行政力量的积极干预和调整,以此扭转教育非均衡发展的实际困境。为了有效推动城镇优秀教师的逆向流动,破解"优质师资流动难"的难题,在有关教师交流政策中提出了采取多种灵活的流动方式,对教师的职称(职务)评聘、经济利益补偿等的相应规定,尤其是"县管校聘"管理体制改革的大力推进,都是破解这个难题的具体行动方略。总之,科学制定和有效实施城乡教师交流政策,都是为了确保这种逆向流动的合理合法,让"流动"逐步成为更多教师的一种生活方式。

所有教育政策的制定和完善都不是一蹴而就的,总是有着一个渐进发展的长期过程。教师交流政策的形成也不例外,也经历了一个由零碎到体系化的不断发展与逐步完善的过程,对义务教育学校教师交流实践的指导性不断增强。在教师交流政策的文本分析中,"交流""县域内""轮岗""县管校聘"四个关键词让我们看到了不同阶段教师交流政策的重心变化,体现了政策本身的动态发展和变化性。从 1996 年国家教育委员会在《关于"九五"期间加强中小学教师队伍建设的意见》中提出"教师交流"的基本思想,到 2006 年新修订的《义务教育法》中强调教师交流的"县域内"特点,再到 2012 年国务院印发的《关于加强教师队伍建设的意见》中出现教师交流"轮岗"的话语表达,为我国义务教育阶段"县域内教师交流轮岗制度"的确立提供了坚实可靠的政策基础。自 2014 年教育部、财政部、人力资源和社会保障部联合发布《交流轮岗意见》后,城乡教师交流政策实践也进入制度化、常态化的运转轨道,而深入开展"县管校聘"改革从而破除教师管理体制上的障碍也就成为此后的政策重心内容。如今教育部已在 2015 年和 2017 年共设立了 49 个义务教育教师队伍"县管校聘"管理改革示范区进行改革试点探索,部分省市已经出台了省域层面的中小学教师"县管校聘"管理改革的指导意见,但国家层面的政策文本尚未专门化制定。

3.政策价值导向从"鼓励引导"走向"制度安排"

在根本上,我国中小学教师流动受到了"政府"和"市场"双重力量的调节和影响,而政府在调控教师资源配置时,其价值导向逐步从"鼓励引导"走向了"制度安排"。我国从 1996 年提出"城乡教师交流"的基本思想开始,一直到 2010 年《教育规划纲要》颁布前的 15 年时间里,教师交流政策的话语表述中突出地强调了"鼓励""积极引导"的推动方式,"是否参与交流"并没有必然地成为义务教育阶段教师生活的有机组成部分。从 2010 年《教育规划纲要》提出要"实行县(区)域内教师校长交流制度",到 2014 年《交流轮岗意见》的颁布,教师交流政策已经体现出浓厚的行政主导(或命令)的强制特征,全国各地教师交流实践也都按照制度安排稳定地推进,因为制定的这些政策本身是"政府为解决教育均衡和公平等问题由政府作为政策主体制定并推行,体现出强烈的政府意志,其直接后果就是教师流动的强制性,即政府通过行政手段强制规范教师流动行为"①。所以,城乡教师交流政策的全面推广性实施也就逐步从"柔性流动"转向"刚性流动",从"鼓励引导"走向"制度安排"。即使这种强制性的制度安排(特别是具有普遍意义的教师定期交流轮岗)在提出后会遭遇到一些利益相关者(如学校校长、教师、学生及其家长等)的消极抵制甚至激烈反对,但它在实现县(区)域内义务教育均衡发展这一战略目标上却发挥着极其重要的作用。当然,这种外在的制度安排唯有得到不同利益主体(尤其是教师群体)的积极认同和内心接纳,才能彻底改变教师"被流动"的窘境。

4.政策形式表现的权威性和协同性不断增强

从有关教师交流政策文本的名称体例上看,主要是以"意见""决定""纲要""通知""规划"等形式出现的,其中"意见"和"通知"占据绝对的主体位置。具有法律性质的政策文本,只有 2006 年新修订的《义务教育法》。从政策颁发的主体来看,主要包括教育部、国务院办公厅、国务院、中共中央和国务院,以及教育部等多个部委间的联合。以"教师队伍建设"的政策颁布为例,从 1996 年国家教育委员会发布《关于"九五"期间加强中小学教师队伍建设的意见》,到 2012 年国务院发布《关于加强教师队伍建设的意见》,再到 2018 年中共中央、国务院发布《关于全面深化新时代教师队伍建设改革的意见》,可以很明显看到政策发文主体的层级性和权威性不断增强。而且在有关教师交流政策文件中,中共中央和国务院同时作为发文主体的政策文本就有 3 次,反映出政策的权威性水平非常高,亦可见我国党中央和政府对城乡教师交流问题的重视程度。由于城乡教师交流政

---

① 谢延龙,李爱华.我国教师流动政策:困境与突破[J].当代教育与文化,2013(5).

策实施的复杂性,从 1996 年的单一主体单独发文到 2014 年由教育部、财政部、人力资源和社会保障部等多元主体联合发文,也可以看到政策的协同性和合作性不断加强。总之,在政策发文主体上,教师交流政策的权威性和协同性都得到增强。

二、已有研究文献的计量分析

为了全面、系统地梳理分析我国城乡教师交流研究的进展,我们在中国知网上进行了细致的文献检索,分别篇名(或题名)含"教师交流""教师轮岗""教师流动"进行"精确"匹配查询,时间范围设定在 2000—2019 年(最后检索时间截至 2019 年 8 月 15 日)。在更进一步的期刊文献选择与分析时,删除了有关新闻报道、书评、重复发表论文、研究非义务教育阶段(包括高校、中职学校和幼儿园等)教师流动的论文,以及与研究主题完全无关的其他论文(在篇名中含有"教师交流"的字样,但却没有政策意义上的"流动"意蕴,例如"中英数学教师交流项目")等部分文献。研究中主要借助 Excel 数据处理平台,运用图书馆情报学频繁使用的文献计量法对我国城乡教师交流的相关文献进行描述统计分析。

对已有研究文献的计量分析,主要包括两个方面:一是对研究文献的整体性分析,诸如文献的总体构成状况,以及文献年载文量分布情况;二是基于 CSSCI 期刊的多维度分析,主要从年度数量、主题领域、研究方法、作者来源、基金项目和录用期刊等方面展开统计分析。在此基础上,对未来研究进行适当的反思。

(一)研究文献的整体分析

1. 研究文献的总体构成

依照上文描述的文献检索方法,在中国知网 CNKI 数据库资源中共检索到与研究主题密切相关的文献 1045 篇,其中期刊论文 585 篇、学位论文 186 篇、报纸文章 274 篇,占研究文献总数的比例分别是 55.98%、17.80%、26.22%。期刊论文所占比例最高,报纸文章次之(见图 1-1)。

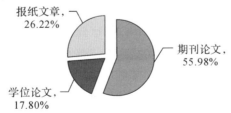

图 1-1 研究文献来源分布的整体状况(N=1045)

我们篇名(或题名)含"教师交流""教师轮岗""教师流动"进行精确匹配查

询,检索后统计发现(见图 1-2),篇名(或题名)含"教师交流"的文献共 308 篇,占 29.47%;篇名(或题名)含"教师轮岗"的文献共 131 篇,占 12.54%;篇名(或题名)含"教师流动"的文献共 606 篇,占 57.99%。可见,在所有检索到的文献中,篇名(或题名)含"教师流动"的文献所占比例最高,其次则是以"教师交流"为篇名的文献,而以"教师轮岗"为篇名的文献最少。这是由于在概念术语的使用上,研究者们在社会流动语境下早已习惯使用"教师流动"的表达,而"教师交流"和"教师轮岗"的概念则是在有关教师交流轮岗政策中出现并逐步被广泛使用的,它具有较强的政策意蕴和特点。

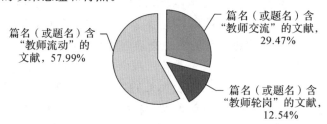

图 1-2　篇名(或题名)含"教师交流"等的文献数量统计情况($N=1045$)

在图 1-3 中我们可以更进一步看到,篇名(或题名)含"教师交流"等的文献在不同来源中的统计分布情况。其中,在篇名(或题名)含"教师交流"的文献中,期刊论文 142 篇(占 46.1%)、学位论文 47 篇(占 15.26%)、报纸文章 119 篇(占 38.64%);在篇名(或题名)含"教师轮岗"的文献中,期刊论文 64 篇(占 48.86%)、学位论文 21 篇(占 16.03%)、报纸文章 46 篇(占 35.11%);在篇名(或题名)含"教师流动"的文献中,期刊论文 379 篇(占 62.54%)、学位论文 118 篇(占 19.47%)、报纸文章 109 篇(占 17.99%)。通过比较可以看到,在篇名(或题名)含"教师交流""教师轮岗"的文献中,报纸文章所占比例明显较高,体现出强烈的政策导向性特征。

2. 研究文献的年载文量分布

就不同来源的研究文献年载文量分布来看(见图 1-4),学位论文的年载文量一直呈稳步上升的发展趋势,到 2017 年达到最高峰值(共 33 篇)后开始出现下降。在统计中发现,首次出现"教师轮岗""教师交流""教师流动"为题名的学位论文的时间分别是 2011 年、2007 年和 2003 年。

报纸文章在 2010 年、2014 年两个年份的年载文量水平相对较高,分别为 57 篇、45 篇,而且在 2007 年、2010 年两个时间节点上的年载文量还远远高于期刊论文的发表数量。出现这种情况主要是由于报纸文章的政策性、时效性等原因,即受到 2006 年新修订的《义务教育法》、2010 年中共中央国务院颁布的《教育规

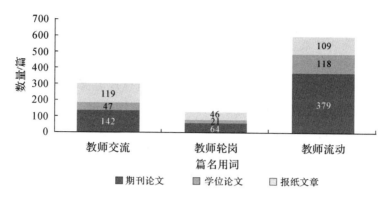

图 1-3　篇名(或题名)含"教师交流"的文献在不同来源中的统计情况(N＝1045)

划纲要》和 2014 年教育部等 3 个部门联合印发的《交流轮岗意见》等重要政策文件的直接影响,而且这些报纸文章也起到了很好的政策宣传效果。

从期刊论文年载文量的发展趋势来说,大致经历了三次论文发表数量的阶段性增长,在 2018 年开始出现下降的趋势。而在阶段性增长过程中,也出现了论文数量激增的情况,尤其是在 2011 年至 2017 年间几乎都处于一个相对高峰的"井喷"状态,这个阶段共发表期刊论文 420 篇,占期刊论文总数的 71.79%,其中 2015 年达到最高值(发表了 80 篇论文,占全部期刊论文总数的 13.68%)。

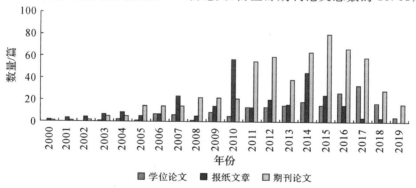

图 1-4　研究文献年载文量分布的总体情况(N＝1045)

整体来说(见图 1-4),研究文献的总体分布可大致划分为四个阶段:一是起步阶段(2000—2005 年),该主题研究从最开始的零星文章发表后缓慢上升,开始引起了更多学者的关注和探讨。二是相对稳定阶段(2006—2009 年),在 2006年我国新修订的《义务教育法》颁布后,有关城乡教师交流研究进入了相对平缓的发展时期。三是快速激增阶段(2010—2017 年),这个阶段的文献数量迅速增长,很显然与 2010 年的《教育规划纲要》和 2014 年的《交流轮岗意见》这两个重要政策文件的出台密切相关,使我国城乡教师交流研究带有政策驱动的鲜明特点,呈现出繁荣之景象。四是回落阶段(2018 年至今),研究热潮过后,文献数量开始呈减速发展趋势。总之,该主题研究的文献数量及其发展变化,与我国教师交流政策的制定和推行直接相关,而且整个研究也体现出很明显的政策导向性。

(二)CSSCI 期刊文献的多维度分析

从图 1-5 中可以看到,分别以"教师交流""教师轮岗""教师流动"为篇名的期刊论文在全部期刊、核心以上期刊、CSSCI 期刊中的数量分布状况。其中,在核心以上期刊发表的论文数量为 234 篇,占 40.0%;在 CSSCI 期刊发表的论文为 143 篇,占 24.44%。

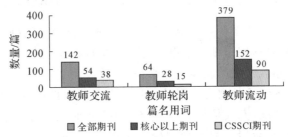

图 1-5　篇名(或题名)含"教师交流"等的论文在不同期刊中的分布情况($N=585$)

CSSCI 期刊的论文,是我国学术界普遍公认的,具有较强代表性的研究文献。为了进一步深入地梳理和了解已有研究文献,我们有目的地选择了 CSSCI(含扩展版)期刊中所刊载的 143 篇期刊论文作为分析样本对象,着重从年度数量、主题领域(或关键词)、研究方法、作者来源(如单位、身份)、基金项目、期刊发表等维度进行定量分析。

1. 年度数量

在图 1-6 中,以"教师交流"等为篇名的论文在 CSSCI 期刊和核心以上期刊的年度数量分布变化的走向基本吻合。我们看到,在 2000 年至 2009 年间的整个发展走势非常平缓。此后逐渐形成了该主题研究的两个波峰状态,分别在 2011 年和 2015 年,2010 年至 2017 年,CSSCI 期刊论文共 119 篇,占 83.22%,年均在 15 篇左右(最少 10 篇,最多 22 篇)。2018 年至今又出现大幅回落的变化态势,这也预示着我国城乡教师交流轮岗政策的研究将会出现新的着力点和生长点。

2. 主题领域

统计文献关键词出现的频次,可以较为客观地把握城乡教师交流研究的主题。样本文献的关键词出现频次见表 1-1,这些关键词共同构成了我国教师交

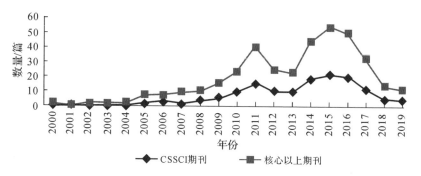

图 1-6　研究文献在 CSSCI 和核心以上期刊中的年度数量分布($N=585$)

流研究的基本图景。从关键词的统计分析来看,"教师流动""义务教育""教育均衡发展""教师交流""教师轮岗"等这些最直接相关的核心关键词出现的频率较高,研究内容的范围主要聚焦在"政策""制度""机制""均衡""教师""利益""专业发展""意愿"等主题词。

表 1-1　我国城乡教师交流研究的主题分布情况($N=143$)

序号	关键词	频次
1	教师流动	57
2	义务教育,教育均衡发展	21
3	教师交流	14
4	教师流动制度(或政策)	9
5	教师交流轮岗,农村教师	8
6	教师轮岗制度(或政策),教师交流制度(或政策),中小学(或义务教育学校)	7
7	教师流动机制,中小学教师	6
8	教育政策,教师轮岗,教师	5
9	城乡教师交流,城乡教师,现状,对策,中小学教师流动,教师定期流动制,美国,教师资源,城乡(教育)一体化发展,教师专业发展	4
10	城市教师,制度,非正式制度,基础教育,影响因素,教师流动及流失意愿,流动意愿,流动,教师流失,县域,激励机制,政策执行,政策合法性,城乡教育	3
11	流动教师,制度变迁,问题,启示,均衡配置,流动意向,乡村教师,韩国,校长教师交流轮岗,教师交流意愿,制度冲突,教师资源配置,特岗教师,教育公平,机制,政策工具,政策法规,校长,民族地区,流动态度(或倾向),师资均衡,学区制(化)	2

续表

序号	关键词	频次
12	利益,利益冲突,利益协调机制,轮岗教师,交流机制,能量理论,推拉理论,政策制定,补偿标准,骨干教师,工作满意度,新制度主义,制度阻力,智力流动,生源流动,城镇优秀教师,教师专业身份,县管校聘,互联网＋,农村学校,经济理论,等174个关键词	1

3.研究方法

关于研究方法的分类,学者曾文婕在对我国学习型社会研究文献的综述中划分为6类:即规范型研究、描述型研究、综述型研究、概念型研究、定量型研究和定性型研究。① 我们结合文献中研究方法的实际运用情况,在参考借鉴曾文婕的分类基础上,补充了比较型研究和文本分析型研究两种方法。在图1-7中,从研究方法的角度对相应的CSSCI期刊论文划分为8种情形。

(1)规范型研究,即没有明确的理论基础或分析框架,旨在表明作者立场或政策建议的论文。该类论文占比最多,为44.06%。主要聚焦教师交流政策本身及其实施问题进行的思辨性探讨,旨在为政策和实践提供改进建议。(2)描述型研究,即运用访谈和问卷调查等方法进行描述性统计分析的论文。该类论文所占比例为23.08%,主要是对教师交流政策实施的现状、问题,以及教师的流动意愿等进行调查分析,范围涉及北京、安徽、浙江、天津、湖南、上海、云南、西藏、海南等10多个省、自治区和直辖市。(3)概念型研究,是指具有明确的理论基础或理论分析框架,从某个新的角度运用一个创新型的"概念"进行分析论证的论文。该类论文占比为11.19%,主要是运用新的概念或新的理论视角来解读和分析教师交流问题,诸如"非正式制度""人力资本""利益协调""能量理论"等跨学科的概念框架或分析视角。(4)比较型研究,即梳理、介绍和评论国外的某个成功经验或具体做法的论文。研究中主要是介绍美国、英国、法国、韩国、日本、加纳等国家中小学教师流动的经验和做法,以及对我国教师流动的借鉴和启示,所占比例为9.79%。(5)定量型研究,是在方法上进行严格规范的定量研究设计,使用研究数据验证假设并确定事物各变量之间关系的论文。该类论文所占比例为6.99%,它主要借用了跨学科(主要是经济学)的关键概念,如"全面薪酬理论""推拉理论"和"机会成本"等,从不同角度来定量分析教师的流动意愿。(6)文本分析型研究,即通过对收集到的文本材料进行系统的描述、分析与诠释

---

① 曾文婕,漆晴等.我国"基本形成学习型社会"还有多远——基于我国学习型社会研究(1998—2018年)回顾[J].现代远程教育研究,2019(3).

后形成的论文。主要是选取教师交流轮岗实施方案等政策文本的内容进行分析,所占比例仅为 2.80%。(7)综述型研究,即对已有研究文献进行系统梳理和分析评论的综述类论文。所占比例只有 1.40%,主要是围绕"教师交流""教师轮岗""教师流动"等主题词分别进行综述分析,但在所有期刊中尚未发现将三个主题词合在一起进行整体性回顾和评论的文章。(8)定性型研究,是指在方法上进行严格规范的定性研究设计,在自然情境下采用访谈和观察等资料收集方法,对某个现象或问题进行整体探究的论文。所占比例仅为 0.70%,主要是采用定性研究的方法,对交流教师与制度互动过程进行整体探究。综上可见,规范型研究和描述型研究是已有研究文献中采用最多的两种研究方法,学者们在运用多学科理论视角,以及严格意义上的定量研究等方面付出了较多的努力,但在定性型研究上亟须拓展和深化。

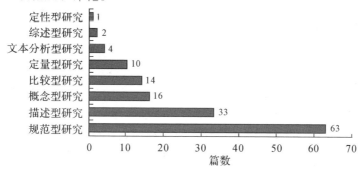

图 1-7　研究方法的分布情况($N=143$)

4.作者来源

对论文作者的统计分析,主要以第一作者和第一单位为统计原则。从论文作者的身份来看,高校教师(87 人)和研究生(38 人)是研究的最主要作者群体,分别占 60.84% 和 26.57%;其次是科研机构研究人员(15 人)、中小学教师(3人),分别占 10.49% 和 2.10%。从作者的单位分布来看(见图 1-8),部属师范大学(55 篇)、其他师范大学(42 篇)、学院(12 篇)、综合性大学(16 篇)、各级科研机构(15 篇)和中小学校(3 篇)。可见,高等院校中的师范大学是开展我国城乡教师交流研究的主阵地,占 67.83%。6 所部属师范大学的贡献度最大,占 38.46%。其中,北京师范大学(17 篇)、西南大学(12 篇)、东北师范大学(11篇)、华中师范大学(8 篇)排在所有高校的前四位,这 4 所高校作者的发文量占 33.57%。综合性大学所占比例为 11.19%;学院的研究力量相对较为薄弱,仅占 8.39%。

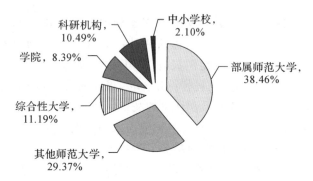

图 1-8　作者的单位分布情况（$N＝143$）

5.基金项目

各级各类基金项目的立项支持,在一定程度上推动了城乡教师交流研究的深入。在基金项目统计的过程中,一篇论文若有多个项目支持,我们选择排在最前面的某个项目进行统计。统计结果显示(见图 1-9),共有 96 篇发表的 CSSCI 期刊论文分别为国家级项目(16 项)、省部级项目(48 项)、市厅级项目(15 项)、校级项目(9 项)、其他项目(8 项)等的阶段性成果,占所有公开发表的 CSSCI 期刊论文的 67.13％。其中,以国家级项目和省部级项目为主,省部级项目所占比例最高(占 50％)。具体来说,国家级项目包括国家社会科学基金项目(4 项)、全国教育科学规划国家一般项目(12 项);省部级项目包括教育部人文社会科学项目(23 项)、全国教育科学规划教育部项目(5 项)、教育部人文社科重点基地研究项目(4 项)、教育部哲学社会科学研究重大课题攻关项目(2 项),以及各省市的哲学社会科学规划项目(10 项)、省高校人文社会科学重点研究基地项目(4 项)。其他项目包括省高校优势学科建设工程资助项目(1 项)、国家教育体制改革试点项目(1 项)、省教育改革发展招标课题(1 项)、中央高校基本科研业务费专项资金(2 项)、研究生科研基金项目(3 项)。厅级项目主要指各省市的教育科学规划项目(15 项)。总之,以各级各类科研项目的立项资助为主要推动力,尤其是国家级和省部级项目的研究资助,为我国教师交流政策的顺利推进提供了智力支持和学理基础。

6.期刊发表

从研究成果发表的刊物来看,教育类期刊共有 128 篇、占 89.51％;社科综合性期刊有 6 篇、占 4.20％;大学学报(社会科学版)有 9 篇、占 6.29％。在表1-2中,我们统计了刊发 3 篇及以上的期刊。其中,中国教育学刊(17 篇)、教师教育研究(13 篇)、教育发展研究(12 篇)、教育理论与实践(12 篇)、湖南师范大学教育科学学报(10 篇)排在前五位,约占 44.76％。教育领域中的权威刊物《教育研

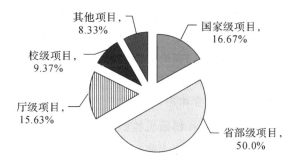

图 1-9　各级各类科研项目的分布情况（$N=143$）

究》也发表了 8 篇论文，占 5.59％。各种期刊发表该主题领域研究论文的广泛性，也在一定程度上表明城乡教师交流研究是一个具有时代性的热点问题。

表 1-2　论文发表的期刊分布情况（$N=143$）

序号	期刊	篇数（篇）	序号	期刊	篇数（篇）
1	中国教育学刊	17	10	全球教育展望	6
2	教师教育研究	13	11	现代教育管理	6
3	教育发展研究	12	12	上海教育科研	5
4	教育理论与实践	12	13	当代教育科学	3
5	湖南师范大学教育科学学报	10	14	外国中小学教育	3
			15	社科综合性期刊	6
6	教育研究	8	16	大学学报（社会科学版）	9
7	教育与经济	7	17	其他教育类期刊	13
8	教育科学研究	7			
9	比较教育研究	6			

（三）基于文献计量分析的研究反思

以上从文献计量分析的角度，对我国城乡教师交流研究文献的整体状况进行了统计描述，尤其是对 CSSCI 期刊文献的主题领域、研究方法、作者来源、基金项目和期刊发表等方面进行了量化处理。基于研究文献的计量分析，在整体上发现我国城乡教师交流研究呈现出一些基本特征：研究成果在数量上较为丰硕，但在质量上仍有待整体提升；高等院校中的师范大学是研究的主阵地，学院和科研机构的研究力量需要强化；基金项目的有力支持助推了高质量成果的公开发表，但各省市的基金项目支持力度仍需加强；研究的发展变化趋势明显受到有关教师交流政策的强烈影响;研究主题上偏重于教师交流政策或制度的宏观探讨,对微观层面的交流教师研究略有不足;研究方法上更多采用理论思辨式和调查分析式研究,对多学科视角的理论关照,以及开展定性研究和定量研究等方面不够丰富。以下我们着重从研究主体、研究内容和研究方法三个方面,对未来研究的发展提出一些自己的思考和建议。

1.研究主体:充分调动学院和科研机构的研究力量

从研究作者群体来看,高校教师和研究生是我国城乡教师交流研究的主体性力量,各级科研机构研究人员的力量非常薄弱;高等院校作为学术研究的主阵地,师范大学(尤其是部属师范大学)发挥了极为重要的带动作用,然而学院发挥的研究力量较为有限。对于我国城乡教师交流作为促进教育均衡发展和实现教育公平的一项政策性实践,各级教育科研机构在本行政区域内开展政策调研和模式探索具有某种天然的研究优势。也由于各省市的基金项目支持力度有限,在一定程度上制约了学院层面研究力量在政策研究和实践中作用的积极发挥。我国幅员辽阔,经济社会发展的差异较大,要因地制宜,形成有地域特色,不断创新改革城乡教师交流实践模式,充分发挥学院和科研机构研究力量的主动参与则是非常关键的。总之,今后要更好地推动我国城乡教师交流的研究工作,在师范大学和综合性大学积极参与之外,也应充分调动学院和科研机构的研究力量。

2.研究内容:转向教师管理制度改革和专业发展取向的交流机制构建

从研究内容来看,当前研究重点发生了根本转向:一方面是从城乡教师交流的制度构建转向了教师管理制度改革;另一方面则是转向了专业发展取向的教师交流机制构建。虽然在国家层面和省域层面都出台了指导性的政策文件,多种形式的城乡教师交流实践已经全面展开,甚至在如今"互联网+"时代提出"教师走网"[1]的流动方式,以推动城乡教师交流模式在实践上的创新变革,但是如何解决"城镇优质师资流动难"的问题,最终实现教师资源均衡配置的根本目标,在教师管理体制上依然存在着制度壁垒。为此在城乡教师交流制度化和常态化推进过程中,我们要对教师编制和岗位、教师利益补偿、教师身份归属、教师考核评价等相关制度改革问题进行深入探讨,尤其要对当前大力开展的"县管校聘"管理改革展开系统思考。同时,促进交流教师自身的专业发展,及其拥有的"能量"流动、扩散和增长[2],由此实现优质师资的示范、辐射和带动作用,实现县(区)域内教师资源质量的整体提升,在城乡教师交流制度实施中是一个至关重

---

① 赵兴龙,李奕.教师走网:移动互联时代教师流动的新取向[J].教育研究,2016(4).
② 叶菊艳,卢乃桂."能量理论"视域下校长教师轮岗交流政策实施的思考[J].教育研究,2016(1).

要的问题。因而,我国城乡教师交流内涵上的根本提升,不仅需要交流教师能动性的积极发挥,更需要形成专业发展取向的城乡教师交流机制。

3.研究方法:综合运用多种方法进行整合研究

从研究方法来看,多数学者习惯于运用宏大叙事的方式开展研究,主要采用理论思辨、"现状—问题—原因—对策"式的调查研究、比较研究等方法。在2010年以前的研究文献中,几乎都是采用比较研究和理论思辨的方法,明显缺少实证性的调查研究;2010年以后学者们开始针对全国各地的教师交流政策实践进行区域性的调查分析,以客观、具体的数据描述来替代经验性认识,但严谨深入的实证研究、叙事研究依然有限,同时也有少部分学者开始借用跨学科研究领域的理论框架或分析视角,对教师交流意愿进行了细致、深入的定量研究,但这种聚焦于微观领域进行严格的实证研究设计的量化研究还是非常欠缺和不够的,而且采用参与式观察和深度访谈等资料收集方法对交流教师的生存状态和生活方式进行"深描"的质性研究更是严重不足。因而,在今后的研究中要不断丰富各种研究方法,综合运用多种方法进行整合研究,特别是要大力开展定量研究和定性研究。

三、已有研究文献的内容分析

进入21世纪以来,我国城乡教师交流成为推动义务教育均衡发展和实现教育公平的重要举措。无论在政策实践还是在学术研究上,城乡教师交流都是一个热点议题。有研究围绕"教师交流""教师轮岗""教师流动"等关键词分别进行综述分析,但到目前尚未发现将三个关键词整合在一起进行整体性回顾和评论的文章。因此,我们尝试对21世纪以来我国城乡教师交流研究进行更为全面的概括梳理,在研究进展反思中找寻到未来的着力点和生长点。

(一)城乡教师交流研究的主要内容

在对已有研究文献进行综述之前,有必要对"教师交流""教师流动"和"教师轮岗"三个基本概念的使用作一简单明确界定,以避免混乱使用和内涵不清。"教师交流"是我国有关教师交流政策中经常使用的概念,主要统称在区域内和学校间的刚性流动和柔性流动,它表达了流动的双向属性。"教师轮岗"则是教师交流中具有全员性、强制性的一种具体形式。广义的"教师流动"既包括不同职业间的流动(即外部流动),也包括地区间和学校间的流动(即内部流动),在文中主要是在教育均衡意义上的教师职业内部流动;教师流动也可以划分为行政主导型流动和市场自主型流动两种基本类型,在文中作为一种政策性流动,主要是限定在行政主导型流动的范畴。因此,在已有文献内容的梳理分析中,所指向的流动对象是义务教育阶段公办学校的教师,不涉及市场导向下自然流动的教师,以及私立或民办学校教师的流动及其流失问题。以下主要从城乡教师交流的国外经验借鉴、模式创新实践、实施问题剖析、制度化建设、政策分析、多学科视角审思,以及交流教师的交流意愿和专业发展等八个方面的内容进行梳理分析。

1. 国外教师流动经验的介绍与反思

基于国际比较研究的视野,可以为我们展现域外丰富的经验做法,以及提供必要的参考借鉴。从城乡教师交流制度本身的建构来看,日本、韩国的现实经验对我国影响较大。彭新实最先介绍了日本教师定期流动制度的具体做法,诸如流动的对象、期限、目的、实施方法等内容。[①] 此后不少学者对日本"教师定期流动制"进行了更为深入细致的介绍和评论,并对我国教师交流制度的建立和完善提出了一些建设性的意见。汪丞在比较中国和日本的教师流动之基础上,提出我国要明确教师流动目的在于促进教育均衡发展和教师整体质量提升,以及要推动教师定期流动的制度化建设,改革教师人事制度,实行同工同酬和出台特殊津贴政策等相关建议。[②] 有关韩国的经验,赵允德以韩国的中等学校教师轮岗制度为具体分析对象,指出该轮岗制度实施具有全区域化、全员化、常态化、强制性等多重特点,并强调要依据各地的地理条件和文化发达程度采取不同等级(区域和学校)间轮换的模式,以及采用同一科目教师间轮岗方式。[③]

同时,美国的经验也值得我们学习借鉴。一些学者在介绍美国的教师流动经验时,对教师流动的概念使用是相对宽泛的,包括"教师外流"(即弃教转行或离职流失)和"内部流动"(即转校任教或校际流动)两种情况,这与日本、韩国的教师定期流动制度有着较大的不同。学者们主要依据美国国家教育统计中心等权威机构发布的有关研究报告中的调查数据进行梳理和解释,比如程琪等人对美国中小学教师流动的特征、影响、原因和应对策略等问题进行了较为全面的描述和分析;[④]项亚光则从影响美国教师流动的具体因素入手,认为"教师获得教学岗位的机会、对管理者支持的满意度、教学工作环境、薪水和福利待遇"[⑤]等因素都是影响教师流动的重要原因。李玲、韩玉梅在分析西方国家(主要是美国)

① 彭新实.日本的教师培训和教师定期流动[J].外国教育研究,2000(10).
② 汪丞.中日中小学教师流动之比较及启示[J].比较教育研究,2005(11).
③ 赵允德.韩国中等学校教师轮岗制度及其特点[J].教师教育研究,2014(3).
④ 程琪,曾文婧,秦玉友.美国中小学教师流动的特征、影响及应对策略[J].外国教育研究,2017(12).
⑤ 项亚光.当今美国学校教师流动的新动向——基于国家教育统计中心学校教师调查的分析[J].外国中小学教育,2008(5).

中小学教师流动的主要经验后,指出我国教师流动机制应建立系统的理论框架,要尊重市场的无形力量,营造开放适度的政策环境,以及确立阶段性的流动目标。① 蔡永红、雷军等人则从美国教师流动激励政策的角度来探讨城市薄弱学校改进的问题,指出我国在教师流动制度的建设上要重视"规范流动教师的能力要求""以薄弱学校需要和教师发展为本""构建校际间或区域网络研修平台等支持体系""完善流动教师评价制度"等多个方面的内容。②

还有学者介绍了英国、法国等欧洲国家,以及加纳等非洲国家的教师流动情况。其中,法国作为在教育上具有中央集权体制特点的国家,其经验值得我们借鉴和反思。刘敏详细介绍了法国中小学教师流动配岗机制的具体细则,强调"虽有明显的计划性,但教师本人意愿仍是分配中首要考虑的因素"③。

2. 我国城乡教师交流模式的创新与实践

从教师流动的机制看,有行政主导下的刚性流动和柔性流动,也有市场主导下的自主流动。刚性流动的典型方式就是当前的城乡教师交流轮岗制度,柔性流动则包括支教、对口支援、走教、教育联盟、校际合作、送教下乡等多种灵活的流动方式。以上这些方式在我国有关城乡教师交流政策中都曾明确提到过,且在实践中得到了广泛开展。但教师的人事关系是否变动,一直是城乡教师交流实践推进中较为棘手的关键问题。为了解决"人走关系动"的人事交流弊端,李潮海介绍了辽宁锦州的"走校式"教师交流模式的实践探索,即"通过走校、结对、拜师三种方式让骨干教师、教学新秀、学科带头人和中心组成员在教学设计、课堂教学、课后反思、班级管理和校本教研等五个方面进行深层次交流"④。在实践中一些县区开始探索"学区化办学"的整体治理,郭丹丹基于罗尔斯的"良序"理论,认为"以学区为起点扩展'良序'和教师交流的辐射范围",应成为教师交流与学区化办学政策互构生成的方式和途径。⑤

同样,学者们提出利用互联网技术和信息化手段,在城乡教师交流的方式上创新变革,最大限度地发挥优质资源的共享和辐射效应。赵兴龙、李奕指出,在如今的移动互联网时代,"教师走网"是教师流动的新取向,"其实质是教师的现

① 李玲,韩玉梅.西方国家中小学教师流动的经验与启示[J].比较教育研究,2011(11).

② 蔡永红,雷军等.从美国教师流动激励政策看我国城市薄弱学校的改进[J].比较教育研究,2014(12).

③ 刘敏.以教师流动促进教育均衡——法国中小学师资分配制度探析[J].比较教育研究,2012(8).

④ 李潮海.走校式:教师交流模式的新探索[J].辽宁教育行政学院学报,2014(2).

⑤ 郭丹丹."良序"的建立:从碎片化到整体治理——学区化办学与教师交流政策的互构生成[J].国家教育行政学院学报,2016(11).

实服务与经验在虚拟网络中的共享,是通过信息化手段扩大优质教师资源覆盖面的新实践"。① 安富海提出,基于学习空间支持的"智力流动"是当前民族地区教师交流的一种有效方式。这种"智力流动"的核心要素包括"人岗不动""优质师资""网络学习空间"和"机制保障"等四个方面,其实质是打破教师流动、人事关系和工作岗位三者相互依附的状态。② 这里提及的"教师走网"和"智力流动"虽然在说法上不一样,但在实质上都是探索如何运用互联网技术来创新性地实现教师流动机制的变革,化解"人走关系动"带来的困扰,内涵旨趣上非常相似。

3.城乡教师交流实施的问题剖析

在有关教师交流政策实施的现状调查研究中,很多学者都沿着"现状—问题—原因—对策"的思维路径展开探讨,问卷调查的区域范围涉及全国很多省份,但在总体结论上存在趋同性或相似性。有学者着眼于教师交流机制本身的健全和完善,例如鲍传友、西胜男主要从教师交流机制的选拔、任用、考评和激励等四个维度出发,通过对北京市 M 县的调查,指出政策实施中存在着诸如"交流教师选拔标准偏低,交流教师和交流学校缺乏自主选择权,交流教师的派任与专业不对应,交流时间过长、交流形式单一,考评主体不合理、考评标准不统一,相关配套措施不完善"③等问题。由于交流政策在建构过程中存在诸多问题,因而从不同侧面如何加强和完善教师交流制度的科学设计,也就成为学者们持续思考的基本问题。也有学者从微观层面看待教师交流的现状与问题,例如李毅、宋乃庆在调查中发现,我国义务教育阶段教师交流依然存在着交流形式化、交流政策落实不到位等"老问题",但在城区教师与乡镇教师对交流政策的认同度、交流的激励与保障机制的满意度等方面又出现了一些"新问题"。④ 这样,以"交流教师"为对象的研究也逐步发展为一个新的问题域。

唐智松、温萍指出城乡教师交流过程中存在着各种不适应性的问题,诸如日常生活、交通、人际关系、教学条件和生源基础等各方面,这既有城乡社会环境的差距、教育政策的城市取向等客观原因,也有交流教师的认识不足和归属感缺乏、严重的学校本位主义等主观原因。⑤ 卢俊勇、陶青则从文化适应性的角度分

① 赵兴龙,李奕.教师走网:移动互联时代教师流动的新取向[J].教育研究,2016(4).

② 安富海.学习空间支持的智力流动:破解民族地区教师交流困境的有效途径[J].电化教育研究,2017(9).

③ 鲍传友,西胜男.城乡教师交流的政策问题及其改进——以北京市 M 县为例[J].教育研究,2010(1).

④ 李毅,宋乃庆等.义务教育阶段教师交流的问题与对策分析——以国家统筹城乡改革试验区为例[J].湖南师范大学教育科学学报,2016(5).

⑤ 唐智松,温萍.城乡教师交流中的适应性问题[J].中小学教师培训,2010(7).

析教师流动制度,认为"文化适应性决定着流动教师的有效教学,也决定着流动教师的专业发展"①。可见,如何增强交流教师的文化适应性,重视交流教师的生存状态,都应是从微观领域提升城乡教师交流政策实效性的重要内容。

4.城乡教师交流的政策分析

有些学者从政策分析的角度来认识和探讨我国城乡教师交流政策。首先在静态层面上,主要侧重于对教师交流政策本身的合法性与政策内容构成等方面进行阐释。郝保伟从政策合法性视角考量我国教师流动政策的合法性,发现存在政策执行主体权限不合法、政策内容与相关教育法律法规相违背、政策对象不认可等问题。② 周晨琛则从政策主体、政策程序、政策内容、政策价值伦理取向、政策有效性等五个方面,进一步对我国城乡教师轮岗政策合法性的困境、成因及其提升展开了细致分析。③ 沈伟、孙大慈基于政策工具运用的视角,借助胡德(C. Hood)等人构建的信息、财政、权威和组织四种政策工具形态,以上海市为例对教师流动政策设计进行反思。④ 张清宇、苏君阳运用文本内容分析的方法,以我国 35 个区(县)校长教师交流轮岗实施方案文本为对象,基于制度设计的角度发现政策方案在政策目标、交流教师选择、交流轮岗的方式方法、激励保障机制等方面存在着问题。⑤

其次在动态层面上,主要侧重于教师交流政策执行的失真及其原因解释。政策失真或走样,是政策执行过程中经常会出现的问题,如出现部分执行、替代执行,甚至歪曲执行等情况。马焕灵、景方瑞指出教师轮岗政策在实施过程中偏离了政策目标,存在政策失真的问题,认为这与政策体系不完备,政策执行缺乏人文关怀,政策相关者利益冲突,教育行政部门督查和纠偏不足等原因密切相关。⑥ 李先军指出,有些学校在执行政策过程中将政策异化为一种教师管理手段,而造成政策失真的原因是"教师交流轮岗政策与派出学校利益存在冲突,对流动教师的利益诉求关注不够,以及乡村学校对流动教师的管理存在困难"⑦。

5.城乡教师交流的制度化建设

在城乡教师交流政策实践的推进过程中,加强城乡教师交流的制度化建设,

① 卢俊勇,陶青.从教师的文化适应性看教师流动制[J].教育理论与实践,2011(8).

② 郝保伟.教师流动政策的合法性缺失及其重建[J].中国教育学刊,2012(9).

③ 周晨琛.我国中小学教师轮岗政策的合法性分析[J].教育发展研究,2015(8).

④ 沈伟,孙天慈.教师流动的政策工具设计与反思[J].全球教育展望,2015(9).

⑤ 张清宇,苏君阳.校长教师交流轮岗实施方案中的问题与改进策略——基于 35 个区(县)校长教师交流轮岗方案的内容分析[J].教师教育研究,2017(6).

⑥ 马焕灵,景方瑞.地方中小学教师轮岗制政策失真问题管窥[J].教师教育研究,2009(2).

⑦ 李先军.城乡教师交流轮岗政策的失真与对策[J].教育科学研究,2019(2).

受到了学者们的普遍重视和深入探讨。陈坚、陈阳指出,在制度层面上由于正式制度的缺失和非正式制度的惯性,导致了我国城乡教师流动失衡的困境。① 贾建国认为,作为一种新生的制度,城乡教师交流制度在创建过程中会遭遇各种制度阻力或冲突,诸如与教师的工资、人事、编制等有关教育制度之间的冲突,与户籍、社会保障制度之间的冲突,以及城乡教师流动的正式制度与非正式制度之间的冲突等。② 可见,制度的缺失或者冲突,成为城乡教师交流制度建设中遭遇的最大难题。田汉族等人从制度层面分析了教师交流困境的原因,指出存在着"异地交流与属地管理、交流的短期性与其专业发展稳定性、交流的强制性与人本的管理理念、学校编制相对稳定与流动教师编制空缺"③等矛盾或冲突。史亚娟强调,当前我国城乡教师交流实践中出现问题的原因在于"教师的身份是'单位人'而不是'系统人',对学校和教师发展的作用没有得到充分认识,以及教师聘任制没有得到很好的贯彻落实"④。因此,要在教师的身份归属、岗位聘任、编制等方面开展人事管理制度改革,以破解教师交流政策实践在制度上的瓶颈问题。

除了正式制度的制约和影响以外,非正式制度对城乡教师交流的实施亦有着重要的影响。张天雪、朱智刚在对桐庐县教师流动情况调查分析后发现,"非正式制度对教师流动有着显著影响,制约着其作用的发挥"⑤。夏茂林从意识形态、道德信仰、习俗惯例、文化传统等非正式制度的构成维度出发,发现一些不合理的非正式制度因素成为我国义务教育教师流动问题存在的根源。⑥

城乡教师交流的制度化建设过程必然存在着不同利益主体间的利益冲突。为了协调乃至化解各种利益冲突,我国政府需要建立起相应的利益协调机制,诸如利益表达机制、利益主体的心理调控机制、利益补偿机制和利益约束机制。⑦基于教师自主趋利的"经济人"人性假设特征,如何从利益补偿的角度来激励教师参与交流的积极性,以保证教师参与交流能够得到某种利益的补偿和满足,这个问题得到了较多学者的关注和探讨。冯文全、夏茂林认为,促进教师资源均衡配置必须调整教师劳动力价格,它包括城乡教师待遇的调整,对流动教师进行流

① 陈坚,陈阳.我国城乡教师流动失衡的制度分析[J].教育发展研究,2008(3—4).
② 贾建国.我国城乡教师流动制度创建的制度阻力探析[J].教育科学,2009(5).
③ 田汉族,戚瑜杰等.北京市义务教育教师交流的现状、问题与对策建议[J].教育科学研究,2014(12).
④ 史亚娟.中小学教师流动存在的问题及其改进对策——基于教师管理制度的视角[J].教育研究,2014(9).
⑤ 张天雪,朱智刚.非正式制度规约下教师流动实证分析——以桐庐县为例[J].中国教育学刊,2009(4).
⑥ 夏茂林.非正式制度视角下义务教育教师流动问题分析[J].教师教育研究,2016(1).
⑦ 贾建国.试论我国教师流动制度之利益协调机制的构建[J].教育科学,2009(1).

动成本补偿,对流动教师进行差异补偿(包括地区差异和校际差异)等三个方面。[1] 张源源就专门研究了教师交流的补偿标准问题,提出从经济补偿、发展补偿、机会补偿等三个维度来设计补偿标准,以激励教师从被动参与转向主动有效参与。[2] 张源源、刘善槐还认为现行的教师交流政策出现了"机制梗阻"的问题,而在政策重建时要"构建基于主体损益和决策逻辑的'补偿＋奖励'的激励机制,分类分步分层设计县域推进教师全员交流轮岗的时间表和路线图"[3]。

6. 教师交流意愿的实证分析

城乡教师交流的有效实施,不仅要加强政策制度本身的建构和完善,也要深入探讨"教师"这一政策利益相关主体的认知态度和交流意愿。对教师交流意愿的研究,很多学者在问卷调查中只是直接采用了最为简单的百分数统计进行描述分析,或者比较分析了人口学统计变量与教师交流意愿之间是否存在显著差异,但都缺少相关的理论视角作为支撑。例如,蔡明兰对安徽省城乡教师流动意愿进行了问卷调查,发现在不同地域、年龄、性别、职称等变量上的教师群体,对教师定期流动表现出不同的意愿与态度。[4] 范蔚、叶波对重庆和成都两地教师城乡流动的问卷调查中也得到了相同的结论。[5] 陈牛则在对湖南省义务教育教师流动态度的调查时发现,在性别、学历、职称等变量上并没有显著差异,而在年龄、学校区位等变量上存在着显著差异。[6] 这一研究结论与前面的观点存在不完全一致的地方。范国锋等人基于我国中部地区 3 省 12 县市中小学教师的调查数据进行研究,结果发现性别、年龄、学历和籍贯不同,教师的流动意愿都有显著差别,工资、职业认同感和工作满意度对教师离校意愿有显著影响。[7] 显然要注意的是,这里对教师流动的定义在使用上较为宽泛,既包括了教师的校际流动,也包括了教师的离职行为。

近年来,有一些学者开始借用跨学科研究领域的理论框架,对教师交流意愿进行细致、深入的实证研究。首先是借用了经济学领域中的多个概念和理论框架。赵忠平、秦玉友从"机会成本"的角度出发,通过对我国东中西部 9 省义务教

① 冯文全,夏茂林.从师资均衡配置看城乡教师流动机制构建[J].中国教育学刊,2010(2).

② 张源源.教师交流补偿标准研究[J].中国教育学刊,2019(1).

③ 张源源,刘善槐.县域内教师交流的机制梗阻与政策重建[J].中国教育学刊,2016(10).

④ 蔡明兰.教师流动:问题与破解——基于安徽省城乡教师流动意愿的调查分析[J].教育研究,2011(2).

⑤ 范蔚,叶波.统筹城乡教育发展下教师流动现状的调查分析[J].教育科学研究,2015(5).

⑥ 陈牛则.义务教育教师流动态度的调查与思考[J].教育与经济,2012(4).

⑦ 范国锋,王浩文等.中小学教师流动意愿及其影响因素研究——基于湖北、江西、河南 3 省 12 县的调查[J].教育与经济,2015(2).

育教师的调查研究,发现教师的工资收入、职业环境满意度、工作区域等因素与教师交流意愿有密切关系。① 朱菲菲、杜屏基于全面薪酬的理论视角,分析了内外在薪酬与中小学教师工作满意度与流动意向的关系,并从薪酬的角度对如何吸引和留住优秀教师提供了具体建议。② 杜屏等学者利用北京市某区县教师抽样调查的微观数据,借鉴劳动经济学中人口迁移的"推拉理论"模型,探究教师参加轮岗交流意愿是如何受到推力、拉力以及中间障碍因素的影响。③ 其次是借用了心理学领域中的概念作为研究的中介变量。蔡永红、王莉等学者以满足教师交流的基本心理需要(包括自主需要、能力需要和归属需要)为中介,实证分析了中小学教师交流制度(包括支持性制度和规制性交流制度)是如何对教师交流意愿产生影响的。结果发现,教师交流过程中的自主和归属需要对教师交流意愿发挥了重要的中介作用。④

7.多学科视角下的城乡教师交流

在研究中,学者们尝试从多种不同的学科视角出发,多维度审思我国城乡教师交流问题。在 2005 年第 11 期的《中国教师》期刊中,就有学者分别从经济学、伦理学、文化学三个学科视角来认识和解读中小学教师流动问题⑤。后来的学者们更多借用某个学科中的理论来分析和解释城乡教师交流问题。这些研究成果不断丰富和拓展着城乡教师交流研究的理论视野。

首先从经济学的角度看,多数学者基于"经济人"的人性假设,利用利益博弈理论来剖析教师、学校、政府等不同利益相关主体的相互博弈过程。夏茂林从产权经济学的效率效用视角出发,指出义务教育教师流动问题根源在于教师人力资本产权制度的不合理。⑥ 许长青则基于劳动力市场的分析框架,认为教师校际之间的资源分布与流动,"既要发挥市场的基础性作用,也要加强政策制度的

① 赵忠平,秦玉友.谁更想离开?——机会成本与义务教育教师流动意向的实证研究[J].教育与经济,2016(1).

② 朱菲菲,杜屏.中小学教师流动意向的实证探析:基于全面薪酬理论视角[J].教育学报,2016(2).

③ 杜屏,张雅楠,叶菊艳.推拉理论视野下的教师轮岗交流意愿分析[J].教育发展研究,2018(4).

④ 蔡永红,王莉等.中小学教师交流制度对交流意愿的影响——交流需要满足的中介作用[J].教育发展研究,2016(4).

⑤ 刘平.中小学教师流动的文化解读[J].中国教师,2005(11);夏仕武.中小学教师流动的伦理学分析[J].中国教师,2005(11);石邦宏,戴霞.经济理性驱动下的中小学教师流动[J].中国教师,2005(11).

⑥ 夏茂林.人力资本产权视角下义务教育教师流动问题思考[J].教育与经济,2014(3).

规范性作用"①,以实现公平与效率的动态均衡。其次从社会学的角度看,钱扑分析了教师流动背后的社会成因,以及由此带来教师职业角色的重新适应问题。② 薛正斌、刘新科两位学者运用社会学中的社会流动理论对影响教师流动的因素进行分析,主要从社会制度、教育政策、社会改革、社会价值观、教师个人因素等多个方面分析了影响教师流动的深层根源。③ 同时他们还创造性地建构了中小学教师流动的合理性标准,即"量"和"质"的规定性标准。④ 这些成果有力地丰富和发展了教师流动的理论研究。再次在心理学的视角下,马斯洛(A. H. Maslow)的需要层次理论成为学者们研究的基本理据,主要分析如何根据交流教师的不同需要来给予相应的有效激励和支持;也有学者提出要构建基于教师幸福感的城乡教师交流机制⑤,让"流动"成为教师的一种生活方式。此外,基于文化学、伦理学的视角,学者们提出的"文化交流"⑥"教师流动伦理"⑦等新概念,也成为城乡教师交流研究探讨的基本问题域。

8. 专业发展取向下的城乡教师交流

当前,立足教师专业发展和能动性的视角来思考如何有效推进城乡教师交流制度的实施,已经受到了学者们的关注和探讨。叶菊艳和卢乃桂两位学者指出,印度经济学家阿玛蒂亚·森(Amartya Sen)站在追求人的幸福和美好生活的高度,提出的"能量理论"为我们认识和思考校长教师交流轮岗政策实施提供了一个全新的思路和方向。他们认为,基于"能量理论"视域,就是要思考如何实现流动教师身上所拥有的"能量"流动,以及促进这些能量在整个教育系统内的凝聚、扩散与增长。⑧ 而优质师资的示范、辐射和带动作用,正是这种能量在个体、学校和区域内流动的反映。而基于能量理论的分析视角,贺文洁、李琼等学者运用实证研究的方法,深入分析了轮岗交流教师能量发挥的路径、效果及其影响因素。⑨

① 许长青.新常态下的教师流动与合理配置:基于劳动力市场的分析框架[J].现代教育管理,2016(7).

② 钱扑.教师流动中的社会学问题探讨[J].上海教育科研,2006(11).

③ 薛正斌,刘新科.社会流动视域下的中小学教师流动[J].宁夏社会科学,2010(5).

④ 薛正斌,刘新科.中小学教师流动样态及其合理性标准建构[J].陕西师范大学学报(哲学社会科学版),2011(1).

⑤ 刘茜,张玲.基于职业幸福感的城乡教师交流互动[J].当代教育论坛,2013(3).

⑥ 朱忠琴.文化交流:城乡教师交流的发展方向[J].教育文化论坛,2016(3).

⑦ 谢延龙,李爱华.教师流动伦理:意蕴、困境与出路[J].现代教育管理,2014(4).

⑧ 叶菊艳,卢乃桂."能量理论"视域下校长教师轮岗交流政策实施的思考[J].教育研究,2016(1).

⑨ 贺文洁,李琼等."人在心也在":轮岗交流教师的能量发挥效果及其影响因素研究[J].教育学报,2019(2).

刘光余、邵佳明提出要从受援学校的角度出发,主动构建有助于交流轮岗教师和受援学校教师共同专业发展的机制,是教师轮岗制度应选择的政策取向。[①]高臣、叶波明确提出,提升城乡教师流动内涵的关键在于要以教师专业发展为价值取向,其中"教师共同体的建立""合作文化的形成"和"问题的境域性",则是落实专业发展取向下城乡教师流动的基本诉求。[②] 而在城乡教师共同体的建设策略上,王淑莲认为在制度机制上要创新,应从"整体性政策平台的搭建"转向"区域视角的分类发展"[③]。龙宝新提出要构建教师专业发展取向的区域教师流动工作系统,这个工作系统是由流谁、流向、流力、流速和流量五个关键因素构成的一个有机体,而"核定教师岗位流动的难度系数""实施学校综合发展力评价""完善教师流动供求信息系统""建立教师'流动胜任力'评估体系"等举措,是盘活城乡教师流动工作系统,保障教师专业发展权益的有力政策工具。[④] 同时他还强调当前城乡教师流动政策设计应体现教师专业发展的服务取向,做到"确保教师专业发展利益不受损,促进教师专业多元化持续发展,构建良好教师专业发展生态,鼓励优秀教师市场化区域内市场化配置"[⑤]。

(二)城乡教师交流研究的未来展望

以上从八个方面对我国城乡教师交流研究的相关文献内容进行了细致盘点和梳理分析。从中发现学者的研究努力,不仅为加快推动我国城乡教师交流政策实践奠定了坚实的学理基础,而且也为新时期如何落实义务教育优质均衡发展的战略目标指明了改革的发展路向。随着城乡教师交流制度实施的持续推进,在未来研究中有一些问题亟待深入探讨。

1. 重视交流教师的专业发展研究

促进交流教师的专业发展,是城乡教师交流制度实施中一个极为重要但长期"隐而不彰"的问题。在未来研究中应重视两个问题:一是要注重交流教师的能动性发挥。交流教师是城乡教师交流政策实施中最能动的"人"的因素,其能动性是教师在专业实践中身份认同建构的基础。从已有研究成果看,教师的主观意愿或态度、适应性、归属感和幸福感等内容维度已受到学者的重视,然而,教师在参与交流过程中到底"要(或能)成为什么样的人",交流教师的生存状态和

① 刘光余,邵佳明.构建基于受援学校的教师专业发展机制——教师轮岗制度的政策趋向探析[J].中国教育学刊,2010(9).

② 高臣,叶波.教师专业发展取向下的城乡教师流动[J].上海教育科研,2015(2).

③ 王淑莲.从整体搭建到分类发展:城乡教师共同体区域推进策略转换[J].教育研究,2019(6).

④ 龙宝新.论教师专业发展取向的区域教师流动工作系统[J].教育发展研究,2017(6).

⑤ 龙宝新.教师专业发展视域中的城乡教师流动政策思考[J].现代基础教育研究,2018(4).

生活方式到底是怎样的,教师在自身的专业发展境遇中如何应对和选择,如何去主动改变自我和发展自我,如何在个体与社会文化环境的互动中来实现自身的身份重构,这些不同层面的问题尚未得到深入地揭示和解释。二是要构建指向专业发展的城乡教师交流机制。促进交流教师自身的专业发展,以及由交流教师引发"涟漪效应"带动交流学校教师的专业发展,由此实现县(区)域内教师资源质量的整体提升,这是教师交流制度实施的一个至关重要问题。它不仅要让教师"动"起来,更要让教师在"动"起来以后实现"增值"。为此,基于促进教师专业发展的价值取向,实现义务教育的内涵均衡发展,有效形成指向专业发展的城乡教师交流机制,应成为当前教师交流政策研究与实践探索的关键所在。

2.创新城乡教师交流的实践模式研究

如何克服和解决"城镇优质师资流动难"的复杂问题,以实现教师资源均衡配置的根本目标,在城乡教师交流政策实践中自始至终都严峻存在。为此,不仅要充分考虑和结合各地域的不同特点,灵活采用已有的各种交流方式,也要不断创新改革城乡教师交流的实践模式。在这里有两个议题特别需要深化思考:其一,在"互联网+"时代,如何充分利用人工智能技术、互联网大数据和教育信息化手段,构建"基于技术支持的有效学习空间",在跨时空的教师交流中达成优质教育资源的共享和辐射效应。其二,如何加强集团化办学、学区化管理与城乡教师交流政策之间的紧密"联姻",以构建公正有序的教育生态环境,使教师资源流动更加合理顺畅。

3.加强城乡教师交流的评价机制研究

科学合理的评价机制可以发挥积极的激励和导向作用。对城乡教师交流的评价,在内容上不仅包括教师交流政策实施效果的评价,也包括对交流教师工作的考核评价;在对象上既涉及教师这一政策主体的表现,也应关涉教育行政部门和学校的作为。这不仅关乎交流教师个体的切身利益满足,也直接影响教师交流的实践效果,引导甚至决定着教师交流实践的发展方向。但在已有文献中发现,关于教师交流评价的研究几乎是零星地散落于某些文章之中,明显缺少较为系统和深入的探讨。因此,在理性地回答"谁来评价""评价什么""如何评价",以及"评价结果的反馈应用"的基础上,有效构建城乡教师交流的评价机制或策略应是一个较为紧迫和重要的问题。同时,对我国义务教育阶段教师交流政策实施状况或效果进行全面评价,也是不能被遗忘的研究内容。

4.深化"县管校聘"的管理体制改革研究

在城乡教师交流政策实践中,教师的利益补偿、编制、岗位、人事归属等问题都是极为重要的影响因素,针对这些问题已经有学者进行理论层面的初步探讨,提出了一些原则性的政策建议,但尚未真正落到实处。2014年教育部等3个部门联合颁布的《交流轮岗意见》中明确指出,要加强县域内义务教育教师的统筹管理,全面推进"县管校聘"管理改革,打破教师交流轮岗的管理体制障碍。此后教育部在2015年、2017年共设立49个义务教育教师队伍"县管校聘"管理改革示范区。可以看到,现阶段我国正在开展的"县管校聘"管理体制改革,在体制机制上希望能够一揽子解决这些制度层面上的瓶颈问题,确保城乡教师交流制度的有效实施。然而作为一个新生事物,"县管校聘"管理体制从改革试点到全面推广的实践过程中依然会产生很多新的问题亟待解决,这些新问题也就成为未来研究的生长点。

5.丰富多学科理论视角的整合研究

一种学科视角意味着一套不同的理论话语体系和分析框架,由此也将给我们带来不一样的研究发现。一些学者运用了经济学、社会学、心理学、伦理学、文化学等多个学科领域中不同的理论观点,这为我们认识城乡教师交流问题打开了新的视野,提供了新的路径。但目前这种多学科的研究相对缺乏整体上的把握,"'多学科'更多的是局限于一种学科视野,而不是一种问题意识"[1],这样看到的仅是城乡教师交流问题的一个内容侧面,尚未形成一个立体、多维的整体景观。同时已有个别学者开始借用跨学科研究领域的理论框架或分析视角,对教师交流意愿进行了细致、深入的实证研究,但这种聚焦于微观领域进行严格的实证研究设计的量化研究还是非常欠缺和不够的。因此,在今后研究中要基于实践问题的复杂性和统整性,适时开展多个学科之间的交叉研究,则是未来研究应努力拓展和丰富的发展方向。

---

① 周险峰,谭长富等.教师流动问题研究[M].武汉:华中科技大学出版社,2013:14.

第二章　城乡教师交流政策实施的调查研究

  教育公平是社会公平的重要基础。《国家中长期教育改革和发展规划纲要(2010—2020 年)》中强调,要"把促进公平作为国家基本教育政策"。如今实现教育公平和均衡发展已成为我国义务教育改革发展的主旋律。为促进义务教育学校教师资源合理配置,推进义务教育高水平均衡发展,实行县(区)域内教师交流制度已成为一个重要的政策举措。2014 年 8 月,教育部、财政部、人力资源和社会保障部等 3 部委联合出台了如何有效开展和保障义务教育阶段校长教师交流轮岗政策实施的专门性指导文件。其实,早在 2013 年 7 月 16 日,浙江省教育厅、机构编制委员会办公室、财政厅、人力资源和社会保障厅等 4 个部门就联合发布了《关于推进县域内义务教育学校教师校长交流工作的指导意见》(以下简称《指导意见》),率先在国内开始部署县域内城乡教师交流制度的实施工作。此后,浙江省各县(区)依照自身的实际情况,在国家层面和省域层面政策的指导要求下,具体制定了推动义务教育学校校长教师交流轮岗的实施办法,都希望以合理有序的城乡教师流动来落实教师资源优化整合和教育均衡发展的目标。

  从政策实施的角度来看,涉及诸如政府、社会、学校、教师、学生及其家长等利益相关者。其中,教师既是政策执行的主体,也是被执行的对象,他们的态度与行动对城乡教师交流政策的顺利实施有着直接影响。因此,为了弄清和把握县域内城乡教师交流政策实施的现状及其存在的困难,也为了促进教师从"被流动"到"要流动"的实质性转变,进一步完善教师交流政策提供现实依据和决策参考,在浙江省 A 县教育局的大力支持和倾情帮助下,我们采取问卷调查的方法来充分了解义务教育学校教师对当地实施教师交流政策的看法和建议,采用深度访谈的方法来主动聆听来自不同利益相关主体的声音和主张。

一、调查研究的设计

（一）问卷调查的基本过程

在研究中，我们选择了浙江省 A 县义务教育阶段的教师作为调查对象。最初根据 A 县教育局提供的该县教育事业发展资料，对该县义务教育学校和教师、学生的数量有了大致的整体印象。依据 2013 年的资料统计，浙江省 A 县共有 21 所初中，25 所小学。初中专任教师 1234 人（其中女教师 662 人），小学专任教师 1335 人（其中女教师 862 人）。根据浙江省 A 县义务教育学校所处地理位置的不同，我们将其大致划分为城镇学校、城乡接合部学校、农村学校三大类别。

调查问卷的设计在参考借鉴已有研究成果的基础上，自主编制了"县域内义务教育学校教师交流的调查问卷"。问卷内容包括两个主要部分：一是教师个人的基本信息，包括性别、年龄、教龄、婚姻状况、学历、职称、所教学科、所在学校、是否为骨干教师等方面；二是问卷调查的主体内容，着重从义务教育阶段教师对城乡交流的认知与态度、交流意愿、参与交流的困难，影响参与交流的因素，以及交流的方式、程序、时间、对象、考核评价、人事管理、激励保障机制等多个方面进行深入调查。

在具体的问卷调查过程中，我们采取了分层整体、随机抽样的调查方法，在 A 县 36 所义务教育学校中共选择了 13 所样本学校。其中，城镇学校 2 所、城乡接合部学校 3 所、农村学校 8 所；初中 5 所、小学 8 所。确定好调查的样本学校名单后，调查问卷的发放与回收工作都是由 A 县教育局相关管理人员负责协助完成的。在所选择的 13 所样本学校中共发放纸质调查问卷 774 份，回收问卷 656 份，回收率为 84.75%；有效问卷 635 份，有效率为 96.80%。调查问卷发放和回收情况统计见表 2-1。问卷调查结果主要运用 SPSS19.0 统计软件中的交叉分析和频数分布进行描述统计。

表 2-1　调查问卷发放和回收的基本情况统计

调查问卷	城镇学校（2 所）		城乡接合部学校（3 所）		农村学校（8 所）		合计
	初中（1）	小学（1）	初中（1）	小学（2）	初中（3）	小学（5）	
发放（份）	115	110	50	105	172	222	774
回收（份）	79	84	50	96	149	198	656
有效（份）	77	82	49	94	140	193	635
回收率（%）	68.70	76.36	100.00	91.43	86.63	89.19	84.75
有效率（%）	97.47	97.62	98.00	97.92	93.96	97.47	96.80

（二）调查对象的基本情况

从表 2-1 中回收的有效问卷份数可以确定：城镇学校教师 159 人，占 25.04％；城乡接合部学校教师 143 人，占 22.52％；农村学校教师 333 人，占 52.44％。小学教师 369 人，占 58.11％；初中教师 266 人，占 41.89％。表 2-2 反映了有效问卷中参与调查的教师基本信息统计情况。在性别维度上，男教师占 39.1％，女教师占 60.9％；在年龄维度上，"31—40 岁"的教师占 56.4％，"41—50 岁"的教师占 22.2％，"30 岁以下"和"51 岁以上"的教师分别占 12.0％、9.4％；在教龄维度上，"11—15 年"的教师占 32.6％，"16—20 年"的教师占 22.7％，"21 年以上"的教师占 25.4％，以及"5 年以下"和"6—10 年"的教师分别为 7.7％、11.6％；在职称维度上，中级职称教师占 61.1％，高级职称教师占 22.2％，初级职称教师为 14.5％；在学历维度上，大学本科学历的教师占 80.0％，大专学历的教师占 17.5％；在骨干教师维度上，骨干教师所占的比例仅为 29.0％，非骨干教师占比 71.0％。在问卷调查结果统计的交叉分析中，我们将会利用到一些人口学统计变量，例如性别、年龄、教龄、职称、是否骨干教师，以及教师所在学校地理位置归属的学校类别等变量。

表 2-2 问卷调查对象的基本信息统计情况

特征分组		人数（N＝635）	百分比（％）
性别	男	248	39.1
	女	387	60.9
年龄	30 岁以下	76	12.0
	31—40 岁	358	56.4
	41—50 岁	141	22.2
	51 岁以上	60	9.4
教龄	5 年以下	49	7.7
	6—10 年	74	11.6
	11—15 年	207	32.6
	16—20 年	144	22.7
	21 年以上	161	25.4

续表

特征分组		人数（N＝635）	百分比（%）
职称	未定级	14	2.2
	初级	92	14.5
	中级	388	61.1
	高级	141	22.2
学历	中专	13	2.0
	大专	111	17.5
	本科	508	80.0
	研究生	3	0.5
所教学科	语文	199	31.3
	数学	156	24.6
	英语	68	10.7
	科学	84	13.2
	艺体	74	11.7
	思政	35	5.5
	其他	19	3.0
婚姻	已婚	587	92.4
	未婚	48	7.6
骨干教师	是	184	29.0
	否	451	71.0

（三）访谈对象的基本情况

为了更真切地聆听城乡教师交流政策实施中不同利益主体的声音，我们一共选取了 6 所义务教育学校的校长和教师进行深度访谈，其中分别代表城镇、城乡接合部和农村等三种不同类别的初中和小学各 1 所，同时也对浙江省 A 县教育局、人力社保局、编委办、财政局等四个职能部门的有关负责人进行了个别访谈。整个访谈调研采取分层抽样的方法，选取了 30 名具有代表性的访谈对象。其中，县级政府部门的相关领导 4 人（有关职能部门各 1 人）、校长 6 人（初中和小学各 3 人）、教师 20 人（其中，初中和小学各 10 人；具有交流经历 9 人和没有交流经历 11 人）。在访谈资料整理的过程中，校长、教师、行政管理人员分别用

"H""T""G"代替,然后按照顺序对访谈人员进行简单分类编码,如 H-1、T-1、G-1 等,依次类推。

二、教师视角下城乡教师交流政策实施的问题揭示①

为了充分认识和全面把握浙江省 A 县城乡教师交流政策实施的整体状况,我们着重从义务教育阶段教师对城乡交流的认知与态度、交流意愿,参与交流的困难,影响参与交流的因素,以及交流的方式、程序、时间、对象、考核评价、人事管理、激励保障机制等多个方面展开问卷调查。以下主要对城乡教师交流政策实施的现状及其存在的问题进行描述和揭示。

(一)教师对交流政策的价值目标仍不够清晰

在城乡教师交流政策实施的价值追求上,促进县域内义务教育的优质均衡发展,解决部分学科师资的结构性缺编或不足问题,以及改善农村学校的生态文化环境,促进教师质量的整体提升,这些都是政策设计的预期目标。然而,对于这些预期价值目标在现实中是否能够发挥积极的作用,教师们并没有表现出强烈的认同态度,所占比例明显较低。这样,在应然的政策价值目标和实然的教师认知之间就存在着较大的落差,它影响着教师参与交流的热情和投入程度,制约着教师交流政策的顺利实施。

从问卷调查的整体情况看,在师资队伍均衡配置上,有 57.5% 的教师认为交流政策实施"能够解决部分学科教师不足的问题";在促进学校改进和教师发展上,仅有 38.0% 的教师认为交流政策实施"可以为学校文化发展注入新的元素",选择"缓解教师职业倦怠感"和"提高学校教师的教育教学水平"的教师比例分别为 35.3%、32.0%;在促进学生学习上,仅有 11.5% 的教师认为交流政策实施"有助于提高学生的积极性"。从中可见,当城乡教师交流政策的价值目标表现在学校改进和教师发展层面,尤其是教育教学质量和学生学习成就层面时,其积极的政策意图并没有得到有效落实,"破冰效应"并不十分显著。

对于这个问题,我们进一步比较分析了不同类别学校教师的看法。在图 2-1 中,有 63.4% 的农村教师认为交流政策实施"能够解决部分学科教师不足的问题",但仅有 46.9% 的城乡接合部学校教师持有此种看法,二者之间相差 16.5 个百分点。有 37.8% 的农村教师认为该项政策"有助于提高学校教师的教学水平",这一数据也要比城乡接合部学校教师高出 15 个百分点。有 17.1% 的农村

---

① 本部分内容参阅:李茂森.关于义务教育阶段城乡教师流动的调查与分析——基于浙江省 A 县义务教育学校 635 名教师的调查[J].现代中小学教育,2015(5).

教师认为交流政策实施"有助于提高学生的积极性",而城乡接合部学校、城镇学校的教师比例仅为 4.2％、6.3％。通过这一组数据间的对比分析,在一定程度上反映了农村学校教师群体更期待城乡教师交流政策实施发挥更大的积极作用。此外,在是否有助于"为学校文化发展注入新的元素"和"缓解教师的职业倦怠感"的积极影响方面,农村学校教师选择的比例也都要稍高于城镇学校和城乡接合部学校教师。

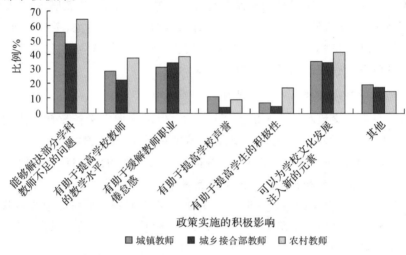

图 2-1　不同类别学校教师对城乡交流政策价值的认识

更进一步的调查发现,在城乡教师交流政策对提升流入学校教育质量水平,促进教师专业发展等作用大小的认识上,教师们的认识态度是较为模糊的,结果并不令人乐观。针对"交流教师对流入学校教育教学质量提升是否有帮助"这一问题的回答(见图 2-2),有 41.6％的教师表示"说不清楚",有 31.8％的教师认为"帮助不大"或者"根本没有帮助",仅有 26.6％的教师认为"很有帮助"或"较有帮助"。

对于"教师交流是否有利于促进教师个人的专业发展"这一问题的回答(见图 2-3),有 53.7％的教师表示"说不清楚",认为"较为有利"或者"非常有利"的教师有 31.5％,持有"较为不利"或"非常不利"看法的教师仅占 14.8％。虽然对该问题持完全否定态度的教师所占比例不是很大,但却有一半以上的教师态度有些模棱两可。这种在政策价值目标上的认识模糊或不够清晰,很容易导致城乡教师交流政策在实践中的"走样",造成政策目标的"悬置"。

(二)不同群体教师利益诉求的差异制约着交流政策的落实

当前,教师参与城乡交流已经是不可回避的时代课题。但从教师对建立城

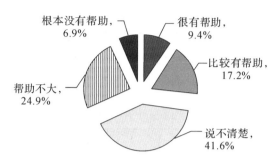

图 2-2 对城乡交流政策促进学校教育质量提升的看法

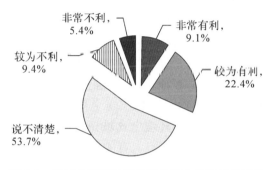

图 2-3 对城乡交流政策促进教师专业发展的看法

乡教师交流制度的认同态度来看,总体表现并不是十分积极主动。其中,持"完全赞同"和"比较赞同"态度的教师仅占 16.5%、23.0%,有 20.6% 的教师表示"无所谓",持"不太赞同"态度的教师占到 26.8%,甚至还有 13.1% 的教师表示"坚决反对"。进一步的调查数据分析表明,不同群体教师对建立城乡教师交流制度的态度存在着较为明显的差异,而这种差异的存在与各个不同群体教师自身的利益诉求有着较为密切的关系,这在一定程度上影响着城乡教师交流政策的有效落实。以下我们从教师所在的学校类别,以及教师个人的性别、年龄、教龄、职称等人口学变量上进行交叉分析。

1. 农村教师更支持城乡交流制度的建立

从表 2-3 中可以看出,不同类别学校教师对待城乡交流政策的态度有着较为明显的差异。其中,有 51.3% 的农村教师"赞同"城乡教师交流制度的建立,持"坚决反对"态度的农村教师只占到 9.6%;而持"赞同"态度的城镇教师仅占 27.0%(其中持"完全赞同"态度的教师不足一成),比农村教师低 24.3 个百分点;在城乡接合部学校,持"赞同"态度的教师占 25.9%,但却有 22.4% 的教师表示"坚决反对",比农村教师高 12.8 个百分点。

表 2-3   不同类别学校教师对城乡交流政策的态度

选项	城镇教师	城乡接合部教师	农村教师
完全赞同	9.4%	11.2%	22.2%
比较赞同	17.6%	14.7%	29.1%
无所谓	27.7%	20.3%	17.4%
不太赞同	33.3%	31.5%	21.6%
坚决反对	11.9%	22.4%	9.6%

相对而言,农村学校教师更倾向于支持城乡交流制度的建立,这与该教师群体更期望通过参与城乡交流的途径来促进自己的专业发展,改善自己的工作环境,照顾自己的家人和家庭等因素有关。调查数据表明(见图 2-4),有 52.0% 的农村教师认为该政策能够"促进教师自身的专业发展",比城镇教师高出 24.4 个百分点,比城乡接合部学校教师也高出近 20 个百分点。有 34.8% 的农村教师认为该政策能够"改善自己的工作环境",比城镇教师高出 25.4 个百分点,比城乡接合部学校教师也高出 23 个百分点。有 40.2% 的农村教师认为该政策能够"照顾自己的家人和家庭",这一比例也要比城镇学校和城乡接合部学校的教师在该选项上的比例高出两成多。综上,从不同类别学校教师选择支持城乡教师交流政策的原因中,可以更为直观地看到为何农村教师更倾向于支持态度。

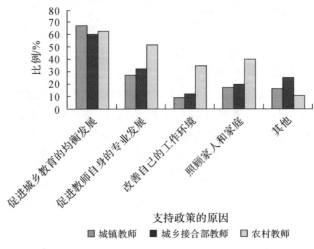

图 2-4   不同类别学校教师支持城乡交流政策的原因

2.男教师比女教师更赞同城乡交流政策

从表 2-4 中可以发现,男教师比女教师更支持城乡交流政策。对城乡交流政策持"赞同"态度的男教师占 49.2%,比女教师高出 15.86 个百分点。这一调查结论可能和女教师要承担更多的家庭责任有关,比如照顾孩子和老人、承担家务等;而男教师则可以专注于自己的事业发展,比如通过参与交流获得更多的专业发展空间和行政职务晋升机会等。

表 2-4 不同性别教师对城乡交流政策的态度

选项	男	女
完全赞同	20.97%	13.70%
比较赞同	28.23%	19.64%
无所谓	17.74%	22.48%
不太赞同	21.37%	30.49%
坚决反对	11.69%	13.70%

3. 年龄越小或越大的教师更倾向于支持城乡交流政策

从表 2-5 中可以看到,教师年龄和政策认同态度之间呈现 U 型关系,"30 岁以下"和"51 岁以上"的教师更赞同城乡交流政策。其中,持"赞同"态度的"30 岁以下"教师占 67.1%,"51 岁以上"教师占 66.66%;而持"赞同"态度的"31—40 岁"和"41—50 岁"两个年龄段的教师仅有三成多,比"30 岁以下"和"51 岁以上"两个年龄段的教师低 35 个百分点。同时,有 16.48% 的"31—40 岁"教师表示"坚决反对"该项政策,所占比例在各年龄段中最高;对城乡交流政策持"无所谓"态度的"41—50 岁"教师近三成,所占比例也明显高于其他年龄段的教师。综上,年龄越小或越大的教师更倾向于支持城乡交流政策,这与政策中对参与交流轮岗教师群体的选拔标准有着某种内在联系,无论是专任教师连续在同一所学校工作年限的计算还是骨干教师或优秀教师的选拔,都将更多集中于"31—40 岁"和"41—50 岁"两个年龄段内的教师。

表 2-5 不同年龄段教师对城乡交流政策的态度

选项	30 岁以下	31—40 岁	41—50 岁	51 岁以上
完全赞同	32.89%	12.29%	13.48%	28.33%
比较赞同	34.21%	20.12%	17.73%	38.33%
无所谓	15.79%	18.99%	29.79%	15.0%
不太赞同	6.58%	32.12%	31.20%	11.67%
坚决反对	10.53%	16.48%	7.80%	6.67%

4.教龄越短或越长的教师更倾向于赞同城乡交流政策

从表 2-6 中可以发现,工作"5 年以下"的教师更赞同城乡交流政策(占 71.43％),有四成多的教龄在"5—10 年"和"21 年以上"的教师倾向于赞同该政策。对城乡交流政策表示"不太赞同"和"坚决反对"的教师中,教龄在"11—15 年"的教师占 46.38％,比"5 年以下"的教师多 34.14 个百分点;教龄在"16—20 年"的教师占 52.08％,比"5 年以下"的教师高出将近 40 个百分点。和教师的年龄特征相一致,教师的教龄因素和政策认同态度之间也呈现 U 形关系,表现为教龄越短或越长的教师更倾向于赞同城乡交流政策。

表 2-6　不同教龄教师对城乡交流政策的态度

选项	5 年以下	5—10 年	11—15 年	16—20 年	21 年以上
完全赞同	28.57％	21.62％	15.46％	7.64％	19.88％
比较赞同	42.86％	20.27％	17.39％	22.92％	25.47％
无所谓	16.33％	21.62％	20.77％	17.36％	24.22％
不太赞同	4.08％	18.92％	30.92％	37.50％	22.98％
坚决反对	8.16％	17.57％	15.46％	14.58％	7.45％

5.职称越高的教师对城乡交流政策的态度更为消极

从表 2-7 中可以看到,有 40.98％的中级职称教师表示"不太赞同"或"坚决反对"城乡交流政策,比初级职称教师高 12.72 个百分点;有 48.74％的高级职称教师对城乡交流政策持"不太赞同"或"坚决反对"的态度,比初级职称教师高 20.48 个百分点,比中级职称教师所占比例也多 7.76 个百分点。这一组数据表明,中高级职称的教师对参与城乡交流的态度较为消极;而且教师的职称越高,这种负面消极的态度越加强烈。教师这种消极态度的存在,也和城乡交流政策中对参与交流人员的确定标准有着密切关系。

表 2-7　不同职称教师对城乡交流政策的态度

选项	未定级	初级	中级	高级
完全赞同	28.57％	28.26％	13.92％	14.89％
比较赞同	64.29％	28.26％	23.45％	14.18％
无所谓	7.14％	15.22％	21.65％	22.69％
不太赞同	0	17.39％	26.80％	36.17％
坚决反对	0	10.87％	14.18％	12.57％

（三）教师更期待参与利益驱动和专业驱动的城乡交流

教师参与城乡交流的意愿，主要包括教师是否愿意参与交流，以及更倾向于参与何种类型的交流方式，包括政策要求下的流动，满足某种利益的流动，出于专业发展需要的流动，以及多种目的混合下的流动等四种情况。整体来说，教师们参与城乡交流的总体意愿不够积极强烈。从教师参与交流的意愿来看，有58.1％的教师表示"不太愿意"或"完全不愿意"参与流动，有14.5％的教师居于"无所谓"的游离状态，仅有27.4％的教师表示"非常愿意"或"比较愿意"参与流动。教师参与交流的意愿不积极主动，或持有观望心态，或拒绝抵制，这些消极状态都会严重影响教师参与城乡交流的行动效果。

即使必须参与城乡交流，多数教师更希望参与能够满足自身利益需求，或者促进专业发展的流动，而不是简单听从政策要求或行政安排的流动。在调查中发现（见图2-5），有33.2％的教师希望参与"能满足自身某种利益的流动"，有37.5％的教师希望参与"出于专业发展需要的流动"，仅有16.0％的教师愿意参与"政策要求下的流动"，也有13.5％的教师参与流动是由于"其他"某种原因。由此可见，从教师的"被动流动"到"自主流动"的转向，尤其是参与专业发展驱动下的自主流动，应是推动城乡教师合理有序流动的发展趋向。

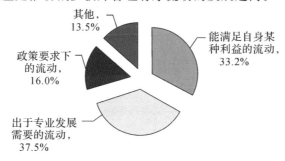

图 2-5　教师期待参与不同驱动类型的城乡交流

（四）教师参与交流的现实需求与政策规定之间存在差距

我们知道，在2014年国家层面的《交流轮岗意见》和2013年浙江省域层面的《指导意见》中，已经具体细化了实施县域内城乡教师交流轮岗工作的各项规定和要求。问卷调查结果发现，教师在交流时间、交流对象和交流方式等方面的现实期待，与城乡教师交流制度的政策规定之间存在着实际差距。

1. 教师期待的交流时间

调查表明，有40.2％的教师希望交流的时间范围控制在"1—3年"，38.1％的教师希望交流的时间范围限定在"1年以内"，10.6％的教师希望交流的时间范围规定在"半年以内",希望交流时间在"3 年以上"的教师仅有 11.2%。可见,绝大多数教师希望参与交流的时间不能太长,时间范围应控制在 3 年以内,甚至 1 年以内。但在浙江省的《指导意见》中明文规定,"城区学校交流到农村学校的教师,交流后服务时间应不少于 3 年"。显然,政策规定与教师的现实期望之间存在着一定的距离。

我们从不同类别学校教师的横向比较来看(见表 2-8),近七成的城镇学校和城乡接合部学校的教师期待把交流时间控制在"半年以内"和"1 年以内",而有五成多的农村学校教师则倾向于把交流时间控制在"1—3 年"。希望把交流时间控制在"1 年以内",城镇学校的教师占比为 52.8%,城乡接合部学校的教师比例为 47.6%,而农村学校只有 27.0%的教师;交流时间控制在"1—3 年",城镇学校有 30.2%的教师,城乡接合部学校有 26.6%的教师,而农村学校的教师比例达到 50.8%。综上,城镇学校和城乡接合部学校的教师并不希望参与交流的时间过长,而农村学校的教师则希望参与交流的时间也不能太短。此外,如果参与交流的时间超过 3 年,我们也发现不同类别学校教师占有的比例都比较低,尤其是城镇学校教师(仅占 2.5%)。

表 2-8　不同类别学校教师期待的交流时间

交流时间	城镇教师	城乡接合部教师	农村教师
半年以内	14.5%	17.5%	5.7%
1 年以内	52.8%	47.6%	27.0%
1—3 年	30.2%	26.6%	50.8%
4—6 年	0.6%	3.5%	8.7%
6 年以上	1.9%	4.9%	7.8%

2.教师期待的交流对象

问卷调查表明(见图 2-6),针对哪些教师参与交流的界定标准而言,有 72.1%的教师认为可依据"教师个人是否有需求并主动申请",40.6%的教师认为可依据"连续在同一学校工作时间的长短",34.6%的教师认为可依据"是否能够满足学校的需求",14.8%的教师认为可依据"教师职称高低",也有 18.4%的教师认为可依据"有无突出的荣誉与业绩"。从中可以看到,在确定参与交流对象时,首先需要充分考虑教师个人的实际需求和主动申请,其次才是"连续在同一学校工作时间的长短""满足学校发展的实际需求"等衡量指标。

从不同类别学校教师之间的比较可知,有 42.9%的农村教师认为需要考虑

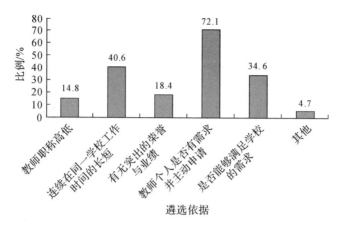

图 2-6　确定教师是否参与交流的界定标准

"是否能够满足学校的需求",比城镇教师高出 18 个百分点;而城镇教师认为要考虑"教师职称高低""有无突出的荣誉和业绩"等指标所占的比例都要明显高于农村教师的选择。这些判断指标上的认知差异,显然要与城镇教师和农村教师各自的利益需求有关。不同类别学校教师在"连续在同一学校工作时间的长短""教师个人是否有需求并主动申请"等方面是否作为划分教师参与交流标准的看法较为一致。

调查结果显示(见图 2-7),在需要优先考虑参加城乡交流的对象中,选择"有主动交流意愿的教师"的比例为 69.6%,选择"名优教师"和"骨干教师"的比例分别是 57.6%、42.7%,有 21.7%的教师选择了"任职时间达到年限要求的教师",还有 16.4%的教师选择了"新评职称的高级教师"。由此可见,在确定参加城乡交流的人员时,需要优先考虑有主动交流意愿的教师、名优教师和骨干教师,而不是简单根据政策硬性规定那些"任职时间达到年限要求的教师"。实质上,也只有充分考虑"名优教师"和"骨干教师"参与交流政策实践,才可能达成城乡教师交流政策中期待的"发挥示范、辐射和带动作用"。

3.教师期待的交流方式

从教师参与交流的途径来看,近八成的教师都期待能够参与自主申请的流动。问卷调查结果表明,有 78.0%的教师希望参与"个人自主申请交流",仅有 8.7%的教师期待参与"学校组织推荐交流"和 5.0%的教师期待参与"教育行政部门直接指派的交流",还有 8.3%的教师持有"无所谓"的态度。可见,从参与城乡交流的途径看,教师也更倾向于参与自主流动,而不是行政安排下的"被"流动。

就参与交流的具体方式而言,城镇教师更希望参与灵活多样的柔性交流,而

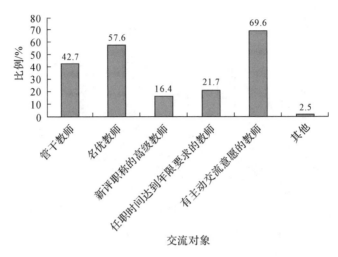

图 2-7　对需要优先考虑的交流对象群体的认识

不太愿意参加政策规定下的刚性交流。调查表明(见表 2-9),就目前推行的"教师定期轮岗制度"来说,有 27.0％的农村学校教师希望参与,而城镇学校和城乡接合部学校愿意参与的教师比例分别仅有 11.9％、10.5％。城镇教师更希望在教育集团或联盟内部进行交流(占 32.7％),或者参加短期的支教活动(占 44.7％);而农村教师更趋向于选择参与城乡结对学校之间的对口支援(占 23.4％)和进城蹲点跟师学习(占 23.7％)。

表 2-9　不同类别学校教师期待参与交流的具体方式

交流方式 不同类别 学校教师	在教育集团或联盟内部进行交流	教师定期轮岗	短期的支教活动	参与城乡结对学校间的对口支援	进城蹲点跟师学习	其他
城镇教师	32.7％	11.9％	44.7％	9.4％	/	1.3％
城乡接合部教师	30.8％	10.5％	36.4％	15.4％	/	7.0％
农村教师	13.5％	27.0％	/	23.4％	23.7％	12.3％

(五)教师参与交流的政策支持体系尚须进一步完善

从城乡教师交流政策的有关配套措施来看,主要涉及人事管理制度、激励保障制度、宣传和监督制度等多个方面。在问卷调查中发现,这些配套的教师交流政策支持体系尚需进一步健全和完善。

1.人事管理制度方面

人事管理制度是影响城乡教师交流政策执行的最主要制度性障碍之一。调查结果表明,在影响教师交流政策实施的制度因素中,有56.1%的教师认为是"教师聘任制、编制等人事制度管理上的影响"。而教师在流动时人事关系是否发生变动,则是推进城乡交流政策实施中的一个非常重要且极为敏感的问题。在图2-8中,对"如果参与交流,您是否希望人事关系发生变动"这个问题的回答,有45.2%的教师希望人事关系仍旧"留在原来学校",26.8%的教师则希望"由教育局统一管理,交流结束后再进行自主选择",仅有18.4%的教师希望把人事关系"带到交流学校",也还有9.6%的教师表示"说不清楚"。总的来看,将近一半的教师仍旧希望将人事关系留在原来学校,不到两成的教师愿意将人事关系带到交流学校,说明教师们希望能够保持工作单位的相对稳定性,这也符合大多数人对确定性维护的基本心理需要。

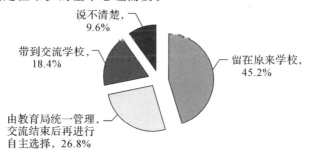

图2-8　教师对参与交流后人事关系去向的认识

从人口学统计变量与教师参与交流后人事关系去向之间的交叉分析发现,不同群体教师对人事关系的归属问题存在着较为明显的差异,而这种差异的存在也与各个不同群体教师自身的利益诉求有着较为密切的关系。

(1)农村教师更希望在参与交流时带走人事关系

从表2-10中可以看到,有74.2%的城镇学校教师、62.2%的城乡接合部学校教师希望参与交流后人事关系仍旧能够留在原来学校,而农村学校教师则仅有24.0%的比例。希望把人事关系带到交流学校的城镇教师只占6.9%,城乡接合部学校教师有10.5%,而农村教师则占到27.4%。若把人事关系交由"教育局统一管理,交流结束后再进行自主选择",城镇教师占10.7%,城乡接合部的教师占23.1%,而农村教师所占比例达到36.0%。相互比较后发现,希望人事关系"留在原来学校"的城镇教师比农村教师高出近50个百分点,"带入交流学校"的农村教师比城镇教师高出20.5个百分点,希望交给"教育局统一管理,交流结束后再进行自主选择"的农村教师比城镇教师高出25.3个百分点。可见,城镇教师希望始终留在原单位,而农村教师更希望在参与城乡交流时带走人事关系,通过流动来改变自己的现实生活处境,甚至"逃离"农村学校。

表 2-10　不同类别学校教师对人事关系是否变动的认识

人事关系	城镇教师	城乡接合部教师	农村教师
留在原来学校	74.2%	62.2%	24.0%
带入交流学校	6.9%	10.5%	27.4%
教育局统一管理,交流结束后再自主选择	10.7%	23.1%	36.0%
说不清楚	8.2%	4.2%	12.6%

（2）女教师更希望人事关系继续留在原来学校

从表 2-11 中可以看到,如果人事关系发生变动,有 36.69% 的男教师希望继续留在原来学校,比女教师少将近 14 个百分点;有 24.60% 的男教师认为可以将人事关系带入交流学校,比女教师高出 10 多个百分点。在"教育局统一管理,交流结束后再自主选择"这个选项上,男教师和女教师的选择态度没有明显区分。总之,在人事关系变动与否的问题上,女教师更希望人事关系继续留在原来学校,而不是选择带走人事关系。

表 2-11　不同性别教师对人事关系是否变动的认识

人事关系	男	女
留在原来学校	36.69%	50.65%
带入交流学校	24.60%	14.47%
教育局统一管理,交流结束后再自主选择	29.44%	25.06%
说不清楚	9.27%	9.82%

（3）年轻教师更希望人事关系发生变动

如表 2-12 所示,"30 岁以下"的教师更倾向于把人事关系带到交流学校(占 38.16%),比"41—50 岁"年龄段的教师高出近 25 个百分点,比"31—40 岁"年龄段的教师也高出 23 个百分点。仅有 13.16% 的"30 岁以下"教师希望把人事关系留在原来学校,其他年龄段的教师都更倾向于把人事关系继续留在原来学校,其中"31—40 岁"年龄段的教师比"30 岁以下"的教师高出 38 个百分点,比"41—50 岁"年龄段的教师高出近 36 个百分点。此外,还有 35.52% 的"30 岁以下"教师认为可以"由教育局统一管理,交流结束后再自主选择去向",其他年龄段教师对该选项的选择也都比"带入交流学校"的比例要高。可见,"30 岁以下"的年轻教师最不希望将人事关系留在原来学校,而是希望在流动中发生人事单位变动,从而在流动中寻找新的发展契机。

表 2-12　不同年龄段教师对人事关系是否变动的认识

人事关系	30 岁以下	31—40 岁	41—50 岁	51 岁以上
留在原来学校	13.16%	51.4%	48.94%	40.0%
带入交流学校	38.16%	15.08%	13.48%	25.0%
教育局统一管理,交流结束后再自主选择	35.52%	24.02%	29.08%	26.67%
说不清楚	13.16%	9.50%	8.50%	8.33%

（4）工作年限越长的教师更倾向于把人事关系留在原来学校

从表 2-13 中可以看出,除了工作"21 年以上"的教师以外,工作年限越长,教师更倾向于把人事关系留在原来学校。希望把人事关系留在原来学校的教师,工作"16—20 年"的教师占比 58.33%,比工作"5 年以下"的教师高出 46 个百分点,比"5—10 年"的教师高出近 30 个百分点。希望把人事关系带到流入学校的"5 年以下"教师所占比例为 40.82%,比工作"11—15 年"的教师高 24.4 个百分点,比"16—20 年"的教师高出 32.49 个百分点。总的来看,工作年限越长的教师更倾向于把人事关系留在原来学校,年限越短的教师则倾向于把人事关系带入交流学校。这一结论与不同年龄段教师的认识保持一致。

表 2-13　不同教龄教师对人事关系是否变动的认识

人事关系	5 年以下	5—10 年	11—15 年	16—20 年	21 年以上
留在原来学校	12.24%	28.38%	51.21%	58.33%	43.48%
带入交流学校	40.82%	29.73%	16.42%	8.33%	18.01%
教育局统一管理,交流结束后再自主选择	30.61%	35.14%	23.67%	22.22%	29.81%
说不清楚	16.33%	6.75%	8.70%	11.11%	8.70%

（5）中高级职称教师更倾向于把人事关系留在原来学校

如表 2-14 所示,有五成的中高级职称教师希望把人事关系留在原来学校,比初级职称教师高出近 30 个百分点。有 31.52% 的初级职称教师愿意把人事关系带入交流学校,比高级职称教师高 17 个以上百分点。同时,不同职称教师（未定级的新任教师除外）也都愿意把人事关系交由"教育局统一管理,交流结束后再自主选择",这一比例也都高于把人事关系"带入交流学校"。总之,中高级职称教师更倾向于把人事关系留在原来学校,而初级职称教师更倾向于把人事关系带到交流学校或者交流结束后再重新选择去向。

表 2-14　不同职称教师对人事关系是否变动的认识

人事关系	未定级	初级	中级	高级
留在原来学校	7.14%	20.65%	50.0%	51.77%
带入交流学校	50.0%	31.52%	15.72%	14.18%
教育局统一管理,交流结束后再自主选择	21.43%	38.04%	23.97%	27.66%
说不清楚	21.43%	9.78%	10.31%	6.38%

2.激励保障制度方面

(1)教师对交流激励机制的总体满意度

城乡教师交流的激励保障机制的建立健全和落实执行,对激发教师参与交流的积极性有着一定的助推作用。调查发现(见图 2-9),教师对当前交流激励机制的总体满意度相对偏低,仅有 3.0% 的教师认为"非常满意","较为满意"的教师也只占 17.2%,有 47.8% 的教师持有"基本满意"的态度,"不太满意"和"非常不满意"的教师分别占 23.8%、8.2%。由此可见,有效建立教师交流激励机制是一件迫在眉睫的重要事情。

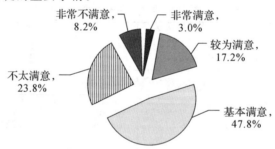

图 2-9　教师对交流激励机制的总体满意度情况

(2)教师参与交流后期待获得的回报

在"教师参与交流后最希望获得怎样的回报"这个问题回答上,多数教师希望参与交流能够提高薪资待遇水平和晋升职务职称,其次才是获得个人事业发展的机会。调查结果表明,有 70.9% 的教师选择了"提高薪资待遇",52.3% 的教师希望能够"晋升职务职称",42.2% 的教师希望"在事业发展上获得更多的机会",26.1% 的教师希望能够"参加培训和进修",31.3% 的教师希望能够"带薪休假",以及选择"其他"选项的教师占比 7.7%。可见,教师参与交流后更期待获得某种利益上的补偿和满足,提升自身专业发展水平并没有成为最优先的选择。在图 2-10 中,农村学校教师在"参加培训和进修"(占 33.0％)和"在事业发展上获得更多的机会"(占 50.5％)等方面的期待比城镇学校教师要强;而城镇学校和城乡接合部学校的教师在"晋升职务职称""提高薪资待遇"和"带薪休假"等方面的要求则比农村学校教师要强。正是由于不同类别学校教师参与城乡交流的目的或动因是不一样的,所以在激励机制设计上应该依照不同类别学校教师的差异性需求,来提供更有针对性的激励措施。

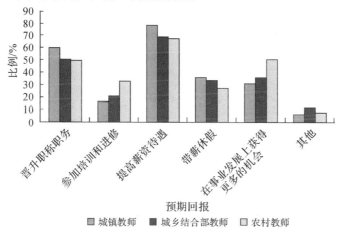

图 2-10　不同类别学校教师参与交流后期待获得的回报

（3）教师交流政策公正执行的保障

为了保证教师交流政策执行的公平性和实效性,大多数教师认为应做到坚持双向选择原则并充分尊重教师的意愿,加强教师交流过程的透明度,以及切实保障交流教师的待遇要求。调查结果表明(见图 2-11),为了保证城乡教师交流政策实施的公平性和实效性,有 80.5％的教师认为要"坚持双向选择原则,并充分尊重教师的意愿",60.4％的教师认为要"加强教师交流过程的透明度",55.4％的教师认为要"保障教师的待遇要求",43.8％的教师认为要"建立民主监督机制",18.4％的教师认为要"推进义务教育学校标准化建设"。可见,教师们并没有特别在意学校的硬件设施建设基础,而是非常强调教师交流程序上的民主、公开、自愿等特征,程序正义或公平应在交流政策实践过程中得到充分保障。

3. 政策宣传与监督机制方面

整体来看(见图 2-12),无论是对城乡教师交流政策本身的认识,还是对该政策实施情况的了解,七成多的教师都认为主要是依靠学校宣传的力量,其次是"同事间的宣传"(将近五成的比例)和"教育局的宣传"(有四成多的比例),然而

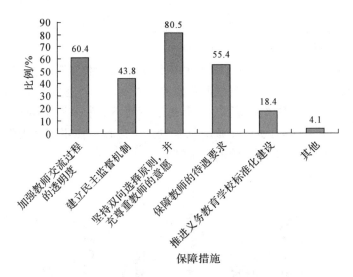

图 2-11　保障教师交流政策执行公正和实效的措施

仅有两成多的教师受到网络宣传途径的直接影响。可见,"学校的宣传"是教师了解城乡交流政策及其实施状况的主要认知途径,而"上网查询"这一更为便捷的途径利用普遍较少。事实上,在互联网技术迅猛发展的时代,如何利用和发挥网络的力量来加强教师交流政策的宣传与监督,以及搭建网络平台空间来加强交流教师群体之间的经验分享和合作,都是可以深入探讨的一个现实问题。

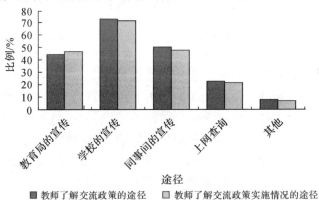

■ 教师了解交流政策的途径　　■ 教师了解交流政策实施情况的途径

图 2-12　教师交流政策宣传与监督的途径

（六）城乡社会文化环境的差异影响着教师交流政策的实施

调查发现（如图 2-13）,在影响教师交流政策实施的制度因素中,有 56.1％的教师认为是"教师聘任制、编制等人事制度管理上的影响",有 48.7％的教师认为是"交流配套经费制度未建立或者不健全",有43.9%的教师认为是"有效保障教师交流的激励机制缺乏或不能完全落实",还有40.6%的教师认为是"城乡教育一体化的机制尚未形成"。以上这些制度层面的制约因素在城乡教师交流政策实践中受到了广泛的重视,并且努力采取各种措施来破除这些制度带来的瓶颈或问题。

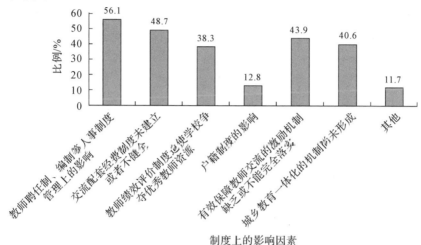

图 2-13 影响城乡教师交流政策实施的制度因素

在影响教师交流政策实施的制度因素的认识上,"城"与"乡"教师之间有着明显的差别。其中,有51.7%的农村学校教师认为是"有效保障教师交流的激励机制缺乏或不能完全落实",比城镇教师高出16.5个百分点;有52.0%的农村教师认为"城乡教育一体化的机制尚未形成",比城镇教师高出26.8个百分点。可见,在政策执行过程中依然面临着教师交流的激励保障机制缺乏、城乡教育一体化发展的体制机制尚未建立等制度性障碍。

现如今,我国长期存在的城乡二元结构影响并没有消除。这种"城"与"乡"之间差异的客观存在给教师的日常生活、人际交往和学校文化等方面的适应带来了冲击和挑战,严重制约或影响着教师交流政策的顺利实施。调查发现(如图2-14),多数教师认为阻碍当前教师交流政策实施的主要因素是"学校所在社区环境的差距"(占58.7%)、"校际间办学条件和水平的差距"(占54.1%)、"教师个人发展机会的差距"(占40.8%),部分教师认为是"经济待遇上的差距"(占31.8%)和"生源学习能力的差距"(占30.6%)等因素。这种状况表明实施教师交流政策的最主要障碍并不是来自经济因素的影响,而是交流教师更看重学校的地理区位、软硬件条件和教师个体发展机会等因素。这些影响因素是阻碍城乡教师交流政策实施难的主因,也恰好构成了不同类别学校教师参与交流在"推"与"拉"之间的力量博弈。从劳动力迁移的推拉理论来看,人口的流动和迁移主要动因就是为了改善自己的生活条件,获取较高的经济待遇收入,获得更多的发展机会,以及拥有更好的工作生活环境。在我国城乡二元社会结构的现实背景下,与农村学校教师相比,城镇学校和城乡接合部学校教师流动的推力相对较小;反之,推力也就更大。这一点也可以很好地解释为何农村学校教师更倾向于支持参与城乡教师交流政策的实施,而城镇学校教师更不愿意参与城乡交流。

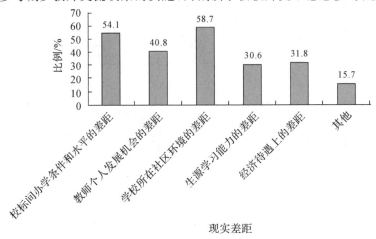

图 2-14 影响城乡教师交流政策实施的现实因素

（七）交流教师面临生活环境和人际关系的适应困难

一般来说,教师从原来熟悉的环境到一个相对陌生的环境,总是会遭遇到各种各样的不适应情况。我们在问卷调查中也发现(见图 2-15),有 44.1％的教师认为最难以适应的是"日常生活变化",有 23.1％的教师认为是"人际关系的变化",有 18.1％的教师认为是"学校文化环境的变化",仅有 4.9％的教师认为是"所教学生的变化"。可见,在参与交流后,教师认为最难以适应的是来自日常生活上的变化(如"无法照顾家人""交通和生活不够便利"等),其次是人际关系的变化和学校文化环境的变化,而所教学生的变化对教师适应的影响最小。这些不适应状况也会影响到城镇教师到交流学校后的专业引领和带动作用的发挥。

在图 2-16 中,有 10.7％的城镇学校教师认为在"所教学生的变化"方面是难以适应的,而农村学校教师仅有 2.1％。在"日常生活的变化"方面,城镇教师难以适应要高出农村教师 10.7 个百分点,占比 49.7％;而在"人际关系的变化"方面,农村教师认为难以适应的比例要比城镇教师高出 14 个以上百分点,所占比例为 27.6％。所以,"日常生活的变化"和"所教学生的变化"对城镇教师的影响

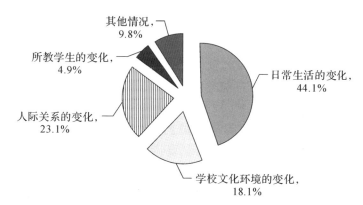

图 2-15　教师参与交流难以适应的情况

要比农村教师强烈一些,而"人际关系的变化"对农村教师的影响要比城镇教师更大。

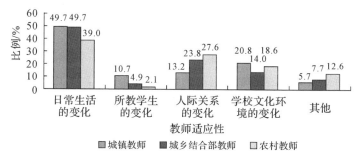

图 2-16　不同类别学校教师对流动难以适应情况的认识

三、有效推进城乡教师交流政策实施的反思①

在过去很长一段时间里,以市场为主导、单向上位的教师流动取向严重影响了我国义务教育的均衡发展。为了改变这种教育不均衡发展的状况,在推动城乡教师交流的过程中出现了以城市优秀教师到农村学校支教、农村骨干教师去城市学校蹲点学习、捆绑式的教育联盟、新教师的"留城培育"等多种方式,而且还形成了上海松江区的"转会模式"、辽宁锦州市的"走校式"教师交流模式、北京东城区的"跨校交流"模式、辽宁沈阳市的"人走关系动"模式、安徽省的"铜陵模式",以及浙江省的"嘉善模式"等教师定期轮岗制度的有效探索。这些途径或模

①　本部分内容参阅:李茂森.城乡教师交流制度实施难题破解探析——基于浙江省 A 县的个案研究[J].中国教育学刊,2015(6).

式有力地打破了城乡教育之间的"二元化"发展格局,极大地推动了我国义务教育均衡发展的实现。

我们知道,推动城乡教师交流制度的顺利实施是一件极为重要和紧迫的政策性工作。应该说,在政策推行的实践中我们已经取得了很多重要的成绩和宝贵的经验,但依然面临着很多现实、严峻的根本性问题,很多地方仍然处于实践探索之中,甚至有学者提醒我们要防止城乡教师交流轮岗制度"空转"情况的发生。① 为了顺利实现教师从"被流动"到"要流动"的转向,我们从教师参与交流的主观意愿、现实需求、政策支持和影响因素等方面进行了深入调查。通过问卷调查和深度访谈结果分析后发现,浙江省 A 县在城乡教师交流政策实施的过程中仍然面临着一些困难,诸如教师交流政策的价值目标不够清晰,政策设计不够完备导致制度信任的缺乏,教师单位意识浓厚和适应困难造成归属感的缺失,以及教师参与交流的内在能动性不强等问题。为此,在今后持续推进的城乡教师交流政策实践中,我们特别需要审慎对待和深入思考这些基本问题。

(一)明确城乡教师交流政策的价值定位

顺利推进城乡教师交流是一项全国性的政策工作。但教师交流到底为了什么? 城乡教师交流政策的实施应该达到什么目的? 对学校、教师和学生会带来什么样的实质性影响? 这是必须思考和澄清的根本问题。当前,城乡教师交流已经从政府主导的鼓励引导转向行政命令下的强制要求,从"人走关系留"的柔性流动逐步转向"人走关系动"的刚性流动,从支教式的短期援助性服务转向全员式的定期轮岗交流。应该说,以往采取的教师"支教""进城学习",以及强校和弱校的结对支援等短期、多样的教师流动方式,对于打破教师的传统惯性思维,形成"流动"作为一种专业生活方式的认识有着积极的意义。从国家提出建立教师交流制度的政策目标来说,在宏观上是为了进一步统筹利用有限的教育资源,促进义务教育高质量的均衡发展;在微观上是为了缓解(甚至消除)教师的职业倦怠感、提升学校的教育教学质量水平,以及促进教师个人的专业发展。在实践中,这些政策目标的价值取向也得到了部分学校校长教师的充分肯定和积极认同,例如在访谈中有校长这样指出,"我觉得教师交流政策的出台是好的,有助于解决教师的职业倦怠感,如果能够落实到位的话,还有助于把富余学校的教师安排到有缺口、缺编的学校去,另外对学校的学科结构、年龄结构,包括职称结构也会相应起到均衡的作用"。(H-2)

从整个现状调查来看,广大教师们都有着较强的大局意识。但在"流动"本身到底能否以及在多大程度上带来学校教育教学质量水平的提升,以及促进教师个人的专业发展等政策效益的认识上仍然较为模糊,很多教师都表示"不清楚"。在访谈中有校长用两个"说不准"表达了自己内心的困惑与迷茫,他说:"关于教师流动,是为了促进教育的均衡发展,总体讲城区师资好于周边师资,但是教师交流是否真正能够促进教育均衡发展,我也说不准;这个政策对流出流入学校到底能促进多少发展,我真说不准。"(H-3)从这位校长的话语中我们可以深切地感受到,这种实际的内心困惑反映了教师交流政策的长期目标和近期效应之间的矛盾性认知。

从教师交流政策制定的初衷来说,主要就是指向农村学校、薄弱学校的师资配置均衡和教育质量提升,但对"流动"到底会给教师个人带来怎样的专业发展,对学校发展产生什么样的积极影响,这也就可能成为一个定位模糊不清的"附带产品"。有学者在分析教师交流政策时明确指出,在政策的有关配套措施中,"虽然偶有谈及帮助教师超越教师专业发展瓶颈,走出职业倦怠期,但并没有真正将以流动作为教师专业发展机会这个目标给予同样的重视,更多是资源均衡化目标的副产品"①。有校长在访谈中说,"在老师个人看来,到交流学校去对他的专业发展没有帮助。比如本身业务能力比较差的,把他交流出去,他的感觉就是学校不要我了。"(H-1)教师流动不是表面化的形式,不能"为了流动而流动",也不能仅仅是为了应付和完成上级教育管理部门的行政任务,而应是为了更切实地提高农村教育的整体质量水平,不断提高教师的工作热情和创新能力。也有学者指出,"我们对教师流动的现实态度依然停留在手段式的工具性价值上,还没有真正从教育均衡发展与教育公平实现的高度来把握和认识教师流动,教师流动表面是为了教育均衡和公平,事实上只是作为一种农村教师流失的补偿性反哺策略及整治教师无序流动乱象的一个手段。"②所以,为了使教师交流工作不停留于形式或发生"走形",我们首先在观念认识上必须要确立正确的价值目标,即推动教师资源合理配置和优化调整,实现义务教育公平和优质均衡发展。这是制定和落实教师交流政策的根本出发点与最终归宿,所有的工作安排都必须紧紧围绕这一价值目标不动摇。如果教师流动在促进义务教育均衡发展实践中不能充分"增值",不能促进教师的专业发展和学校的可持续发展,那么这种流动本身也就没有太多的实质性意义,徒具"形式"而已。

---

① 操太圣,吴蔚.从外在支援到内在发展:教师轮岗交流政策的实施重点探析[J].全球教育展望,2014(2).

② 谢延龙,李爱华.我国教师流动政策:困境与突破[J].当代教育与文化,2013(5).

（二）强化城乡教师交流政策的顶层设计

通常，顶层设计就是指运用系统论的方法，从全局整体的角度对某个任务进行各方面的统筹规划，以便更为高效地实现预期目标。它体现出顶层决定性、整体关联性和实际可操作性的基本特点。要切实推进城乡教师交流的政策实践，自然也要落实好政策的顶层设计问题。事实上，政策本身设计的优劣或完备与否，直接影响甚至决定着政策实施的实际效果。"政策实施者不太可能支持他们认为与其自身利益相对立的政策，如果可能威胁其工作保障、工作机会和现状，新政策必定会遭到政策实施者的反对"①。因此，在加强城乡教师交流政策的顶层设计时，一方面要不断完善和健全城乡教师交流的运作机制和配套措施；另一方面则要努力消除教师对城乡交流政策存在的信任危机。

1.进一步完善城乡教师交流的运作机制和配套措施

为了实现城乡教师交流的定期化、制度化和常态化，需要进一步加强和完善教师交流政策的顶层设计。对此我们着重从五个方面进行考虑：一是在交流人员的选择上，需要综合考虑教师个人的主动需求、学校发展的实际需要，以及教师连续在同一学校工作时间等多个因素，特别要优先考虑有主动交流意愿的教师、骨干教师和名优教师。二是在交流程序上，应由县教育局统筹管理，基于教师个人的意愿和交流学校的需求，实现教师和学校之间的双向自主选择，具体由县级教育行政部门将"进城"教师与"下乡"教师在人员数量、任教科目上进行合理匹配，最大限度地做到"供""需"双方的有机平衡。三是在评价机制上，县教育局应充分发挥教研室、教师进修学校等专门机构对县域内教师专业发展水平的评估和监控功能，制定细致明确的交流教师考核评价指标体系，由县教育局和交流学校等多个主体共同负责进行考核评价，同时采取档案袋评价的方式对交流教师工作过程和效果进行持续跟踪、动态管理，最终考核结果作为交流教师在交流期满之后自主选择学校的基本依据。四是在待遇保障上，应适当增加财政预算、设置专项教育经费，一方面用于名优教师和骨干教师的专门奖励；另一方面是用于交流到农村偏远山区教师的专项补贴。五是在人事管理上，应确立"以县为主"的管理体制，从整个县域的层面统筹调配师资，努力打破"教师单位所属"的传统限制，把教师的人事关系收归县教育局统一管理，实行"聘""用"分离，逐步消解城镇教师和农村教师的身份差异，最终实现教师从"学校人"到"系统人"改变的人事管理体制。事实上，随着城乡教师交流制度化建设的推进，教师交流的操作模式、利益补偿机制等问题已经有了较为丰富的理论研究和比较成熟的

---

① 福勒·弗朗西斯.教育政策学导论（第2版）[M].许庆豫，译.南京：江苏教育出版社，2007：270.

实践探索,但在城乡教师交流的评价机制和人事管理制度改革上的探讨相对不足,所以这两个问题我们拟在本书的第三章和第四章中专门加以论述。

2.消除教师对城乡交流政策本身的信任危机

促进城乡教师合理流动的基础在于有效的制度设计,而制度设计必须回答如何激励保障教师的良性流动。"流动了回不来怎么办?""流动以后待遇如何落实?"这些内心担忧是很多教师对政策制度的一种不信任表达。"信任危机目前在我国已经成为一种自发的习惯,教师往往会担心相关教育政策中所规定的流动期限、流动待遇能否得到兑现,这种对于政府公信力的质疑必然会在一定程度上影响教师对于制度化流动的认同与参与。"①所以,消除教师对城乡交流政策本身的信任危机,也就成为推进该政策顺利实施的内在基础。

为了保障城乡交流政策的有效执行,不仅需要在各种配套政策措施上"做文章"和"下功夫",避免不同政策或制度之间发生的内在冲突,还需要化解交流教师对政策本身的信任危机。调查发现,在教师交流政策实施过程的起始阶段,一些教师会持一种消极观望或被动等待的态度,对政策本身的连续性、稳定性也非常怀疑。在访谈中有老师这样说道,"我对这个政策不是很相信,说不定我被交流出去了,明年后年停止掉了。……现在政策不一定连续。"(T-7)"有待观望,计划没有变化快,以后能不能坚持下去还不知道。我觉得政策应该有一个系统的规划,不能说明年开始实施就只做好明年,政策要在多少年内有一个规划,连续性又要总体规划。不能说变就变。"(T-11)从老师的访谈中透露出这样的信息,即政策的"规划""连续"和"变动"之间的不确定性难以把握,老师们对未来"心中无数"。对教师交流政策本身的连续性和整体规划缺乏信任,自然会直接影响到教师参与交流的意愿和行动。为此,在教师交流政策实施的过程中,我们需要充分保障政策本身的连续性和权威性,积极地营造一种制度信任的文化氛围。当这种信任文化的氛围扩展开来之后,能够帮助教师打消参与流动后的各种不安和顾虑,形成一种积极的稳定感和信任感,"流动"也会逐渐成为他们的一种生活方式。

信任是针对风险问题的一种解决办法②,而且这种信任的存在能够为教师提供一种情感上的社会—心理支持。城乡教师交流制度本身及其配套政策措施的逐步健全和完善,能够为交流教师有效提供一种制度性承诺,帮助教师积极建立制度信任。其实,教育系统内制度信任本身的形成过程也是漫长的、复杂的。为了帮助教师形成一种改革秩序的稳定感,一系列制度上的跟进措施就需要在

① 陈坚,陈阳.我国城乡教师流动失衡的制度分析[J].教育发展研究,2008(3-4).

② 彼得·什托姆普卡.信任:一种社会学理论[M].程胜利,译.北京:中华书局,2005:38.

教育政策、法律上保持内在的一致性和连续性,为教师的专业实践行为提供一个可靠的基本框架,消除教师对改革不确定性的恐惧感。① 所以,为了实现城乡教师交流轮岗的定期化、制度化和常态化,我们需要大力加强教师交流政策的顶层设计,详细摸清县域内师资配置的整体情况,制定中长期教师交流规划方案,明确和落实教师参与交流的时间表和路线图,化解教师对政策的不信任感。例如有老师说道,"应该出台一个比较细化的、深思熟虑的政策,我觉得这个教师交流不应该一下子全部铺开,因为教师交流到底好还是不好,究竟效果大不大,教师交流出去会不会对原来学校和流入学校内部产生一定的冲击,这些都存在不确定性。"(T-6)首先,政策设计需要充分考虑和尊重教师的现实情况。参与城乡交流的对象确定,不能是教育行政部门或学校的硬性指派,而应是要基于教师个人的自主意愿和交流学校的实际需求,实现教师和学校之间的双向自主选择,最大限度地做到"供""需"双方的平衡。如果不能充分地考虑教师的实际需求,教师交流可能会"适得其反",例如有教师在访谈中认为,"有些教师想出去,有些教师由于客观原因不能去。如果硬拉着出去,效果不好。好事情会变成坏事情。像我,小孩子在我的学校读初中,我爸妈都 80 多岁了,就住在学校附近。离家近,照顾家还可以。如果交流到外面去,就不好了。所以需要考虑实际情况。"(T-3)其次,制定和实施交流政策要有计划性、连续性。在访谈中有老师这样说道,"我发现教育局的一些计划一年一换,不确定。比方说在 5 年之内、3 年之内要交流的,要有一个计划。就像现在有的地方修路,经常一下修煤气,一下修水管,就是没有规划。要有规划,然后再有序推进。"(T-2)所以说,在政策推行过程中必须要事先制定一个明确、细致、可操作的行动方案,使每个教师做到心中有数,自觉形成一种内在的信任感和确定感。同时校长从学校管理稳定的角度也希望出台具体可行的方案,"从县教育局层面强制性的规定教师参与交流,不能像省里那样含糊的要求根据任教年限推荐人选,这样的话,教师会认为为什么推我不推他,老师跟老师之间讲不清楚。地方教育局应当出台比较细致的、并与学科富余情况挂钩的操作细则,这样对学校来说压力会小一点。"(H-2)

(三)助推城乡交流中教师专业成长的实现

"交流"本身是一种手段、措施,而不是目的、本质。城乡教师交流旨在教育公平和均衡发展的实现,以及教师资源的整体质量提升。在实践中不仅要选拔好优质师资,发挥其示范、辐射和带动作用,而且更要重视农村教师的专业成长,实现"输血"和"造血"的有机结合。当然,在推动策略上还可以采取在片区内建

① 李茂森.论课程改革中信任的本体意义及其文化培育[J].教育导刊,2011(7).

立城乡教育共同体的形式,在城镇优质学校和薄弱学校、农村学校之间结成紧密型的教育联盟,实行捆绑式的协同发展,促进"城"与"乡"教师的共同成长。

1. 做好"选拔"与"培养"的双重工作

选拔和培养,这是交流的实质所在。交流的重心在于要实现优质师资在流动中共享,而不是要求所有教师"轮岗"。从浙江省教师交流的《指导意见》中可以看到,"在同一学校连续任职时间是否达标""是否有农村任教经历"等因素作为选拔的硬性指标,但从促进义务教育均衡发展的价值目标出发,应突出地将优质师资作为优先考虑的重要标准,发挥优质师资的示范、引领和辐射作用,不能简单地搞"一刀切"。同时在我国教师交流政策的话语表述中,一直都突出地强调要推动城市优秀教师或骨干教师向农村学校流动的价值导向,然而并没有对流动教师的教学能力等专业素质提出明确要求。所以,各地县级教育行政部门要建立科学合理的选拔机制,明确选拔的标准或条件,重点选拔优质师资。叶菊艳和卢乃桂两位学者从"能量理论"视域出发,认为各地在选拔参与流动的教师时,应具备"有足够的基本能力(知识和技能),专业能力及工作上的应变、社际和合作等能力;有领导能力和领袖情怀,以促进教育公平和社会正义为己任"的条件,以确保发挥流动教师在流入校的引领辐射作用。[1] 对那些未纳入交流对象及不符合交流条件的城镇师资也要加强培养、提高能力,在教师专业发展水平评估的基础上,筛选、确定对象并提供更多的专业发展机会。

对于农村教师,重点在于培训与提高。要不断完善与创新培养机制和举措,比如建立教师培养基地(以城镇优质学校为中心校),加强种子教师培育计划;注重新教师"留城培育"的孵化工作等,这在一定程度上可以保障农村学校教师质量的提高。"相比于通过轮岗、借调等手段从城市学校调用教师到农村教学,培养优秀的农村教师是更为根本的手段,也更能解决实质性的问题。"[2]事实上,很多交流轮岗教师到农村学校任教只是为了完成某种任务,而这种"任务式"的教师交流轮岗很难实质性地提高农村学校的教育质量,以及带动和影响农村学校教师的专业成长,甚至还可能会扰乱农村学校正常的教学秩序与管理工作。从哲学的内外因辩证关系来看,内因是事物发展的根据或基础,外因对事物的发展起着催化的作用,但在根本上必须通过内因才能起作用。对于城乡教师交流来说,教师的交流轮岗是促进师资均衡和改善农村学校的重要手段,其重点不仅是要大力推动城市优秀教师到农村学校任教,更重要的是通过城乡间的有序交流

① 叶菊艳,卢乃桂."能量理论"视域下校长教师轮岗交流政策实施的思考[J].教育研究,2016(1).
② 李跃雪.城乡义务教育阶段教师流动策略——基于政策合理合法性的视角[J].教育观察,2013(28).

带动农村学校教师的专业成长,在根本上是要不断提升农村学校教师自身的专业水平,加强农村教师自身的"造血"能力。"师资配置的均衡固然重要,但从长远来看,把着力点放在农村教师的'自我造血'功能上,远比放在'输血'上会更好,也就是加速农村教师的自我发展才是根本。"①

2.稳步推进区域内的城乡教师交流

教师是在学区内还是跨学区流动?或者说是在整个县域范围内还是就近划片交流?是关涉推动城乡教师交流策略的重要内容。调查发现,城乡教师交流在什么范围内持续展开,也是很多校长教师比较关心的问题。整体来看,当前教师流动工作的阻力主要来自两个方面:一是主观条件,即教师个人的情绪态度因素、日常生活和人际交往适应问题等方面;二是客观条件,主要包括学校所在的不同地理位置、当地经济社会文化发展水平差异等方面。事实上,"城"与"乡"之间差距的客观存在,造成教师流动面临着种种困难。从教师的可接受程度来说,大多数人更希望就近划片交流。比如有校长在访谈中这样说道,"小区域的流动比较好一点,如果区域太大了,比如从县城到最偏远的乡镇,生活上给老师造成很大的困难,一下子不适应啊。……家里不安定的话呢,也没有心思教好书。"(H-1)这样在片区内的小范围流动也就能够让教师在生活、心理上更容易接受和适应,尽可能地减少交流教师的现实困难和后顾之忧。

但不容忽视的问题是,在就近的片域内流动,教师之间的教学水平差别相对不大(尤其是农村学校内部),这样的流动对流入学校和教师的帮助作用也就不那么直接和明显,甚至难以察觉有实质性的改进和变化,与教师交流政策本身的价值期待也是有差距的。当然,也有部分老师并不认可仅仅在就近片域内开展教师交流。"如果在差一点的学校,我可以带头。但我们学区的老师,基本上都是很平常的老师,那无非是换一个环境工作,换一批学生教教。然后,对学生来说,也不是特别好。"(T-5)"我理解的教师交流是为了平衡城乡教师的力量,但我们属于农村学校,在本区内交流,我觉得没有意义,农村学校跟农村学校没什么好交流的。本身我们跟城市比,师资上属于薄弱的,薄弱的跟薄弱的交流,没有意义了。把我们本来就是农村学校的老师交流到更偏远的地方,我们老师没什么积极性。我们的学区都是农村的,往里面更偏僻,我么虽然是镇中心,但和偏远的地方交流,也没多大意义。进城学习对我们才有帮助,城里的老师到我们这里来送教,我觉得才更合理。我现在担心的是,把我们农村教师交流到更偏远的地方去了。"(T-7)可见,教师是在就近划定的学区内还是在跨学区进行流动,

---

① 孙德芳.教师学力研究[M].上海:华东师范大学出版社,2015:64.

在学区内采取"强—弱"联合还是"弱—弱"抱团,这是需要我们深入细致、审慎面对的问题。

任何改革的落实都需要循序渐进、稳步推进。有学者指出,县级教育行政部门"要尽可能减少政策振荡,为避免教师的群体性恐慌,宜采取渐进式的政策推进策略"①。在实践中,我们可以打破地理区位意义上的"就近划片"这一做法,尝试异质划片,实行区间同质、区内异质的"联合学区"制度。每一个联合学区以城镇的一所优质学校为"中心校"或"龙头校",联合城镇周边的薄弱学校,以及农村学校,形成链式的、捆绑式的城乡教育共同体,在共同体内部实现师资互派、资源共享、捆绑考核,实现学区化管理与教师流动的"联姻"。随着城乡差距的逐步缩小,以及"流动"日益成为教师的一种必然生活方式,有条件时再将教师交流扩大到整个县域范围内。2020年12月,浙江省教育厅等四部门联合出台《关于新时代城乡义务教育共同体建设的指导意见》,在全国首次从省域层面提出全面推进城乡教育共同体建设的行动方案。2021年的"中央一号文件"《中共中央国务院关于全面推进乡村振兴加快农业农村现代化的意见》中特别指出,"推进县域内义务教育学校校长教师交流轮岗,支持建设城乡学校共同体"。从国家战略和浙江方案可见,高质量推进城乡教育共同体建设,也即在城镇优质学校与薄弱学校、农村学校之间结对形成办学共同体,深化优质教师资源共享互动和均衡配置,实现以强带弱、共同发展,是乡村振兴背景下实现城乡教育优质均衡发展的必由之路。

（四）释放教师参与交流的能动性力量

教师参与交流的能动性力量释放,不仅需要教师自我的内在改变,将参与交流作为自己的一种社会责任和良心使命,自觉形成强烈的自主交流意愿;而且也离不开外部政策环境的营造和引导,特别是来自政府部门、学校校长的积极配合和有效支持。教师交流轮岗要关注"内生动力"的形成,"这种'内生动力'是教师基于国家需要、理想信念和价值追求等因素,与来自外部环境的推动力相互作用而做出个人行为的力量,它是推动教师交流轮岗的最主要的力量"②。

1. 激沽教师自主交流的内在意愿

如何激发教师参与交流的能动性力量,是实现教师从"被动流动"到"自主流动"转变的关键环节。调查表明,大多数教师的交流意愿并不是十分积极强烈。这与交流教师对自己的日常生活变化(比如能否照顾家庭、工作中的人际关系处

①　黄启兵.教师轮岗制度分析[J].中国教育学刊,2012(12).
②　江楠.教师交流轮岗要关注内生动力的形成[J].中国教育学刊,2016(1).

理、交通条件是否便利等)、学校所在的地理区域、人事关系发生变动、交流时间相对较长等原因有着密切联系。我们看到,当前对于教师参与交流的激励措施主要重在外在激励,比如给予专项补贴、评先评优、职称评审,以及岗位聘任中的倾斜政策等。"优秀教师交流到农村或者山区的,一定要有一定的经济补偿甚至考核奖励,不然的话人家是不愿意下去的。"(G-1)或许经济补偿这些做法能够吸引或留住一部分教师,但"留人"是否一定意味着能够"留心"呢?会不会造成"人在曹营心在汉"的怪圈?经济待遇水平的提高,是基于人性趋利的"经济人"假设提出的激励措施,但现实中这些利益驱动未必能够真正打动所有人的心。"大多数县城教师可能乡镇学校不愿去,主要是可能光经济待遇上激发不了他。相差一两万块钱他倒无所谓,但主要是他不愿意待在农村里。"(G-4)这里的"不愿待在农村",正是城镇优质师资"下不去""留不住"的最好注解,"农村"或许在很多人心目中已经被"污名化"。

除了提供一定的经济利益补偿外,也应给予教师更多的专业发展机会补偿,比如提供参加专门培训学习的机会、职称评审和岗位聘用上的优先倾斜等,但生活成本的相应增加,又在很大程度上消减教师参与交流的内在意愿和积极热情。有校长在访谈中也指出,"原来向农村倾斜的政策,比如城镇学校评了高级职称往往拿不到这个工资,但农村学校往往这个岗位是空的,你去了马上就可以拿。不过,相对来说,还是比较少。对家庭生活还是有影响,因为离家远,多几万块钱他无所谓。因为教育系统本身经费(不宽松),多个万把块钱,不可能有多大的经费支持,我每天跑的油费还不止呢,对不对。"(T-1)其实,对这个问题的思考,在根本上涉及城乡二元体制结构问题。长期以来,城市中心取向一直影响着人们的价值观念和行为选择,并且也让城市和农村享受着不均等的公共服务资源。这应是潜在地、深刻地影响教师交流意愿的重要因素之一。

事实上,也有些教师主观上根本不想在专业上有待进一步发展,存在着严重的惰性认识。在访谈中有校长这样指出,"教师的思想(认识)问题应该是影响这项政策实行到位的最关键因素。对一些老师,在评职称上也没有太多想法,职业倦怠,所有的手段对他来说,可能就刀枪不入了。"(H-2)教师如果完全放弃了自己事业的理想追求,如果真的"刀枪不入了",那么这样的交流也就不可能成为教师自觉的能动行为。教育部刘利民副部长指出,"多给校长教师一些人文关怀,多做一些暖人心的工作,尽量使交流轮岗安排得更合理些、更合情些,使他们内心真正愿意流动、主动参与流动"①。因此,如何有效激发交流教师的自主性、能动性,加强对交流教师的人文关怀,而不是简单演变为政策要求下的强制行为,

---

① 刘利民.立足国情 加快推进校长教师交流轮岗[N].中国教育报,2013-12-02.

也就成为推动教师交流轮岗工作的重心所在。若是强制性安排教师交流,"混日子"的消极心态也就让教师交流没有太多实质性意义了。"你把我交流远了,我小孩正在读书的时候,我不能光为了教育事业抛家弃口啊,……就算按照条条框框的条件要求我去,我去了也没积极性,连现在的工作也不想好好做了,反正我要走了,班主任也不想当了,这个学校反正不欢迎我,混日子就可以了。"(T-7)

　　从政府的角度来看,发挥制度的行政推动力量可以从工资、福利待遇方面进行经济补偿,在职称评聘、职务晋升方面给予优先考虑,这些制度规定体现了教师作为"经济人"的人性假设特点。这种人性假设认为人总是"趋利避害"的,它可以激发和调动部分教师怀着某种功利性的心态去参与交流。但是,"完全以经济利益诱导教师流动并不是激发全体教师参与交流的最优制度安排"①,因为教师不仅具有"经济人"的特性,也还拥有"社会人""道德人"和"专业人"的属性。教师参与交流不能停留干简单地"被安排",其内在能动性的充分发挥,需要建立在尊重教师的交流意愿,以及注重教师交流的双向选择之基础上。"教师能够流动到与自己目标方向一致的学校,使自己的努力方向与学校组织的期望相一致,以形成合力,这样才能既使教师个人的积极性和创造力得到最大限度的发挥,又能促进学校更快地发展。"②为此,城乡教师交流不能仅仅依靠政策制度的硬性规定,要妥善解决交流教师日常生活和工作上遇到的各种困难,尽可能消除其后顾之忧,更要充分尊重教师个体的主观意愿,激发教师的内在能动性,促进学校作为教师专业共同体的建设。

　　2.营造良好的城乡交流的政策环境

　　当前,县域内城乡教师交流工作的顺利推进,需要不断强化政府主导的行政力量,形成以县政府负责牵头,由县教育局、财政局、编委办、人力社保局等多个部门联合协同推进的基本格局,厘清县级教育行政部门、学校和教师三方之间的角色与责任,加强对社会、学校和教师的舆论宣传引导,在整个社会上要形成一种氛围、达成一种共识,避免对参与交流教师的猜忌和误解。

　　值得重视的是,教师交流政策实施不仅要极力避免"权力寻租"现象的发生,更需要得到教师的理解、接纳和认同,让教师心理上能够更好地接受,而不是任由教师被动地等待观望和消极抵制。比如有校长在访谈中这样说道,"总的来讲,我觉得一个政策的出台,不能引起大部分老师的抵触和反感,那就会适得其反,尽量让老师心理上能够接受。"(H-3)"流动出去不能说是城镇淘汰出去的,

① 王凯.试论增强城乡教师交流意愿的四项基本制度[J].教师教育论坛,2014(4).
② 薛正斌,刘新科.中小学教师流动样态及其合理性标准建构[J].陕西师范大学学报(哲社科版),2011(1).

而应是荣誉。不好的你流出去,农村也不欢迎。本身是为了支援它(指农村学校),你还把不要的给它,对它是一个负担,对老师也是一个压力。"(H-2)也许,这些"被"交流的教师内心会涌起一种莫名的"遗弃感"。被这种负面情绪笼罩的教师,即使心不甘情不愿地参与流动,对流入学校和教师自身发展也难有实质性的助推作用。这也就需要我们积极营造一个良性的教师流动环境氛围,突出强调教师职业的公共属性,让教师自觉担当起"公共性"知识分子角色的历史使命①,强化其承担的公共教育服务职责,逐步触及教师个体内在幸福感的唤醒和提升。

(五)增强交流教师的归属感和适应性

在微观层面探讨城乡教师交流问题,不仅要思考如何调动教师自主参与交流的意愿问题,还要帮助教师打破长期固有的单位情结意识,找到新的归属感和意义感,以及让交流教师在位移发生后,自觉增强在生活环境、人际关系和专业教学上的适应能力。只有让交流教师真正能够"留得住",城乡教师交流的政策目标才会落地生根、开花结果。

1.打破浓厚的"单位情结"意识

"单位"是一种具有中国特色的人事管理制度。单位不仅是一种相对独立的、蕴含着资源分配和权力实践的社会空间范畴,也还是一种规范人们行为模式的组织制度。② 对于大多数学校教师来说,都有着浓厚的"单位情结"意识,对单位有着强烈的依赖感和顺从感。因而,在流动过程中教师的人事关系是否要发生变动? 也就成为一个极为关键和敏感的问题。

在人事管理机制的改革上,很多人都强调要努力打破"教师单位所属"的传统限制,积极探索从"单位人"到"系统人"管理模式的有效转变。很显然,教师交流轮岗制度和以往灵活多样的教师流动方式相比,必须要解决好教师的编制、岗位、身份归属问题,但如何有效解决也就成为政策实践中的一个棘手问题,而且这个问题解决的效果好坏直接影响到人心的稳定与否。调查发现,很多城镇教师担心和在意的主要并不是待遇如何(如经济补贴、职称评聘等),而是关心交流时间长短,尤其是人事关系是否能够回到原单位。这种强烈的"单位情结"和"身份归属意识"自然决定着教师参与交流的态度倾向。在访谈中,老师们普遍都希望交流的时间能够短一些,对流动后的人事关系去向也非常担忧。"如果人事关系跟着走的话,我们更不愿意参与交流了,本身都是参加考试竞争才进入这个学

---

① 叶菊艳.从"学校人"到"专业人":教师流动与教育变革实现的源动力[J].全球教育展望,2014(2).

② 胡伟,李汉林.单位作为一种制度——关于单位研究的一种视角[J].江苏社会科学,2003(6).

校的。如果人事也跟着去乡下,老师肯定不愿去。"(T-11)"最好不交流了,如果实在要交流的话,时间短一点好了。然后根据学校和老师的具体情况而言,不能一棍子打死,都一样,这样不利于我们县教育的发展,老师都弄得不安心了。"(T-1)"上次开会说下去待三年,三年后关系还不一定回来,我觉得挺恐怖的。如果硬性说你一定要到那里待三年,三年后能不能再回来我还不知道,这样的话,谁愿意呀?"(T-1)"不愿去""不安心""挺恐怖"等词语很好地表明了教师对人事关系变动产生的焦虑心态和不安全感。可见,人事关系是否变动将会在一定程度上直接影响到教师工作的情绪状态、投入程度,甚至会影响整个县域内义务教育的稳定与和谐发展。

"单位"给教师们提供了一种强烈的依靠感和稳定感。作为一个"单位人",主要有三个方面的特征:一是个人对单位绝对信任,对单位的权威绝对认同;二是个人对单位有依赖性;三是个人从单位中获得身份表达。[①] 即使随着教师聘任制的全面实施,教师对学校这一单位的组织承诺和认同也没有完全式微。因此,如何认识和解决交流教师的认同感与归属感? 也就成为保障城乡教师交流制度能否深入推进的重要条件。在访谈中有教师认为,参与流动"最大的困难是……总感觉你不是那里的一分子。哪怕干 1 年,别人也知道你要走的。能融合进去当然是好事情,关键问题是,你去了那里不一定能弄熟,融入了。因为你总会感觉到,我不是那里的一分子。"(T-3)"不是那里的一分子"正是教师缺少一种本体性安全感和归属感的强烈体现,就像"悬在半空中一样",难以真正融入交流学校之中。"学校跟其他不同,它需要稳定啊,学校有文化底蕴。你这个学校老师变来变去,我不是一个学校的老师,变成 A 县的老师……你只有在某个学校,你才会奉献,贡献一辈子……"(T-3)对某个学校的文化认同和组织承诺,作为"学校人"的教师能够让自己找到生存的"根",而"流动"则会让教师感觉自己漂泊无根,难以成为自己当下生活的一个有机组成部分,这就使得若要让教师成为"系统人"会变成一件较为困难的事情。

从人事管理部门的角度来看,在学校人员编制核定的情况下,人事关系不发生变动将难以实质性地推进城乡教师交流制度的顺利实施。A 县编委办主任指出,"教师交流必须转人事关系,不然会产生大的超编。比如说我从甲学校转到乙学校,必须把所有的行政关系,包括工资、奖金、福利等全部转走,那么我这里就可以把位置腾出来,新人可以交流进来,否则我人转走了,却无形中仍然还占着这个位置,这样是不行的。"(G-3)他还指出,"人跟单位走。编制是属于单

---

① 顾红亮,刘晓虹.想象个人——中国个人观的现代转型[M].上海:上海古籍出版社,2006:269-282.

位的,人在这个单位,就属于这个单位的编制,那他的工资、社保、保障全部都来自这个单位,这是一贯性的,不然就全部交叉,打乱了。"(G-3)在这段话中可以明确看到,"单位"牵涉到教师的编制、岗位、工资、福利待遇、社会保障等很多相互纠缠在一起的问题。属于哪个"单位"对老师来说是极为重要的,如果不转走人事关系,由于受到教师人事管理制度的直接阻碍或制约,城乡教师交流也就会陷入"迷乱"的复杂局面。可见,"单位"的客观存在牢牢地控制着教师的有序流动。要真正打破教师浓厚的"单位情结",在人事管理机制上必须确立"以县为主"的管理体制,从整个县域的层面统筹调配师资,根据不同类型的教师流动实行弹性化管理,比如:通过设置"特聘岗位"和"名师名校长工作室",形成优质教师资源共享机制,将城镇名优教师的人事关系交由县教育局统筹管理;由于教师职称评聘等个人需要,要求从城镇到农村交流的教师必须带编流动,并在此基础上逐步将教师到农村学校、薄弱学校的工作时间作为申报评审教师职称的必备条件,最终实现"聘""用"分离,消解城镇教师和农村教师的身份差异①。

2.提升交流教师"位移"后的适应能力

每个人总是生活在某一特定环境之中的,有着自身相对稳定、安全和舒适的生活方式,当转移到一个新的环境时往往就会出现不同程度的不适应症状。城乡教师交流并不是物理学意义上简单的物品更换位置,而是一种人的生活环境和生活方式的巨大变换。"是人就会有人的思想、情感和感受,并且不同的人对环境的适应能力也有高低强弱之别。"②其实,教师交流到一个新学校需要面临重新适应的问题,诸如远离家人和熟悉的工作环境,面临截然不同的教育对象、家长观念和地区文化的差异等各种问题。这些适应问题在不同程度上的存在,不仅影响着教师对交流政策的认知态度,还会影响到教师自身的专业发展。

教师参与交流意味着"改变"的发生,而改变则要求教师必须不断打破已有舒适的"生活圈",必须不断增强自己的适应能力。根据文化适应的需要和关注点的不同,可以把交流教师的专业发展分为"环境适应期""人际适应期"和"专业适应期"三个阶段。③ 也就是说,交流教师的适应会逐步从关心生存问题、关心人际问题,转向关心学生的学习问题。但实际上,很多教师会把适应的困难长期停留于对日常生活、人际关系的适应上,对学校文化和所教学生的变化没有引起足够的重视。如果交流教师不能到达专业适应阶段的话,不能很好适应流入学校的管理方式和学校文化,以及面对新的教学对象,肯定会降低交流教师自身的

① 王凯.教师交流:如何才能不"走形"? [N].中国教育报,2013-9-19.

② 卢俊勇,陶青.对教师流动制的原理与问题分析[J].现代教育管理,2011(4).

③ 卢俊勇,陶青.从教师的文化适应性看教师流动制[J].教育理论与实践,2011(8).

教学效能和专业发展,不仅不利于提升教师的素质,也对学生学习产生不利影响,这些将直接影响到教师交流政策实施的终极目的。因此,对于参与交流的教师而言,在"位移"过程中不仅要极大地增强日常生活适应和人际关系适应的能力,更要实质性地提升自身在学校文化和生源变化上的专业适应能力。

在参与城乡交流的过程中,教师要增加自身的专业适应能力,必须要对新的学校文化和生源状况保持一种专业自觉的良好心态,有着一颗强烈的好奇心。"正是好奇心使人们摒弃熟悉的思维方式,用一种不同的方式来看待同一件事物。"①美国教育哲学家格林(Greene M)从存在主义角度提出"教师作为'陌生人'"的观点,就是要让教师作为一个返乡的陌生人,好奇地去看待自己的日常生活世界,去破除以往生活中"理所当然"的态度,换一种思维方式去面对并思考自身的某种不确定性,从而在不确定性中去寻找确定性。因为城镇和农村、校际、生源等方面存在的客观差异,参与交流的教师只有始终保持一颗敏感的好奇心,不断地去质疑、反思和追问,才能从原有的认知习惯和行为方式中跳离出来,在跨界中去重新认识和理解交流学校的文化环境和所教学生,进而在适应中主动地做出某些改变。诚如格林所说,"以陌生人的视角看日常生活现实就是要好奇地看待自己的生活世界,不停地追问与质疑,就像久居异地的人返回家乡,却在故乡看到了之前从未留意过的生活细节与方式。他意识到他不得不思考这些地方仪式与风俗习惯以便重新理解它们。在这段时间里他感觉自己从熟悉的家乡人和理所当然的世界中脱离出来"②。

---

① 王治河.扑朔迷离的游戏——后现代哲学思潮研究[M].北京:社会科学文献出版社,1998:57.

② 转引自郭芳.教师作为"陌生人"——玛克辛·格林教师哲学思想研究[J].比较教育研究,2014(8).

第三章　在评价中促进城乡教师交流的价值回归

　　当前,全国各地都在深入开展县(区)域内义务教育学校教师交流轮岗的实践工作,纷纷采取定期交流、跨校竞聘、学区一体化管理、学校联盟、名校办分校、集团化办学、对口支援、教师走教等多种途径和方式,多举措地缓解了优质教育资源的供需矛盾,极大地推进了我国义务教育均衡的高质量发展,有效地实现了城乡教师交流政策的预期目标。在这一政策实施的制度化、常态化过程中,非常需要从整体上对教师交流政策实施的实际效果进行动态监测评估,分析和解决政策执行过程中出现的各种问题。例如有学者提到,"不管参与交流的师资是积极主动型还是消极冷淡型,管理人员必须考虑的问题就是怎样科学有效地对教师的交流工作进行评估,以此来避免教师在交流过程中的降低成本执行的行为,如部分执行、错误执行等,以及过分地追求交流收益的行为,如不考虑教学科研方面的交流,而只寻求交流过程中的其他优惠政策的功利化行为。"[①]可见,科学有效地评估交流教师的工作状况,可以明了教师交流政策执行的实际效果,避免政策实施的异化或失真,以及避免出现"有交流无评价"的形式主义。对于管理者来说,政策评估可以起到很好的监测和督查、鉴定和管理的功能性目的。同时,我们也不能忽视从政策执行者教师自身的角度出发,通过对交流教师个体的工作绩效进行合理考核评价,以达到促进教师自身专业成长和改进学校教育质量的根本目的,在评价中实现城乡教师交流的价值回归。

　　在2014年8月教育部等部委联合发布的《交流轮岗意见》中,明确提出要"力争用3—5年时间实现县(区)域内校长教师交流轮岗的制度化、常态化,率先实现县(区)域内校长教师资源均衡配置"的工作目标。这一政策目标的顺利推进和有效落实,在制度上离不开建立健全科学合理的激励保障机制,其中包括有效的监督考核评价机制。"教师交流是否有效,要看政策目标是否清晰,关键看

---

　　① 董天鹅.教育经济学视域下中小学教师城乡交流问题思考[J].教学与管理,2013(1).

交流教师的激励和评价机制是否健全"①。总之,建立健全科学的交流教师考核评价机制,是激励教师自愿参与交流,确保县域内师资均衡配置的重要举措。但在已有研究文献的梳理中发现,专门对交流教师评价的深入研究很少,几乎都是一些零星片段的观点或认识。因而,目前交流教师评价的现实状况到底怎样,如何合理建立城乡交流教师评价的有效机制,则是一个需要审慎思考和努力解决的现实问题。

一、交流教师评价的价值审视

通常来说,所谓评价就是主体基于收集到的证据或资料,对客体进行价值判断的活动。教师评价作为教育评价的一个组成部分,需要以教育评价理论为具体指导,它是由评价者依据一定的评价标准和程序,采用多种方法搜集各种评价资料,对教师的素质、工作表现和效果进行价值判断的活动过程。② 简言之,教师评价就是一种基于证据或资料的价值判断活动。

在城乡教师交流制度实施过程中,"交流教师"作为教师群体中的一个独特存在,专门针对该教师群体进行具体评价也是非常必要的。开展交流教师评价工作,其价值主要表现为三个方面:在国家政策层面上可以保障城乡教师交流制度的顺利实施,在学校组织层面上可以强化对交流教师的积极管理,在教师个体层面上则可以促进交流教师自身的专业发展。

(一)政策层面:切实保障城乡教师交流制度的实施

一个政策的有效执行,要想不落入政策走样或形式化的怪圈,必须具有完备的配套政策措施予以保障和支持。对于城乡教师交流制度的顺利实施来说,需要形成一系列配套的制度机制,诸如人事管理机制、激励保障机制、考核评价机制,等等。任何配套措施的缺失或不完善,都会给城乡教师交流制度的有效实施带来严重的实践困扰。在直面当前城乡教师交流的现状时会发现,教育行政管理部门和学校对交流教师的工作并没有提出十分具体明确的目标任务和质量要求,也没有针对交流教师的工作过程和业绩进行科学合理的考核评价。这些问题的根源在于交流教师考核评价机制的缺乏或不健全,这不仅严重地影响了交流教师的工作激情,而且极大地削弱了城乡教师交流制度实施的实效性。因此,作为城乡教师交流制度的一项配套举措,建立健全科学合理的交流教师评价机制,切实开展有效的交流教师评价工作,在较大程度上能够扎实推进城乡教师交

① 田汉族,戚瑜杰等.北京市义务教育教师交流的现状、问题与对策建议[J].教育科学研究,2014(12).

② 胡中锋.教育评价学[M].北京:中国人民大学出版社,2008:221-222.

流制度的有效实施。

（二）学校层面：有效加强交流学校对交流教师的管理

教师评价是学校管理工作中的一个重要方面，具有奖惩性和发展性的双重价值。对交流教师的工作进行考核评价，能够全面了解和把握交流教师在交流期间工作的实际状况和效果，及时督促和提醒交流教师要顺利甚至高质量地完成参与交流时制定的预期目标，这有助于加强流入学校对交流教师的积极管理。

评价本身具有目标导向的功能，对任何被评价对象所做的价值判断，都是要依据一定的评价标准和内容体系来完成的。交流教师评价指标和内容体系的制定，成为影响和支配教师参与交流后的行为"指挥棒"，将会规范和约束着交流教师在交流学校的所有专业行动。而有效的激励可以调动被评价对象的内在潜力，提高其工作的积极性、主动性和创造性。对交流教师来说，不管出于何种意愿（或者积极主动，或者消极冷淡），参与城乡交流总是会有自己的一些需要或目的。美国人本主义心理学家马斯洛（A. H. Maslow）曾提出著名的需要层次理论，即把人的需要划分为五个层次：生理的需要、安全的需要、爱的需要、尊重的需要和自我实现的需要。其中低层次的需要满足，是高层次需要实现的基础或前提；而且低层次需要获得满足后，并不会以高层次需要的发展而消失，只是会对行为的影响力度有所减轻而已。无论是基本需要的满足还是自我人生价值的实现，教师的发展都是以某种需要的满足为条件或动力的，诸如得到社会的广泛认可、学校领导的重视、职称评聘和职务晋升的优先、工资待遇的增加等。这样，依据交流教师评价的结果做出合理的鉴定分等，以满足教师的需要为管理手段，可以不断激励教师的工作热情和积极性。

当前在教育评价领域中提出的"第四代评估"理论，其核心要素在于：关注利益相关者的焦虑和主张，以及重视建构互动中的"协商"和"对话"。[①] 这一教育评价的基本理念对交流学校的交流教师评价具有极大的指导价值和实践效益。无论是教师评价过程中与交流教师的面谈环节，还是评价结果反馈时与交流教师的深入沟通，学校校长都扮演着关键性角色，承担着重要的职责。在校长和交流教师持续对话的互动过程中，可以深入细致地了解交流教师的生活和工作状况，以及能够对教师的专业优势和发展潜能给予反馈，加强彼此间的情感沟通，让教师充分感受到来自学校领导和组织层面的人文关怀，帮助交流教师在流入学校中找寻到自己的存在感、归属感和价值感。以上这些对交流学校加强交流教师群体的管理工作是很有帮助的。

---

① 毛利丹.中小学教师评价研究［M］.北京：中国社会科学出版社，2017：182.

（三）个体层面：积极促进交流教师的专业发展

如何让教师在交流过程中不断"增值"，更好地实现自身的专业发展，是城乡教师交流制度实施的一个内隐性目标。这里的"增值"，主要是追踪交流教师在参与交流活动前后自身的发展变化情况，而通过合理的评价这一杠杆则是可以促进教师专业发展的。评价标准和内容构成的科学确定，可以增强交流教师的"对标"意识，即要让交流教师明白自己到底要做些什么，以及能做到什么程度。只有把握了前进的目标和方向，教师才能对自己要如何做进行积极筹划和主动安排，进而不断提高自己的专业素养和能力水平。由于交流教师的个体差异性，完全统一的评价标准或目标会让有些教师难以完成预期任务，产生挫败感和无意义感；而有些教师虽然没有任何压力就可以达成目标，但缺少了挑战性和成就感。所以交流教师评价标准和目标任务的设定应控制在"最近发展区"的有效范围之内，避免"不切实际"或"触手可及"的评价目标误区。通过评价去引导教师不断反思自我、改变自我和超越自我，努力"向着高于自己现状的目标去奋斗，从而拒绝平庸、拒绝安于现状，这更能够达成自身更高层面的专业提高与发展"①。

此外，无论是外部的他人评价还是内部的自我评价，都给教师理性地认识自我提供了源泉和基础，让教师在评价过程中能够主动反思和自我剖析，这有助于教师积极地总结成功经验，冷静地分析存在的问题及其根源，在扬长避短中不断寻求自我发展和突破的方法。

二、交流教师评价的现状扫描②

摸清底细、把握现状，始终是开展研究首先要做的工作。由于已有研究成果对交流教师的评价涉及太少，也就非常有必要全面整体地感知当前交流教师评价的实际状况到底如何。在研究过程中，我们选择了浙江省 W 区的部分小学教师为样本对象，调查对象的基本情况见表 3-1，包括性别、年龄、教龄、职称、所教学科、职务、所在学校性质、参与交流情况等 8 个方面的基本信息。其中，所在学校区分为"城区优质小学"（占 23.3％）、"城区普通小学"（占 32.3％）和"城乡接合部小学"（占 44.4％）三种类别。教师参与交流与否以及是否有交流意愿，包括"已经交流过"（占 15.3％）、"目前正在交流"（占 5.0％）、"近期准备交流"（占 13.7％）和"没有打算交流"（占 66.0％）四种具体情况。

---

① 王亮. 义务教育交流教师评价机制问题与对策思考——以北京市为例[D]. 北京：首都师范大学，2013：19.

② 本部分内容参阅：李茂森，胡春霞. 城乡交流教师评价机制的现状调查与思考——基于浙江省 W 区 300 名小学教师的调查[J]. 湖州师范学院学报，2018（9）.

调查问卷内容设计参考借鉴王亮的硕士论文中使用的问卷①,主要从对交流教师评价工作的认知态度、评价功能、评价方案的制定与执行、评价主体、评价方式、评价标准、评价内容和评价结果的管理等维度进行问卷调查。在 W 区的 6 所小学中随机发放问卷 334 份,回收有效问卷 300 份,回收有效率为 89.82%。调查结果主要采用 SPSS19.0 统计软件中的交叉分析和频数分布进行描述统计,来扫描和分析交流教师考核评价的现状与问题。在交叉分析中,主要利用"教师是否参与交流以及是否有交流意愿"作为统计变量来进行深入分析。

表 3-1　调查对象的基本情况统计

特征分组		人数（N＝300）	百分比（%）
性别	男	46	15.3
	女	254	84.7
年龄	30 岁以下	95	31.7
	31—40 岁	127	42.3
	41—50 岁	64	21.3
	51 岁以上	14	4.7
教龄	1—5 年	83	27.7
	6—10 年	33	11.0
	11—15 年	46	15.3
	16—20 年	62	20.7
	21 年以上	76	25.3
职称	中学高级	8	2.7
	小学高级	127	42.3
	小学一级	137	45.7
	小学二级	28	9.3
职务	校领导	7	2.3
	校中层领导	23	7.7
	年级或教研组长	42	14.0
	普通教师	228	76.0

---

① 王亮.义务教育交流教师评价机制问题与对策思考——以北京市为例[D].北京:首都师范大学,2013:56-57.

续表

特征分组		人数（N＝300）	百分比（%）
所教学科	语文	140	46.7
	数学	77	25.6
	英语	15	5.0
	科学	9	3.0
	艺体	53	17.7
	其他	6	2.0
学校	城区优质小学	70	23.3
	城区普通小学	97	32.3
	城乡接合部小学	133	44.4
交流情况	已经交流过	46	15.3
	目前正在交流	15	5.0
	近期准备交流	41	13.7
	没有打算交流	198	66.0

（一）交流教师考核评价的功能定位

为何要进行交流教师的考核评价,成为建立城乡交流教师评价机制应该明确的首要问题。从教师评价的目的来看,可以分为发展性评价和奖惩性评价两种基本类型。其中,发展性评价的根本目的在于促进教师的发展,注重评价的过程,关注个体的差异和发展需求,是一种指向未来的评价、形成性评价。奖惩性评价的目的则是根据评价的结果进行奖惩,把结果作为教师职务晋升、年度评优、职称评聘、增加绩效奖励等的衡量依据,突出强调管理和区分的功能,是一种面向过去的评价、终结性评价。① 作为教师评价的两种不同范式类型,在评价发展的历程中是先后出现的,发展性评价正是基于对传统的奖惩性评价弊端批判所提出来的,但二者在评价实践中并非彼此对立的关系。

从问卷调查结果来看,大多数教师更看重评价对交流教师自身成长的发展和促进功能,而不是教育行政部门或学校的管理和鉴定功能。在图 3-1 中,有76.7%的教师认为评价的功能在于"促进交流教师的专业发展",有73.3%的教师认为评价可以"提高教师的工作效率和积极性",有57.3%的教师认为评价是

---

① 王斌华.教师评价:绩效管理与专业发展[M].上海:上海教育出版社,2005:52-56.

为了"保障教师交流制度实施的有效性",有 43.3％的教师认为是"作为奖惩或职称评定的依据",有 38.3％的教师认为是"便于学校对交流教师的管理"。从这一组数据对比中可以看到,开展交流教师评价的主要功能应在于"促进教师专业发展"和"提升教师的工作效能",有七成多的教师持有此种观点;而仅有四成多的教师认为评价的目的在于"作为奖惩与管理的手段"。

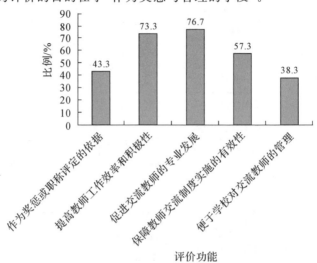

图 3-1　对交流教师评价功能的认识

（二）交流教师考核评价的了解程度

调查结果表明,近八成的教师对开展交流教师工作评价的必要性持肯定态度,认为"没必要"和"完全没必要"的比例仅占 3.0％。同时在差异性检验上,不同职务的教师之间对交流教师工作评价必要性的认识存在着显著差异（$\chi^2=$ 30.208,sig＝0.003＜0.01）。相较于普通教师而言,担任不同领导职务的教师更强调在教师参与交流期间对交流教师工作考核评价的必要性。

在看到大多数教师普遍认同对交流教师工作评价必要性的同时,亦发现他们对如何考核评价交流教师工作的了解程度却很低。调查结果显示(见图3-2),有 45.3％的教师表示"了解"如何开展交流教师评价工作,其中认为"完全了解"的教师比例仅为 6.7％;而认为自己"完全不了解"如何开展交流教师评价工作的教师则占 11.7％,持有"不太了解"看法的教师占到 43.0％的比例。在访谈过程中也进一步印证了这一基本状况,教师们普遍知晓目前正在开展的城乡教师交流制度,但对如何具体考核评价交流教师的工作却并不太清楚。

在差异性检验上,针对"交流教师工作评价的了解程度"这一问题,在学校（$\chi^2=14.062$,sig＝0.029＜0.05）、年龄（$\chi^2=19.624$,sig＝0.020＜0.05）、教龄

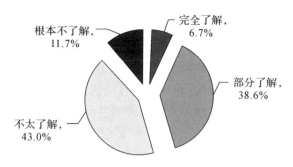

图 3-2 对交流教师评价工作的了解程度

$(\chi^2 = 22.631, sig = 0.031 < 0.05)$、职称$(\chi^2 = 25.728, sig = 0.002 < 0.01)$、职务$(\chi^2 = 73.220, sig = 0.000 < 0.01)$等不同变量上均存在着显著差异。其中,城区小学教师比城乡接合部小学教师"了解"此项工作的比例多 13.7%;"31—40 岁"和"41—50 岁"两个年龄段的教师对此项工作的"了解"也更为清楚;有六成多的教龄在"10 年及以下"的教师表示"不了解",而随着工作年限的增加,教师对交流评价工作的"了解"也越多;教师的职称和职务越高,对交流教师工作评价的"了解"也相对更多一些。

同时,教师是否参与交流以及是否有交流意愿,对交流教师工作评价的认识存在着显著差异$(\chi^2 = 44.357, sig = 0.000 < 0.01)$。研究结果表明(见表 3-2),"已经交流过"和"目前正在交流"的教师比"近期准备交流"和"没有打算交流"的教师对交流工作评价的了解程度明显要高,而且"没有打算交流"的教师对该问题的了解程度最差(其中"完全了解"的教师仅为 4.5%,"不了解"的教师则占65.2%)。当然,我们也要清醒地看到,"已经交流过"和"目前正在交流"的教师对评价工作"了解"的比例也只有七成多。总之,让教师充分了解并重视交流教师评价工作是一件极为重要的事情。

表 3-2 不同教师对交流教师评价工作的了解程度

教师交流情况	交流教师评价工作的了解程度							
	完全了解		部分了解		不太了解		根本不了解	
	人数	占比	人数	占比	人数	占比	人数	占比
已经交流过	9	19.6%	25	54.3%	12	26.1%	0	0.0%
目前正在交流	1	6.7%	10	66.7%	3	20.0%	1	6.7%
近期准备交流	1	2.4%	21	51.2%	18	43.9%	1	2.4%
没有打算交流	9	4.5%	60	30.3%	96	48.5%	33	16.7%
合计	20	6.7%	116	38.7%	129	43.0%	35	11.7%

（三）交流教师考核评价方案的制订

交流教师考核评价方案的制订，直接关系到对参与交流的教师进行评价的适切性问题，以及是否有具体可行的行动依据，也牵涉到参与交流的教师自身利益问题。对于交流教师考核评价方案的制订问题，我们着重从两个方面来分析判断：一是看学校是否制定了健全的交流教师考评措施；二是看学校在制定交流教师考评制度的过程中教师参与的程度到底如何。

1. 对学校是否制定交流教师考评措施的认识情况

调查结果表明（见图 3-3），教师们对学校是否制定了交流教师考核评价措施的了解不够清楚，且认为执行时存在形式主义的倾向。针对"学校是否制定了交流教师工作的考核评价措施"这一问题的回答，有 31.3％的教师认为"有，且严格执行"，有 16.7％的教师认为"有，但流于形式"，但却有 46.0％的教师对此表示"不清楚"，甚至还有 6.0％的教师认为学校"没有"制定交流教师考核评价措施。

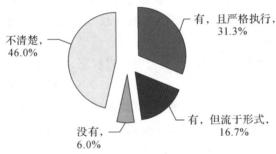

图 3-3　对制定交流教师考评措施的总体看法

在差异性检验中发现，教师参与交流与否以及是否有交流意愿对"本校是否制定了交流教师工作的考评措施"的认识存在着显著差异（$\chi^2 = 55.774$, sig = $0.000 < 0.01$）。同时在表 3-3 中看到，有 82.6％的"已经交流过"教师表示学校对交流教师工作制定了相应的考评措施，但其中却有 43.5％的教师认为在执行时"流于形式"。同时，有一半以上的"近期准备交流"和"没有打算交流"的教师都表示"不清楚"学校对交流教师工作是否制定了相应的考评措施。

表3-3　不同教师对学校是否制定交流教师考评措施的看法

教师交流情况	对学校制定考评措施的看法							
	有,且严格执行		有,但流于形式		没有		不清楚	
	人数	占比	人数	占比	人数	占比	人数	占比
已经交流过	18	39.1%	20	43.5%	2	4.3%	6	13.0%
目前正在交流	9	60.0%	1	6.7%	3	20.0%	2	13.3%
近期准备交流	12	29.3%	7	17.1%	0	0.0%	22	53.7%
没有打算交流	55	27.8%	22	11.1%	13	6.6%	108	54.5%
合计	94	31.3%	50	16.7%	18	6.0%	138	46.0%

在深入推进城乡教师交流轮岗的政策实践中,对交流教师工作考核评价出现的形式主义倾向是一个不容忽视的现实问题。进一步的调查中看到,有41.0%的教师认同"学校对交流教师的考核存在形式主义"这一情况。在差异性检验上,关于"学校对交流教师的考核存在形式主义"的认同情况分析在不同年龄($\chi^2=27.553$,sig$=0.006<0.01$)、教龄($\chi^2=28.756$,sig$=0.026<0.05$)、职务($\chi^2=28.621$,sig$=0.004<0.01$)等变量上都存在着显著差异。其中,"41—50岁"年龄段的教师更倾向于认同"学校对交流教师的考核存在形式主义";普通教师比担任行政职务的教师更认同交流教师考核存在形式主义的问题。

2. 教师们参与交流教师考评制度制定的程度

考核评价方案的合理制定需要评价者和被评价者的共同参与和协商讨论。如果考评方案没有广泛听取被评价者等利益相关者的反馈和建议,不仅在制定程序上不够客观公平,更为紧要的是被评价者在心理和行为上因缺乏认同而带来排斥或抵制来自外部的评价,造成考评方案的制定者和执行者之间的价值背离。相反,如果考评方案积极吸纳了被评价者的合理看法,并有针对性地对考评方案进行修正和调整,将会在很大程度上确保考核评价结果的信度和效度。在调查中发现(见图3-4),有93.0%的教师都没有参与过交流教师评价制度的制定,"参与过,且有实质性影响"的教师仅为3.3%,"参与过,但没有实质性影响"的教师也只有3.7%。在差异性检验上,不同职称($\chi^2=18.351$,sig$=0.005<0.01$)和职务($\chi^2=21.845$,sig$=0.001<0.01$)的教师在参与交流教师评价制度的制定上存在着显著差异。其中,具有中学高级职称的教师以及担任学校领导职务的教师在参与交流教师考核评价制度的制定上参与度相对较高。同时,是否参与过交流以及是否有交流意愿的教师在参与交流教师考评制度的制定上也存在着显著差异($\chi^2=25.303$,sig$=0.000<0.01$)。

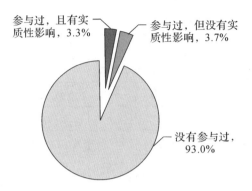

图 3-4　教师参与交流教师考评制度制定的整体情况

从表 3-4 中可以看到,在"已经交流过"的教师群体中,有 10.9% 的教师表示"参与过,且有实质性影响",13.0% 的教师表示"参与过,但没有实质性影响",同时还有 76.1% 的教师表示"没有参与过"交流教师考评制度的制定过程。由此可见,在交流教师考核评价制度的制定过程中教师参与程度极低。

表 3-4　不同教师参与交流教师考评制度制定的情况

教师交流情况	考评制度的制定与协商情况					
	参与过,且有实质性影响		参与过,但没有实质性影响		没有参与过	
	人数	占比	人数	占比	人数	占比
已经交流过	5	10.9%	6	13.0%	35	76.1%
目前正在交流	1	6.7%	0	0.0%	14	93.3%
近期准备交流	1	2.4%	1	2.4%	39	95.1%
没有打算交流	3	1.5%	4	2.0%	191	96.5%
合计	10	3.3%	11	3.7%	279	93.0%

(四)交流教师考核评价的内容与标准

根据什么内容或要素进行考核评价,对交流教师工作评价具有直接导向性。一般来说,德、能、勤、绩,这四个方面是以往衡量教师工作状况的基本维度,这里我们主要从专业素质、工作过程和工作业绩三大方面对交流教师进行考核评价。从图 3-5 中可以看到,在专业素质上对交流教师的师德修养、专业知识和教育教学能力的要求都非常高(都接近 90.0% 的比例),只有在教师身心素质的要求上较低(占 51.3%)。在工作过程中更多强调"日常教学"的完成情况(占 94.3%),而对交流教师"从事教研科研活动"(占 79.0%)、"开展公开课"(占 73.3%),特别是"指导新进或年轻教师"(占 58.0％)的工作要求相对较低,这就使得来自城镇优质学校的交流教师在教学展示、科研指导、"传帮带"等专业引领方面的辐射带动作用并没有得到充分展现。在工作业绩上明显侧重于"教学成绩"(占84.3％)和"学生综合素质的发展"(占 84.0％)等方面,而对"德育工作"(占72.8％)和"教研工作"(占 71.7％)的看重程度相对弱一些。总之,在评价内容上对交流教师工作的考核主要看重的是日常教学的承担及其完成效果情况,并未突出强调专业引领和业务指导的辐射带动作用。

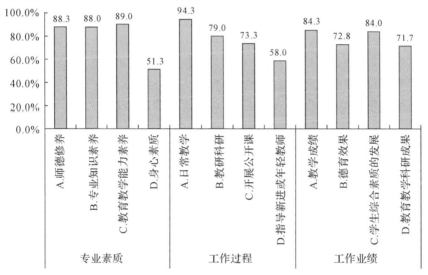

图 3-5　当前交流教师考核评价的内容构成

　　当然,是强调评价标准的客观统一,还是体现评价标准的个性差异,这是在设定交流教师工作评价标准时需要厘清的问题。调查结果表明,有 52.7％的教师认同"考核交流教师的标准非常明确、客观";有 68.0％的教师认同"交流教师的评价标准的设定必须分层次、差异化",其中有八成左右的"已经交流过"和"目前正在交流"的教师认为考评标准应该分层次、差异化。在进一步访谈中,W 区教育局的管理人员也认为,对交流教师工作评价没有必要确立完全统一的标准,而是需要因人而异设立个性化的标准。他介绍说:"我们区里有一个大纲性要求,但是没有统一的标准",并强调"城乡教师交流的本质是希望通过骨干教师的流动带给新的学校特别是农村学校新气象,希望交流教师中的骨干教师能起到'领头羊'的作用,而每一位骨干教师的特长有所不同,因而地方教育行政部门也没必要建立完全统一、具体的标准,需要因人而异、发挥特长。"因此,对交流教师工作考核评价的标准应凸显分层次、个性化的特征,避免千篇一律的统一模式。

（五）交流教师考核评价的方式

由谁来评价，用什么方法来评价，都是教师评价中涉及的一些根本问题。从评价的主体来看，教师评价可以分为他人评价和自我评价两种基本形式，他人评价又可分为专家评价、领导评价、同事评价、学生评价和家长评价等多种方式。调查结果表明（见图 3-6），如果参与交流，教师们最希望由交流学校的同事和领导来评价自己的工作业绩，分别占到 76.7％和 73.3％；有 54.3％的教师认为可以由"教育行政管理部门"来专门开展考核评价，以及 51.0％的教师希望"学生"能够参与评价；只有 39.0％的教师希望"自己"能进行自我评价。从这一组数据可以看到，交流教师特别看重来自外部的他人评价，相对弱化了自我评价的重要性。事实上，在对交流教师工作评价中，不仅要重视交流学校领导和同事的合理评价，同时也要重视教育行政管理部门和学生的评价主体地位，更要强化交流教师自身的反思总结和自我评价，从而实现评价主体的多元化。

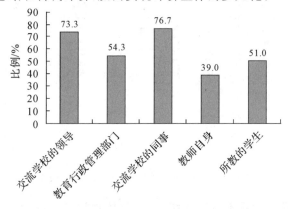

图 3-6　交流教师希望评价自己工作的主体

从评价的方法来看，评价可以分为定性评价和定量评价两种基本方法。就如何呈现评价的结果而言，有 87.7％的教师都希望以"定性和定量"两种方式共同呈现评价结果，避免简单地打一个分数。在希望用什么具体方法来考评交流教师工作效果上（见图 3-7），有 66.7％的教师选择"自我工作总结"，59.7％的教师选择"向交流学校的同事调查"，53.3％的教师选择"接收学校领导撰写评语"，以及 51.3％的教师选择"查看教师工作档案记录"。此外，选择"进行面谈"考评方式的教师占到 36.3％，而选择"学生统一给交流教师打分"和"派专人系统观察"的教师分别仅占 33.0％、29.0％，这些数据从侧面反映出当前教育行政管理部门的介入，或引入"第三方"的评价尚未引起足够的重视，以及对学生作为评价主体的认同程度并不高。综上能够看出，当前交流教师考核评价工作主要由交流学校来完成,在方式方法上应该注重交流教师评价的多样化和发展性。

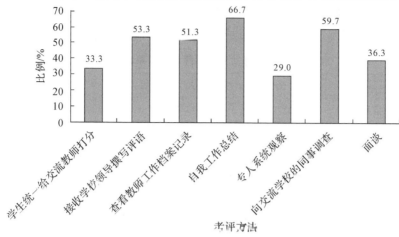

图 3-7 对交流教师工作的考评方法

(六)交流教师考核评价结果的使用

通常,教师考核评价结果的使用主要包括反馈改进和分等奖惩两个方面。教师考核评价结果的使用不是要彻底"管死"或者控制教师,而是要让教师及时获取评价反馈的信息,可以更为清楚地看到自身在哪些方面存在进一步改进和提升的发展空间。我国在 1993 年颁布的《教师法》第 24 条规定,"教师考核结果是受聘任教、晋升工资、实施奖惩的依据",显然它是以加强对教师的鉴定和管理为价值取向的。在全国各地的教师交流政策文件中都曾提出"是否参与过交流"与教师评优评先、职称评聘、职务晋升等有关,甚至作为一个必须达到的条件要求(如申报评审高级教师职务(职称)和特级教师,要有到农村学校、薄弱学校任教 1 年以上的工作经历),但也只是要求有过参与交流的相关经历,至于交流考评结果优劣并无明显的直接关系。

调查结果显示,有 44.0% 的教师认为交流教师考评结果与教师评优评先、职称晋升等之间有着某种"挂钩"关系,但也有 53.0% 的教师表示"不清楚"。在差异性检验中,不同职务的教师对交流教师考评结果与教师评优评先、职称晋升是否挂钩的认识存在着显著差异($\chi^2 = 18.333$, sig $= 0.005 < 0.01$),然而在表 3-5中看到,教师参与交流与否以及是否有交流意愿对交流教师考评结果与教师评优评先、职称晋升是否挂钩的认识并不存在着显著差异($\chi^2 = 12.298$, sig $= 0.056 > 0.05$)。这样的认识结果,导致教师更加关注自身是否具有参与交流的经历,至于交流过程中产生什么样的效果并不十分看重。尤其是仅有 29.3%"近期准备交流"的教师认为交流考评结果与教师评优评先、职称晋升等之间有着"挂钩"关系,这一数据更是难以看到考评结果应该发挥的导向激励作用。所以说,对交流教师考评结果使用的表面化和形式化问题,是极其不利于激发和调动教师自愿参与城乡交流的,这也是在评价实践中迫切需要纠偏和改进的地方。

表 3-5 不同教师对交流教师考评结果的认识情况

教师交流情况	考评是否与职称晋升等挂钩					
	是		不是		不清楚	
	人数	占比	人数	占比	人数	占比
已经交流过	23	50.0%	2	4.3%	21	45.7%
目前正在交流	7	46.7%	2	13.3%	6	40.0%
近期准备交流	12	29.3%	2	4.9%	27	65.9%
没有打算交流	90	45.5%	3	1.5%	105	53.0%
合计	132	44.0%	9	3.0%	159	53.0%

三、有效开展交流教师评价的实践措施

在 2016 年浙江省教育厅、编委办、财政厅和人力社保厅联合发布的《关于深入推进中小学教师"县管校聘"管理改革试点的指导意见》中具体指出,为促进校长教师合理流动提供制度保障,要"建立不同工作岗位的分类考核指标和考核办法,建立学校、教师、学生和社会多方参与的教师考核评价机制。聘期考核重点突出师德表现、工作绩效和能力水平与岗位要求的匹配度。考核结果作为评先评优、职称评审、岗位聘任、工资分配等工作的重要依据。"[①]这是在"县管校聘"管理体制下对教师考核评价的具体改革尝试,其中特别提到要建立基于不同岗位职责的分类考核评价机制,这为交流轮岗教师的考评与管理提供了前提条件。

从全国各地出台的城乡教师交流轮岗制度的实施方案(或意见)来看,对交流对象、范围与方式等均做出了较为具体明确的规定,虽然有对交流工作的监督评估方面的原则性规定,但对交流教师如何考核评价这一问题并未细化要求,对于为何评价、谁来评价、评价什么、如何评价等方面并未建立起具体明确的操作性规定或实施办法,过于笼统、宽泛的表述在实践中难以全面把握城乡交流教师工作的真实状况,难以有效激发教师参与交流轮岗的主动意愿和内在能动性,这对于提升城乡教师交流轮岗政策实施的实效性是非常不利的。张清宇等人对全

---

① 关于深入推进中小学教师"县管校聘"管理改革试点的指导意见.[2016-07-29]http://jyt.zj. gov.cn/art/2016/7/29/art_1532971_27484487.html

国 35 个区县校长教师交流轮岗实施方案进行文本内容分析后亦指出,"方案文本缺少对于校长教师交流轮岗评价指标的规定,对于如何评价交流轮岗是否达到预期目标,以及在多大程度上实现了预期目标,没有评价依据,不利于校长教师交流轮岗的评价和改进"[1]。总的来看,无论是方案文本的规定要求还是交流教师评价的实践情形,都促使我们应该进一步思考如何建立健全交流教师的考核评价机制,以助推城乡教师交流轮岗的制度化、常态化。

在具体操作实践中,我们也发现一些地方已经制定了有关交流教师考核评价的指导意见或实施办法,例如,山东省济南市制定了《关于加强交流轮岗教师考核工作的指导意见》[2],陕西省城固县制定了《义务教育学校教师交流轮岗工作考核办法(试行)》,等等。表 3-6 主要从考核内容、考核方法和标准、考核程序、考核结果使用,以及考核优秀和不合格等级的规定等方面,对山东济南和陕西城固的交流轮岗教师考核工作的细则进行了比较。

表 3-6　山东济南和陕西城固的交流轮岗教师考核工作细则的比较

	考核内容	考核方法和标准	考核结果使用	考核程序	优秀等级的比例	不合格等级的评定
山东济南	德、能、勤、绩、廉五个方面	以量化赋分的方式,赋分标准包括出勤 15%、工作量 30%、学生评价 20%、教师评价 15%、教学质量 10%、其他工作 10%	作为年度考核、职称评聘、评先选优等的重要依据	教师自评、学生评价、教师评价、学校评价、教育行政部门审定	不超过 20%	师德表现不良的、违反廉洁任教规定的,学期考核不合格者
陕西城固	工作态度、敬业精神、能力水平、示范带头作用发挥等情况	以质性描述的方式,将标准分为优秀、良好、合格和不合格四个等级,着重从考勤、师德、工作量、教学能力、工作业绩、师生评价、校本研修等方面分别进行了细化量化	作为年度考核、职称晋升、岗位晋级、提拔任用的重要依据,也是交流轮岗奖励经费分配和绩效工资的直接依据	个人述职、民主评议、查阅资料、学校鉴定、量化评分、教体局联评、公示和发文表彰	不超过 20%～25%	仅规定"教职工反响意见大、影响恶劣的",其他按标准据实评定

① 张清宇,苏君阳.校长教师交流轮岗实施方案中的问题与改进策略——基于 35 个区(县)校长教师交流轮岗方案的内容分析[J].教师教育研究,2017(6).

② 济南市教育局关于加强交流轮岗教师考核工作的指导意见[EB/OL].[2014-10-20]http://jnedu.jinan.gov.cn/art/2014/10/20/art_18910_758211.html.

从表 3-6 中可以看到,以上两地的交流轮岗教师考核办法中有共同的地方,也有较多不同的方面。共同之处在于:在评价主体上都强调了学生、同行、学校和教育行政部门等主体的外部评价,以及教师自我的内部评价;且考核结果作为年度考核、职称晋升、岗位晋级、评优评先等的重要依据。不同之处在于:在考核内容上,济南市仍然强调"德、能、勤、绩、廉"五个方面,而城固县在强调"工作态度、敬业精神和能力水平"的同时,也特别重视"示范带头作用发挥情况";在考核方法和标准上,济南市采用量化赋分的方式,并明确了赋分的指标权重,城固县则以质性描述的方式确定等级标准,同时也有量化的细化指标内容;在考核结果的使用上,城固县还特别强调了考核结果要作为交流轮岗奖励经费分配和绩效工资的直接依据。此外,在考核"优秀"等级的比例,以及"不合格"等级的确定依据上也存在差异。这两份交流轮岗教师考核办法让我们看到交流教师评价实践的复杂性,也引发我们去思考交流教师考核评价如何做才会更为科学合理。

也有区县虽然没有专门制定义务教育学校交流轮岗教师考核办法,但在其他相关管理办法中同样做出了较为具体详细的规定。例如,为了充分调动交流轮岗教师的积极主动性,确保教师交流轮岗工作的实效性,围绕交流轮岗教师的选派、任务、管理、考核、待遇等五个方面,安徽省黄山市的徽州区制定了《义务教育交流轮岗教师管理办法》。其中,在交流轮岗教师的考核上规定了三个方面:采取平时考核和年度考核相结合的方式,平时考核中学校要为交流轮岗教师建立管理档案;教育教学质量要作为考核的重要内容;实行教育局和学校两级考核,且考核纳入年度考核和职称岗位竞聘考核范围。无疑,这些规定对于如何有效开展交流教师的考核评价工作有着参考作用。

胡中锋教授指出,"有效的教师评价包含三个要素:适当的评价目的、健全的评价标准、合理的评价方法与策略。其中,评价目的是回答'为什么要评价'的问题,评价标准是回答'评价什么'的问题,评价方法和策略则是回答'怎样评价'的问题"。[①] 这"3W"问题,是教师评价(或者说是教育评价)中必须要回答好的三个基本问题。围绕这三个基本问题,基于当前交流教师评价的实际状况,我们尝试从以下五个具体方面来分析和探讨如何有效开展交流教师的考核评价实践。

(一)发挥评价对交流教师的激励引导功能

明确"为什么评价"是开展教师评价的首要前提。21 世纪以来,我国教师评价的功能或目的发生了根本性变化。教师评价不再仅仅是面向教师过去的工作表现和成效,以评价结果为管理手段对教师进行人事安排和奖惩,而是要着眼于

---

① 胡中锋.教育评价学[M].北京:中国人民大学出版社,2008:222.

未来促进教师的专业发展以及学校效能的提升。"从根本上讲,教师评价以人为对象,它的目的绝不只是约束、规范,更不是居高临下的控制和干预,而是以评价影响人、塑造人、发展人。"①因而在工作实践中,要利用"评价"这一手段来影响、塑造和发展教师,要借助"评价"这一杠杆来激发和调动教师的能动性和创造性。在一定程度上,奖惩性评价(或绩效性评价)和发展性评价之间的区别并不是本质的,而是由目的或期望用途的不同而派生的,并且随着一些新的教师评价模式的出现,这些区别正在变得模糊起来。② 在评价实践中,教师评价应当把绩效责任和专业发展更好地结合起来,要兼顾区分和改进的功能,发挥好评价的内在激励和价值引导的功能。

如何考核评价交流教师工作,在城乡教师交流轮岗制度实施中有着重要的导向作用。当前,交流教师考核评价与管理的目的主要聚焦在交流教师的评优评先、职称评聘、职务晋升、绩效奖励分配等外在的奖惩性功能上,对"促进专业发展"和"提升工作效能"等内在的发展性功能重视程度不够。在具体评价实践上更多受到关注的是教师"有没有参与交流"的工作经历,至于参与交流的过程和效果因缺乏严格细致的考评标准和运作机制显得较为乏力,致使考核评价在交流轮岗教师中的激励引导功能难以得到充分发挥。没有对交流教师进行业绩考评或者考评不当,都不会对交流教师产生恰当的激励效应,对城乡教师交流政策的有效实施也难以产生积极的引导作用。

为了更有效地发挥交流教师评价的导向性价值,在保证交流教师充分知晓和了解交流教师考核评价方案的基础上,一方面要让教师在参与交流前仔细对照考核评价指标体系的详细规定,明确自己交流期间要完成的工作任务和达成的预期目标到底有哪些,做到"心中有数"并及时进行自我筹划,树立合理的岗位责任意识和目标意识;另一方面应强化教师参与交流的过程和结果的动态管理,采用在交流轮岗期间的形成性评价和交流轮岗结束时的总结性评价相结合,同时对交流教师的综合表现进行评价赋值后"积分",积分的结果作为奖惩与管理的基本依据,避免"有交流无考评"和"干好干坏一个样"等形式化、表面化情形的发生。

(二)强调多元评价主体的多维度评价

评价主体的多元化,是 21 世纪以来我国教师评价发展中的一个基本态势。教师评价应该把教育行政管理部门的评价、学校领导的评价、同事的评价、学生的反馈、家长的意见,以及教师自我的评价等多个维度结合起来,构建多主体平

① 刘尧.教师评价功能:从奖惩走向发展[J].教育科学研究,2009(5).
② 陈玉琨.教育评价学[M].北京:人民教育出版社,1999:14.

等参与、协商对话的评价机制。在这些参与评价的主体中，教师和学生是其中最为直接的利益主体，在评价实践中应充分尊重他们的评价主体地位。对于具有自主发展意识的教师个体来说，更需要重视自我的内在评价而非外在评价。成功进行教师的自我评价，需要"明确评价标准，使评价标准对教师评价的目标和内容具有指引性作用"，让教师在自觉"对标"的过程中进行自查、自省和自我改进。教师同行之间的评价，对被评价教师来说更是能够通过评价获取一些有建设性价值的信息，对改进自己的教学实践和促进自身的专业发展大有裨益。学生作为教育实践活动中的能动主体，作为教师服务和教导的具体对象，他们的评价意见应该受到教师评价小组的重视，但考虑到学生的身心发展、知识经验和判断能力等因素的制约，所以学生在评价过程中要以客观描述为主，避免主观判断。①

　　基于以上教师评价的认识，在针对交流教师的考核评价过程中，应该由教育行政管理部门和交流学校共同组织实施，充分利用校长、教师、学生、家长等多个评价主体进行多维度的评价，做到自评与他评的有机结合，这样才会更加客观公正。交流教师自身的自我评价，可以让其在经验总结中不断反思和改进自己的教学工作，在岗位目标对照中不断"查缺补漏"来督促和提醒自己完成交流工作任务。作为他评的重要参与主体，不仅要充分肯定和强调交流学校的校领导、同事的监督与评价作用，也要站在学生的立场思考问题，看到作为教师交流轮岗实施的受惠主体的学生及其家长对交流教师"服务质量"的渴求，积极承认学生评价的主体地位，因为"学生关注的不是教师之间组织了几次课题研讨，也不是教师的优秀公开课获奖，更不关注教师是不是学科带头人或骨干教师，他们真正关注的只是教师对他们的关爱与信任以及他们成绩的提高"②。

　　当然，这些不同评价主体对交流教师在交流轮岗期间工作表现的评价关注点或侧重点有着明显差异，为此学校有必要为每个交流教师专门设立一个管理档案袋，系统收集来自交流学校学生、同事、领导和交流教师自身的各种信息资料，对交流教师工作进行持续跟踪、动态管理和合理评价。这里提及的"档案袋评价"，是当前教师评价中一种新出现的评价方法。这种方法"允许教师选择评价的资料，建立自己的教学和专业发展的档案袋，强调教师对评价信息的自主选择。档案袋没有标准形式，每个教师可以依据自己的目标和兴趣建立不同的档案袋。档案袋综合了教师工作的过程和结果，展现出教师工作的复杂性和变化

---

① 张钧，邵琳.基于我国教师评价制度演进的思考[J].东北师大学报(哲学社会科学版)，2017(5).

② 樊改霞，孙焕盟.学生：受惠主体还是政策服从者——基于城乡交流政策的分析[J].中小学教师培训，2015(5).

性,因而可以为教师评价提供丰富的信息"①。交流教师评价的档案袋,记录了交流教师在交流期间的工作过程、业绩和成长足迹,有利于交流期限结束后交流教师进行全面的自我反思和持续的实践探索,也有助于学校和教育行政管理部门更真实地看到和综合地分析交流教师的工作过程及其专业发展的状况。

（三）注重基础性标准和个性化指标的结合

当前,很多学校制定的教师评价标准都是统一的,试图"用一把尺子"来评价或衡量所有对象。这种统一的评判标准强调了教师评价的共性要求,却忽视了教师的个性差异,在评价实践中容易出现"千人一面""不切实际"的问题。事实上,不同教师个体之间存在着个别差异性,在每个教师个体发展的不同阶段中也存在着差异性,因而在教师评价中应当基于教师发展的根本目的,充分考虑到评价标准的层次性和差异性,倡导区分性评价和个体内差异评价,突出评价内容上的个性化。有学者指出,为了使评价标准更好地适应教师的个体差异,学校应当尊重教师的个性和创造性,发动教师在满足基本表现标准的基础上,自主提出个人的发展规划和评价标准。② 这样,教师评价既能保证共性标准的基本要求,也能确保个性指标的合理存在。

交流教师考核评价标准的制定,不仅会涉及"由谁来制定标准"的事情,更要关心"制定什么样的标准"的问题。首先,在保证评价标准制定过程广泛民主的基础上,要形成带有共性特征的基础性标准。在交流教师考核评价标准制定的过程中,"交流教师"这样一个重要的利益主体经常被遗忘或忽略,他们很少有机会参与其中协商讨论,处于"被"考核评价的位置。事实上,考核评价标准的制定应该由教育行政管理部门、交流学校和交流教师等多个主体共同协商、参与和制定统一标准,这样可以"避免来自不同学校的交流教师因采用不同学校的评价标准而对同样的工作做出各自不同的评价"③,也可以让参与交流的教师更加深入地理解考核评价工作。其次,要注意区分不同层次或性质的交流教师(如特级教师、骨干教师和普通教师等)岗位职责,制定有差异的个性化评价指标体系,而不是简单的"一刀切"。例如,安徽省黄山市徽州区制定的《义务教育交流轮岗教师管理办法》中,就对交流轮岗教师的任务作出规定:"区级以上名教师、学科带头人、骨干教师、教坛新星等学科骨干交流轮岗期间应主动参与并帮助交流学校开展教育教学科研工作,指导和帮扶中青年教师专业成长",就是针对高层次高水

① 周成海,靳涌韬.美国教师评价研究的三个主题[J].外国教育研究,2007(1).
② 赵德成.当前教师评价改革中的若干问题[J].中国教育学刊,2004(7).
③ 鲍传友,西胜男.城乡教师交流的政策问题及其改进——以北京市 M 县为例[J].教育研究,2010(1).

平教师参与交流轮岗的特定要求。这种"区分"就是要看到不同交流教师个体"差异"的存在,尤其是处于职业生涯发展不同阶段的教师特点。以岗位职责为基本依据,着重从师德表现、工作绩效和能力水平等维度综合考察岗位胜任力,"充分反映交流教师的工作特点、工作负荷和工作价值,以便更好地发挥评价的激励和引导功能"①。这种分层次、有差异的交流教师评价,使得每一类型的教师都可以清晰地看到自己的真实现状,既能看到不足又不会失去信心和希望。

(四)重视交流教师"交流成效"的积极评价

通常,教师评价主要从德、能、勤、绩等方面进行等级区分,以加强学校对教师的管理。也有学者从素质教育的要求出发,构建了促进教师发展的评价指标体系,包括素质评价指标(反映教师的基本素质)、职责评价指标(反映教师的工作状况)和绩效评价指标(反映教师的工作成效)。② 就针对交流教师的评价而言,在内容上应包括作为学校教师的一般性评价,也应包括教师参与"交流"后出现的增值性评价,以实现共性评价和差异评价的结合;既要看交流教师在工作过程中"实际做了些什么事情",也要看在工作结果上"取得了哪些成效",以强调过程性评价和结果性评价的统一。具体来说,对交流教师评价的内容主要包括三大方面:一是对交流教师的基本素质或胜任力的评价,包括师德行为、专业知能和身心素质;二是对交流教师的工作过程或行为的评价,包括日常教学开展情况、教科研活动、教学工作量、辐射带动行为等方面;三是对交流教师的工作效果或绩效的评价,主要涉及课堂教学和德育效果、学生发展,以及辐射带动流入校教师发展的成效。以上这些构成了交流教师评价内容的结构体系。

我们都知道,城乡教师交流轮岗的重点和难点都在于推动城镇优秀(或骨干)教师向乡村学校流动。但调查结果表明,对城镇交流教师工作的考评内容仍然主要是日常教学的任务承担和完成效果情况,并未充分展现其专业的引领、辐射和带动作用。这就使得交流教师和学校一般教师在考核评价上没有表现出明显的差异性,评价内容也自然缺乏科学性和针对性。由于城乡教师交流轮岗的"双向性"特点,既有从城镇(或优质)学校到乡村(或薄弱)学校的支援式交流,也有从乡村(或薄弱)学校到城镇(或优质)学校的上挂式交流。无论哪种方式的教师交流,都会在交流中促进乡村(或薄弱)学校的教师发展和教学质量提升。因此,对于城乡教师交流制度实施的有效性而言,交流教师在交流学校的行为表现是否出现了"增值"或者具有"交流成效",即在交流期间参与支援式交流的教师

---

① 鲍传友,西胜男.城乡教师交流的政策问题及其改进——以北京市 M 县为例[J].教育研究,2010(1).

② 刘尧.教师评价功能:从奖惩走向发展[J].教育科学研究,2009(5).

有没有对流入学校教师产生辐射带动作用,参与上挂式交流的教师有没有反思和改进自己的教育教学与育人行为,显然是交流教师评价在内容上应予以关注的重点所在,从而也能发挥考核评价在城乡教师交流制度实施中的导向性功能。

基于此,在对交流教师评价内容的指向上,要突出地强调交流教师"交流成效"的积极评价,其价值在于能够"保证教师交流制度的实效性,避免交流成为走过场、名无实的形式主义制度",以及能够"对交流教师在交流学校的辐射带动行为和学习行为有必要的指导、管理和促进作用"①。在这里要区别对待城镇和农村交流教师考评的不同侧重点,其中城镇交流教师的考评应"以受援学校教师的教学和学生的学习改善状况为主要依据",而农村交流教师则应"以教师的学习状况和返回原校后的教学状况为依据"②。这种考核评价的区别性对待,始终都是以促进农村学校教师发展与提升农村学校教育教学质量为旨归的。

(五)实行年度考核和交流轮岗期满考核的双重管理

采用什么方法进行评价,以及如何运用评价的结果进行教师管理,也是有效教师评价应考虑的基本内容。从教师评价制度来看,奖惩性评价制度和发展性评价制度各有相应的服务功能,"但在实践中,指向诊断与改进的教师评价实际上停留在'倡导'的状态,实际运行的教师评价普遍是指向教师的分级('评职称')和薪酬('绩效工资')"③。不过我们需要明确,奖惩只是评价者实施评价的一个管理手段,实践中不能"为了奖惩而评价",简单用手段替代目的。不过,"没有绩效评价为基础,发展性教师评价就是无根的浮萍"④。为了摆脱教师评价中的这种困境,在现实中非常有必要在"奖惩"和"发展"两种看似矛盾的评价功能之间寻求到一个稳妥的契合点,利用奖惩评价机制中积极的激励因素来调动教师发展的积极性,让教师也感受到一种生存的危机感和压力。比如在评价理念的设计上,要强调对全体教师的标准化管理,更要基于不同教师的年度或岗位责任目标,进行有针对性的、有区分的目标导向管理,有意识地将学校组织的发展目标和教师个人的专业发展目标结合起来。在教师评价的方式上,努力做到量化评价和质性评价的结合,将学校领导或管理者的评价、同行评价、教师自我评价、学生评价等多种方式结合在一起,力求形成一个更加客观、公正、有效的评价结果。在评价的过程中,可以适当加强不同主体之间,尤其是学校管理者与被评

①　王亮.义务教育交流教师评价机制问题与对策思考——以北京市为例[D].北京:首都师范大学,2013:43.

②　贾建国.城乡教师交流制度的问题及其改进[J].教育发展研究,2008(20).

③　陈华.教师评价制度与师德规范的人性假设冲突[J].湖南师范大学教育科学学报,2014(6).

④　张俊友.客观对待教师绩效评价和发展性教师评价[J].教育学报,2007(1).

价的教师之间的积极沟通和充分对话,让教师对评价结果本身能够更好地接受。而在教师评价结果的运用上,依然应当侧重"经济人"的人性假设,将教师的工作绩效水平与教师的人事安排、职称职务、薪酬待遇等直接利益紧密挂钩,适度引入竞争机制是能够调动教师的能动性和激活教师的危机感。

交流教师考核评价的组织实施,应加强教育行政部门与交流学校之间的有效衔接和协同管理,从而让交流教师的考核评价落到实处,让交流教师在"县管校聘"中实现从"单位人"到"系统人"的身份转变,找到自身的存在感和归属感。首先,由区县教育行政部门统一制订《义务教育学校教师交流轮岗工作的考核评价实施办法》,各交流学校负责组织交流教师的年度考核工作,并自主制订具体明确、可量化的交流教师考核评价指标体系。一般来说,交流教师的年度考核可依据交流教师的师德表现、工作态度、完成教学工作量、开展公开课或示范课、组织或参与教学研究活动、结对指导青年教师成长,以及工作质量或效果等方面展开评价。年度考核结果作为交流教师在交流学校中奖励性绩效工资分配的基本依据,以及交流轮岗期满考核的重要参照系。其次,在交流轮岗期满时交流教师的聘期考核评价应由教育行政管理部门负责实施,主要对照不同类别交流教师签订的岗位目标协议来测评目标达成情况,可以采取召开交流学校的领导、教师和学生座谈会,查阅交流期间的业绩成果材料,听取交流教师的自我评价报告,参照交流学校的年度考核鉴定意见等多种方式进行综合考评。同时教育行政管理部门应严格执行考评要求,交流轮岗期满的考评结果作为教师今后参加评优评先、职称评审、职务晋升、岗位聘任等工作的重要依据,也作为给不同考评等级的交流教师予以相应奖励的直接依据。

第四章 "县管校聘"管理改革与
交流教师的身份定位

对于义务教育学校教师交流轮岗制度的实施,其重点早已不是讨论"要不要"的问题,而是要探讨"如何做得更好"的问题。而如何回答和实践这个问题,"县管校聘"管理改革作为一剂良方,也逐渐从学者研究提出的某些对策建议,进入到政策制度的内容体系以及试点改革的实践探索之中。从教师交流政策脉络的梳理中清晰地看到,"县管校聘"管理改革的政策规定是在 2014 年教育部等部门联合发布的《关于推进县(区)域内义务教育学校校长教师交流轮岗的意见》中最先明确提出的。2015 年国务院办公厅印发了《乡村教师支持计划(2015—2020 年)》,其中明确要求推动城镇优秀教师向乡村学校流动,全面推进义务教育教师队伍"县管校聘"管理体制改革,为组织城市教师到乡村学校任教提供制度保障。在 2016 年国务院颁发的《关于统筹推进县域内城乡义务教育一体化改革发展的若干意见》,以及 2018 年中共中央国务院发布的《关于全面深化新时代教师队伍建设改革的意见》中,也都提到要实行教师"县管校聘"改革。2020 年 2月,中共中央国务院发布了《关于抓好"三农"领域重点工作确保如期实现全面小康的意见》,明确强调要"加强乡村教师队伍建设,全面推行义务教育阶段教师'县管校聘',有计划安排县城学校教师到乡村支教"[①]。2021 年 2月,中共中央办公厅、国务院办公厅印发《关于加快推进乡村人才振兴的意见》中再次将"推进义务教育阶段教师'县管校聘'"作为政府的重要工作。综上,提高农村教育质量,全面推进"县管校聘"改革在国家政策层面已经成为一个备受重视的改革议题。

作为全国统筹城乡教育综合改革试验区的四川成都市,在 2012 年就曾出台

---

① 中共中央国务院关于抓好"三农"领域重点工作确保如期实现全面小康的意见[EB/OL].[2020-02-05] http://cpc.people.com.cn/n1/2020/0205/c431391-31572967.html.

了《关于推进教师"县管校聘"工作的意见》,并开始推行了"县管校聘"。成都市也成为探索"县管校聘"教师管理体制改革的成功范例。① 当然在"县管校聘"管理体制改革的推进过程中,教育部于 2015 年首批设立 19 个(其中东部地区有 9 个、中部地区有 5 个、西部地区有 5 个,共涉及 15 个省区市)、2017 年再次设立了 30 个(其中东部地区有 11 个、中部地区有 12 个、西部地区有 7 个,共涉及 22 个省份)义务教育教师队伍"县管校聘"管理改革示范区,并计划在 2020 年全国范围内推广实施。但在这几年的政策实践中我们可以清醒地看到,对"县管校聘"管理体制改革的实施存在着各种不同的声音,有积极的支持者、冷漠的旁观者,更有消极的抵制者。任何一项新政策或制度的推行,都会出现不同程度的接纳和认同,甚至激烈的反对意见。作为政策执行者的教师如果不能充分地认识到政策将给自己带来的实际影响,也就很难在内心和思想上做出符合政策预期的行动。"县管校聘"管理改革同样也不例外。为此,我们需要进一步厘清"县管校聘"管理改革的政策意义,并对"县管校聘"的实施方案及其存在问题进行深入的理性反思,在制度上为城乡教师交流轮岗的常态化实施提供可靠保障。

一、"县管校聘"管理改革实施的政策意义

简单地说,所谓"县管校聘"就是县级教育行政部门会同有关部门统一管理教师人事关系和聘任交流,实行教师"无校籍管理",使教师由"学校人"变为"系统人",这在根本上涉及教师的身份归属、编制、岗位、聘用等一系列的人事管理体制问题。作为国家层面的政策举措,"县管校聘"管理改革实施在一定程度上破解了教师流动难、管理难和教师资源配置难的现实困局,其政策意义主要体现为三个方面:一是切实推进城乡教师交流轮岗,突破单位管理的长期束缚;二是统筹使用县域范围内的有限教师资源,实现存量的盘活与优化配置;三是打破教师稳定的"铁饭碗",激活教师队伍的内在激情与巨大活力。

(一)破除教师交流轮岗实施的管理体制障碍

当前,全国各地采取定期交流、跨校竞聘、学区一体化管理、学校联盟、对口支援、教师走教等多种方式有力地推动了城乡教师的合理有序流动,但在交流轮岗政策的制度化、常态化推进过程中也仍然存在一些重要难题亟须解决,尤其是怎样突破以往教师管理体制机制带来的政策壁垒,或者说如何理顺教师编制、岗位与聘任之间相互缠绕的内在关系,让教师能够顺畅地实现从"单位人"(或"学校人")到"系统人"的身份转变。在以往的教师人事管理体制下,绝大多数教师

---

① 曾志."县管校聘"理论与实践研究——以成都为例[D].成都:四川师范大学,2016:27.

一辈子都是在某所学校工作,教师在哪所学校工作,就是哪所学校的人。作为"单位人",教师的编制和岗位都是以所在学校为"单位"进行管理的,一旦交流轮岗到其他学校,必然涉及编制、岗位以及日常管理等各种实际问题,因为"定岗定编之后,各单位的编制数量、岗位等级结构都是相对固定的"①。在"人走关系动"的刚性流动情况下,就会出现交流教师的人事编制在原来学校,而岗位使用却在交流学校,教师的编制与岗位之间存在着不一致的问题;同时在进修培训的机会、工作和生活环境、工资福利待遇等方面也存在着较为明显的差距。对于交流轮岗过程中涉及的教师本人、学校和教育行政部门等利益攸关方来说,都会因变动付出高昂的个人成本和行政管理成本,而这些成本代价也就构成了城乡教师交流轮岗实施的管理体制障碍。②

从人力资本理论来说,教师交流轮岗实质上就是教师人力资源的存量调整和重新配置。交流轮岗遭遇的体制性障碍,"其破解之策就在于将教师人事档案、编制管理的权限和归属剥离出学校,提升到县级教育行政部门"③。这就需要打破以往"单位管理"的藩篱,在制度层面上进行重构,即在县域范围内由教育行政部门负责教师人事关系、编制的统一管理,实行"无校籍管理",创新中小学教师管理体制机制。由此,教师交流轮岗政策实践中的困境催生了"县管校聘"管理改革的制度创新,成为当前教师人事管理体制改革的一个重大内容。早在1996 年《关于"九五"期间加强中小学教师队伍建设的意见》中就曾提出,"要打破在教师使用方面的单位所有制和地区所有制"的初步思想。2014 年教育部等部门联合颁布的《交流轮岗意见》中更是明确指出,要加强县域内义务教育教师的统筹管理,全面推进"县管校聘"管理改革,打破教师交流轮岗的管理体制障碍。此后一段时间里,我国党和政府的重要政策文件中都普遍强调要全面推进"县管校聘"管理改革。因此,新时期借力于"县管校聘"管理体制改革的实施,城乡教师交流轮岗过程中遭遇的制度困境将会得到有效疏通甚至彻底破除。

(二)统筹使用县域内的教师资源

由于受到我国城乡二元结构的深远影响,教师资源的校际壁垒、乡村教师队伍的结构性失衡等问题一直制约着义务教育的优质均衡和公平发展。"城市学校尤其是名校犹如一块块'磁铁'吸引了大部分优秀教师或骨干教师,农村学校、

① 郝保伟.促进教育均衡发展的中小学教师流动研究[M].北京:知识产权出版社,2015:115.

② 陈国华."县管校聘"教师管理体制变革研究(博士后研究工作报告)[D].北京:北京师范大学,2016:37.

③ 郝保伟."县管校聘"的制度安排与制度保障[J].中国教师,2015(8).

薄弱学校既'派不进'也'留不住'优秀教师或骨干教师"①。城镇化进程中,人口流动给城乡基础教育发展带来新的挑战和冲击,"城乡挤""农村弱"的问题依然突出和严重,学校规模、班额大小和生源构成等因素的新变化,亦引发教师资源出现新的不均衡矛盾。这些现实问题的解决,在基本思路上需要确立从城乡二元对立向一体化发展的方向转变,在管理体制机制上需要突破以往"校管校用"的制度约束,加强县域内教师资源的统筹使用管理。

其实,县域内教师资源的总量是相对固定和有限的,关键在于如何统筹盘活和优化配置。在"校管校用"的制度支配下,强校与弱校、城市学校与农村学校之间的教师资源差距明显,区域内不同学校的教师在待遇收入、职称职务晋升等利益诉求,以及教师个人专业发展的机会等方面有着较大的差异。受到资源集聚效应和学校本位主义的影响,"校管校用"管理体制下的教师资源难以得到合理的均衡配置,在整体上是不利于义务教育均衡发展的。同时,由于学校规模大小的不同,一些农村小规模学校的师资整体不足或结构性缺编问题较为普遍,但一些城镇较大规模学校却存在着师资的超编或富余现象,这在根本上也是受制于教师资源不能很好地得到统筹使用。在 2016 年国务院颁发的《关于统筹推进县域内城乡义务教育一体化改革发展的若干意见》提出,"全面推进教师'县管校聘'改革,按照教师职业特点和岗位要求,完善教师招聘机制,统筹调配编内教师资源,着力解决乡村教师结构性缺员和城镇师资不足问题"②。作为义务教育教师管理体制机制改革的重大举措,"县管校聘"的实质就是"由县级教育行政部门对县域内教师编制、人事进行统一管理,实现教师在城乡间、校际间均衡配置"③,改变传统"按校定编"的编制管理办法,打破教师"学校所有制"的人事管理方式,由县教育局统筹管理,实现区域内教师资源的共享,从根本上解决农村教师结构性缺编,城镇教师"有岗无编"等问题,以推进县域内城乡义务教育一体化改革发展。可见,教师从"校管"到"县管"的转变,有效盘活了县域内的所有教师资源,也充分体现了教师管理体制上的理念变化和制度创新。

(三)激发教师队伍的内在活力

相对来说,教师职业是一份相对稳定的职业,成为一名教师就意味着有了终身受用的"铁饭碗",这是长期以来人们普遍形成的基本共识,也是很多人起初愿意选择从教的重要理由之一。所以,"铁饭碗"的观念存在严重影响了教师参与

---

① 李江源,张艳.县管校聘:成都市教师管理制度实践探索[J].教育与教学研究,2015(10).

② 国务院.关于统筹推进县域内城乡义务教育一体化改革发展的若干意见[EB/OL].[2016-07-11]http://www.gov.cn/zhengce/content/2016-07/11/content_5090298.htm.

③ 候洁,李睿,张茂聪."县管校聘"政策的实施困境及其破解之道[J].中小学管理,2017(10).

交流的热情和积极性,阻碍了教师交流轮岗制度的顺利推进。有人指出,"计划经济体制下沉淀的教师职业稳定的心理认知使很多教师形成了对'铁饭碗'的依赖心理,因此在正式制度层面,虽然国家鼓励流动,为教师发展创造了更广阔的空间,但若不能消除在计划经济时期所形成的稳定为先的心理惯性,城乡中小学教师的大范围流动并不可能"①。所以,只有破除教师稳定为先的心理惯性,消除教师对"铁饭碗"的依赖心理,"流动"才可能成为教师必须接受的生活现实,进而将"流动"当作生活的一种常态。当然,"动"起来才能让教师"活"起来,这个问题已有很好的理论解释。例如,美国学者卡兹(Katz)的组织寿命学说就从保持组织活力的角度论证了人才流动的必要性;库克(Kuck)则在他的库克曲线中强调了人才流动对更好发挥个人创造力的重要价值;马斯洛的需要层次理论也看到了个人对成就感、荣誉感的渴求和向往。②

由于受到计划经济体制和事业单位人事管理的影响,在我国《教师聘任制度》实施的过程中,教师与学校之间聘用合同关系存在着较为严重的形式化倾向,"能进能出、能上能下"的竞争机制没有根本形成,教师工作的内在动力和热情受到了较大限制,教师职业的"铁饭碗"状态并没有真正被打破。为此要激活教师的内在活力,教师管理体制改革应实现从"铁饭碗"变为以能力和业绩为导向,建立竞聘上岗的退出机制。通过"县管校聘"管理改革,"教师开始从内心认可和接纳了靠竞争上岗的方式,有效打破了教师'铁岗位'意识,在思想和行动上改变了教职工不思进取、安于现状的状况"③。四川成都市的邛崃经验就是改革的一个很好例证。

应该明确的是,打破教师的"铁饭碗",实行"岗聘"的目的并不是让教师"没有饭吃",而是要让教师能够"用心起来""担当起来",消除工作实践中的麻木感、倦怠感和无意义感。而在长期的单位管理模式下,教师始终有着强烈的依赖感和稳定感。这种"单位情结"的持续存在直接影响着教师对流动的态度倾向,阻碍了学校对教师自主的契约化管理。"县管校聘"管理体制改革的实施,不仅要坚持"以县为主"的管理体制,还要赋予学校更大的用人自主权,以签订聘用合同的方式来明确每个教师岗位的职责和任务,以岗位聘任的形式来激活教师的忧患意识和竞争意识、打破教师固有的"终身制"观念,让"聘任"不再是一句简单的口号,真正推动教师队伍的契约化管理和激发教师队伍的内在活力。

① 陈坚,陈阳.我国城乡教师流动失衡的制度分析[J].教育发展研究,2008(3—4).
② 李森,杨正强.关于教师流动的理性认识与管理策略[J].宁波大学学报(教育科学版),2008(2).
③ 刘梦露."县管校聘"机制创新——邛崃经验管窥[J].教育科学论坛,2018(2).

二、省域层面"县管校聘"实施方案的内容分析①

任何一项公共政策的研究,不仅可以指向政策的制定、实施、评价等一系列动态发展过程的研究,也可以聚焦于静态层面上政策文本的内容分析。政策文本,是指用于阐述政策内容、政策行动,描述政策分析过程的各种文字材料。②政策文本是我们认识和理解政策的基本载体,也是政策执行的重要依据,当然也是政策分析的基本出发点和真实凭证。所以,从政策文本内容分析的角度,来整体认识"县管校聘"这一新的制度安排是很有必要的。

我们发现,当前"县管校聘"管理改革在顶层设计上国家尚未明确出台专门性的具体指导意见,仅在 2014 年教育部等部门联合颁布的《交流轮岗意见》中有一些总体性的内容规定:"县级教育行政部门会同有关部门制定本县(区)域内教师岗位结构比例标准、公开招聘和聘用管理办法、培养培训计划、业绩考核和工资待遇方案,规范人事档案管理和退休管理服务。学校依法与教师签订聘用合同,负责教师的使用和日常管理。教师交流轮岗经历纳入其人事档案管理。"③这个原则性规定,大致明确了"县级教育行政部门"和"学校"两个管理主体各自的基本职责和权限范围。而在此后的政策执行过程中,安徽、浙江、福建、山东和广东五个省份主要以《国务院关于加强教师队伍建设的意见》(2012 年)、《国务院关于统筹推进县域内城乡义务教育一体化改革发展的若干意见》(2016 年)、《关于推进县(区)域内义务教育学校校长教师交流轮岗的意见》(2014 年)、《乡村教师支持计划(2015—2020 年)》(2015 年)等文件作为政策基础和制定依据,陆续出台了《关于推进中小学教师"县管校聘"管理改革的指导意见》(以下简称《"县管校聘"的指导意见》)。这些《"县管校聘"的指导意见》是政策执行落实的纲本,为五省份的各县(区)实质性推进"县管校聘"的管理改革实践提供了指南和方向。因此,关注与分析各地"县管校聘"实施方案的内容构成对于政策的有效实施有着重要的意义。

作为公共政策分析的一种重要方法,内容分析法就是指基于系统的定量或定性方法分析文献内容,目的在于判断与透析文献中有关主题的实质内容及其

① 本部分内容参阅:李茂森."县管校聘"实施方案研究与再思考——基于浙、皖、粤、鲁、闽等 5 省"县管校聘"改革实施意见的内容分析[J].教育发展研究,2019(2).

② 威廉·N.邓恩.公共政策分析导论(第二版)[M].谢明等译.北京:中国人民大学出版社,2002:19-21.

③ 教育部 财政部 人力资源和社会保障部.关于推进县(区)域内义务教育学校校长教师交流轮岗的意见[EB/OL].[2014-08-15] http://www.moe.gov.cn/srcsite/A10/s7151/201408/t20140815_174493.html.

关联的发展趋势。① 对以上五个省份《"县管校聘"的指导意见》中提出的若干管理改革内容进行文本分析,着力探究"县管校聘"改革的具体措施到底包括哪些内容? 又是如何被分解和具体化的? 以下从五个省份"县管校聘"实施方案中涉及的主要内容入手,具体包括教师编制、岗位、聘用、考核、退出、权益保障等六个方面。

(一)完善教师编制管理

在我国,编制是教师身份的一个重要标志,是作为"体制内的人"或者"公家人"的重要保证,也是教师依法获取工资、福利待遇、社会保险等权益的基本保障。长期以来,我国中小学教职工编制政策"存在着编制标准整体偏紧且偏向城市、城乡倒挂倾向,编制管理制度也不完善、不健全,因而造成近年来我国中小学教师尤其是农村教师大量减少以致严重不足"②。这些问题的长期存在,导致"向城性"的单向教师流动影响了我国义务教育教师队伍的稳定与建设发展,严重制约了义务教育的优质均衡发展。依据城乡发展一体化和基本公共服务均等化的精神,2014 年中央编办、教育部、财政部联合发布《关于统一城乡中小学教职工编制标准的通知》,结束了我国"城乡倒挂"教师编制标准的不合理倾向,实行城乡统一的编制标准,"将县镇、农村中小学教职工编制标准统一到城市标准,即高中教职工与学生比为 1∶12.5、初中为 1∶13.5、小学为 1∶19"③。科学合理的教师编制标准和编制管理形式的创新,是进行教师资源均衡配置的重要手段,是推进城乡教师交流轮岗制度实施的有力杠杆,从根本上有助于区域内教育公平的实现和教育质量的整体提升。

中小学教师编制管理是"县管校聘"管理体制改革中的重要内容之一。在五省的改革方案中,教师编制管理都强调要统一城乡中小学教职工编制标准,明确坚持遵从"总量控制、动态管理"的基本原则,主要内容涉及编制核算和分配的依据,以及核编的时间和方式等方面。从表 4-1 中可以看到,班额、生源、学校规模、师资结构、教学改革需要等因素都是各县(区)编制核算和分配的基本依据,以确保教师编制及时的动态调整;同时都强调了县级机构编制部门、教育行政部门和财政部门之间的协同管理。针对学生规模较小的学校(含村小、教学点)的编制核定,浙江、山东和广东都提出采取"生师比"和"班师比"相结合的方式,而安徽和福建在文本中并没有明确提及。至于核编的具体时间问题,各个省份都

① 李钢,蓝石.公共政策内容分析方法:理论与应用[M].重庆:重庆大学出版社,2007:4.
② 韩小雨,庞丽娟等.中小学教师编制标准和编制管理制度研究——基于全国及部分省区现行相关政策的分析[J].教育发展研究,2010(8).
③ 中央编办、教育部、财政部.关于统一城乡中小学教职工编制标准的通知.[2014-12-09]http://www.moe.gov.cn/s78/A10/tongzhi/201412/t20141209_181014.html.

有着自己的不同做法:比如浙江每两年核定一次、广东每年核定一次,安徽、福建和山东仅仅笼统地模糊表述为"动态""适时"或"定期"。

在编制管理的创新性实践探索中,浙江提出各地要逐步压缩,直至取消非教学人员(一般性的教辅岗位和工勤岗位)的编制,把腾空出来的编制用于增加教师编制上,以便更好地加强教师队伍建设。安徽则在省域层面上提出"建立省中小学教职工编制周转池制度,采用区域统筹、保障急需、用后返还、动态流转的管理办法,用于保障临时急需和阶段性用编需求",这有助于根据不同学校的实际需要,进行灵活动态的教师编制管理,实现编制总量控制下盘活闲置的编制,提高编制的实际使用效益。因此,各地在教师编制管理方式上的创新,能够极大地缓解甚至破解农村教师编制使用紧张的困境,在整体上实现教师编制的优化配置。

表 4-1 "县管校聘"中完善教师编制管理的规定

| 省份 | 编制核算或分配的依据 | | | | 核编的时间 | 对学生规模较小学校的核编方式("生师比"和"班师比"结合) | 创新性的编制管理做法 |
	班额生源	学校规模	师资结构	教学改革需要			
浙	√	√			1次/2年	√	逐步压缩,直至取消非教学人员编制
皖	√				动态		建立中小学教师编制周转池制度
闽	√	√		√	适时		
鲁	√		√	√	定期	√	
粤	√	√	√		1次/1年	√	

(二)改进教师岗位管理

岗位设置是否合理,以及能否统筹使用,是推进教师"竞争上岗"、激发教师内在活力的必要前提。岗位的设置要与相应岗级的职责相匹配,避免出现同工不同酬的问题,这为教师的绩效考核提供了可靠依据。岗级越高,责任也就越重。在不同岗位的职责要求上,有学者建议"我国应该强化高级岗位的教学管理、教学研究、指导教学方面的职责,鼓励高级别教师参与学校的日常管理和重大事件的决策,同时还应要求他们继续留在教学一线,承担一定的教育教学任务;强调中低级岗位的教育教学职责,激励他们不断提高自身的专业素养和业务水平,并鼓励他们参与以促进教学为目的的科研活动"[1]。就中小学的岗位结构

---

[1] 蔡永红,盛铭等.从英国中小学教师岗位管理制度看我国教师岗位管理改革[J].比较教育研究,2012(6).

而言,主要包括管理岗位、专业技术岗位和工勤技能岗位三种类别;而岗位管理则涉及县级人力资源社会保障部门和教育行政部门之间的相互协同。

从五省的方案文本来看,浙江、安徽、福建和广东四省都明确规定要依据专技岗位结构比例控制标准和学校编制总量来分级设岗,并实行总量控制。在如何进行岗位设置动态调整时,浙江、福建和山东都提到要根据学校编制变化情况来调整,广东突出强调了要"结合校长教师交流轮岗情况"进行动态调整,而安徽则规定了动态调整的周期(原则上以学年度为据),并强调要"打破岗位资源校际壁垒,实行集中管理,统筹使用"。山东、福建和广东三省规定在分配中、高级专技岗位时应向农村学校、偏远地区学校和薄弱学校倾斜,其中山东具体指出"可在规定的比例上限内上浮1%~2%";浙江和福建则强调"应预留一定量的新增中、高级专技岗位用于评聘交流教师",以加强教师资源的统筹使用。此外,安徽提出在县域内"建立各类中小学教师分布和岗位职数使用情况台账"的做法,以实现职称评审和岗位聘任的有机结合;福建规定"农村任教累计满25年且仍在农村的教师,可直接聘任已具备的相应岗位等级,且不占已核准的岗位数";山东则提出为"取消行政级别的学校"合理确定管理岗位等级,以推动校长职级制管理改革。具体情况如表4-2所示。

表4-2 "县管校聘"中改进教师岗位管理的规定

省份	分别核定各级岗位设置、实行总量控制	岗位设置动态调整		中、高级岗位的分配与统筹		其他特别规定
		根据学校编制变化	其他规定	向农村和薄弱学校倾斜	适当预留用于交流教师评聘	
浙	√	√			√	
皖	√(采取区分学段、打包核定的办法)		√(原则上以学年度为周期)			建立各类中小学教师分布和岗位职数使用情况台账
闽	√	√		√	√	农村任教累计满25年且仍在农村的教师,可直接聘任相应岗位等级(不占岗)
鲁		√		√(可在规定的比例上限内上浮1%~2%)		取消行政级别的学校,合理确定管理岗位等级
粤	√		√(结合校长教师交流轮岗)	√(适当增加)		

（三）创新教师聘用管理

在中小学教师的聘用管理上，五省的改革方案中都坚定地指出要完善中小学校按岗聘用制度，落实学校用人自主权，实行聘用合同管理；同时强调由学校自主设定岗聘方案、依法依规做好聘用合同的签订与履行。在表4-3中看到，五省方案都强调要建立能上能下、能进能出的竞争性用人机制，但仅有浙江和福建两省详细规定了"竞聘上岗和组织统筹调剂相结合"的师资配置模式，且对待岗培训（没有竞聘上岗且不服从组织统筹调剂安排）教师的待岗时间和工资待遇情况做出了具体规定。其中，两个省份都规定在原学校待岗培训，时间不超过12个月，且都不享受奖励性绩效工资。至于在待岗培训期内的教师工资待遇问题，福建规定只发放基本工资和基础性绩效工资，浙江则规定只发放基本工资和基础性绩效工资的50％。同时浙江、安徽和福建也明确指出了在原聘用学校续聘的四种特殊情形，包括接近退休年龄、组织选派参加支教、处于孕期和哺乳期，以及患有重大疾病的教师。至于"竞聘上岗"的形式，浙江采取"学校内竞聘"和"县域内竞聘"两轮竞聘，福建则采取"校内竞聘""片区竞聘"和"跨片区竞聘"三种形式。

表 4-3 "县管校聘"中教师聘用管理的规定

省份	采取聘用合同管理	师资配置模式	竞聘上岗的形式	待岗培训的教师			在原学校续聘的教师				专门机构统筹管理工作	统一使用临聘教师
				地点	时间	待遇	A	B	C	D		
浙	√	多轮竞聘上岗和组织统筹调剂相结合	学校内竞聘、县域内竞聘	原工作学校	不超过12个月	基本工资、基础性绩效工资50％	√（未明确）	√	√	√		
皖	√						√（3年内）	√	√	√	√	
闽	√	多种形式竞争上岗和组织统筹调剂相结合	校内竞聘、片区竞聘、跨片区竞聘	原工作学校	不超过12个月	基本工资、基础性绩效工资	√（5年内）	√	√	√		√
鲁	√										√	
粤	√											√

说明：在原学校续聘的教师有四种情形，A. 接近退休年龄的教师；B. 组织选派参加支教的教师；C. 处于孕期和哺乳期的教师；D. 患有重大疾病的教师。

在临聘教师的使用管理上，福建采取聘用编外合同教师的办法解决师资紧缺的问题，广东则强调由县级教育行政部门统一招聘和统筹调配临聘教师，学校应与临聘教师签订劳动合同,且严禁中小学校自行招聘临聘教师;在工资待遇上,也都确保临聘教师和在编教师的"同工同酬"。这种教师聘用上的改革尝试,是政府购买公共服务的一种体现,也使这部分临聘教师更容易确立"系统人"的身份,"编外教师无论对学校还是岗位是没有挑选权利的,教育行政部门安排到哪所学校、学校安排教哪门学科,编外教师就得服从安排,这对促进教师跨学校、跨城乡流动是有利的"①。此外,安徽、山东鼓励探索统一管理的基本途径,统筹负责教职工人事档案的集中管理、教师资格定期注册以及有关服务工作。

(四)加强教师考核管理

科学合理的教师考核评价是"县管校聘"管理改革实施过程中的一项重要内容,它直接关乎教师合法权益的保障问题,影响到以竞聘上岗为核心的教师退出机制的实施。对聘用教师的考核管理,不仅涉及如何考核评价的主体、内容、标准或方法问题,而且也要强化考核结果的激励效应。

如表 4-4 所示,在聘期考核的评价机制上,浙江、福建、山东和广东都提出"以岗位职责为依据,以师德、能力、业绩、贡献为核心,建立学校、教师、学生、家长和社会多方参与的教师考核评价机制",仅有浙江和广东强调要"制定不同工作岗位的分类考核指标和考核办法"。在考核评价的原则上,浙江、福建、安徽、广东都明确提到要"坚持公开、公平、公正的原则"。在考核评价的内容上,浙江、福建和广东都坚持以岗位目标管理为导向,突出强调了"师德表现、工作业绩和能力水平与岗位要求的匹配度";但具体指标的规定上稍有不同,如浙江和广东强调要实行师德考核的"一票否决制",福建则强化课时量在指标体系中所占的权重。在聘期考核评价结果的使用上,五省都强调考核结果要"作为评优评先、职称评聘、工资分配以及续订聘用合同等管理工作的重要依据",一些省份特别规定了对聘期考核"优秀"和"不合格"教师如何进行管理使用的情形,落实考核评价"奖优罚劣"的目标导向,其中针对考核"优秀"的教师,浙江和福建规定"允许越级竞聘";对于考核"不合格"的教师,浙江、安徽、福建和山东四省则都提出了"低聘或转聘"的明确要求,浙江和福建亦规定"当年暂缓教师资格定期注册、且不得评优评先"。可见,考核结果的使用直接影响着教师的各项利益诉求满足,甚至是决定着教师去留的重大问题。

---

① 邬志辉,陈昌盛.我国义务教育阶段教师编制供求矛盾及改革思路[J].教育研究,2018(8).

表 4-4 "县管校聘"中教师考核管理的规定

省份	多方参与的教师考核评价机制	不同岗位的分类考核指标和考核办法	考核内容		考核优秀的教师可越级竞聘	考核不合格的教师	
			突出师德、业绩和能力与岗位要求的匹配度	关键指标		暂缓教师资格注册	低聘或转聘
浙	√	√	√	师德"一票否决制"	√	√	√
皖				师德"一票否决制"			√
闽	√		√	强化课时量的权重	√	√	√
鲁	√						√
粤	√	√	√	师德"一票否决制"			

（五）建立教师退出机制

在以往的教师管理中，"退休"是教师退出或离开教职生涯的主要方式，并未形成一种"优胜劣汰"的筛选用人机制。"解聘"是教师退出的一种特殊情况规定。我国 1993 年颁布的《教师法》明确了教师被解聘的三种具体情形：故意不完成教育教学任务给教育教学工作造成损失的；体罚学生，经教育不改的；品行不良、侮辱学生，影响恶劣的。[①] 从中我们也可以看出，教师被解聘规定的情形与"竞聘上岗"引发的退出行为之间的关联并不明显。

当前建立以竞聘上岗为核心的教师退出机制，是"县管校聘"管理改革中富有挑战性的重要内容。这从根本上打破了广大教师固守的"铁饭碗"，让教师有了强烈的危机感，一旦考核评价不合格，学校教师就将会面临被调整岗位或解聘的潜在风险，而且严格把控教师的准入与退出机制，也能够保证县域内教师资源的高质量配给。从表 4-5 中可以看到，对教师退出机制的规定，具体明确了那些未达到竞聘要求的教师去往何处，主要涉及"学校调整岗位""学校解除聘用合同""不得再从事教学岗位"三种具体情形，它与教师的年度考核或聘期考核结果使用直接相关。浙江、安徽和福建规定"年度考核不合格"或"聘期考核不合格"的教师，学校都可以调整其岗位；山东和广东则只是规定了"年度考核不合格"的情况。五省方案都规定"教师无正当理由不同意调整岗位"或"调整后考核仍不合格"的教师，学校可解除聘用合同；同时，福建规定"待岗期超过 12 个月仍不服

---

① 中华人民共和国教师法．[1993-10-31]http://www.moe.gov.cn/jyb_sjzl/sjzl_zcfg/zcfg_jyfl/tnull_1314.html.

从统筹安排"、山东规定"连续两年考核不合格"、广东规定"聘期考核不合格"的教师,学校亦可解除聘用合同。从上面的描述分析可以看到,教师被解聘合同的规定与教师岗位胜任力水平高低有关,而在如何对待教师年度考核和聘期考核结果的使用上,各省把握的评判尺度有着些微差异。

我们知道,获取教师资格证书,是打算从事教师职业工作的准入条件;而当前实行的教师定期注册和审核制度,又进一步打破了教师资格的"终身性"。对每个专任教师而言,都需要做到"持证上岗"。如果不具备教师资格这一基本条件,也就丧失了从事教育教学工作的前提。方案中针对教师"不得再从事教学岗位"的规定,浙江、安徽、福建和广东都明确了"教师资格注册不合格"或"逾期不注册"的两种情形,仅有山东对此未明确规定。

表 4-5 "县管校聘"中教师退出机制的规定

省份	学校可调整岗位		学校可解除聘用合同					不得再从事教学岗位	
	年度考核不合格	聘期考核不合格	教师不同意调整岗位	调整后考核仍不合格	待岗期超过12个月仍不服从统筹安排	连续两年考核不合格	聘期考核不合格	教师资格注册不合格	逾期不注册
浙	✓	✓	✓	✓				✓	✓
皖	✓	✓	✓	✓				✓	✓
闽	✓	✓	✓		✓			✓	✓
鲁	✓		✓			✓			
粤	✓		✓	✓			✓	✓	✓

（六）健全教师合法权益保障

中小学教师是"县管校聘"管理改革推进的重要主体,要从根本上保护好每个教师的合法权益。教师合法权益保障机制的完善,主要着眼于教师聘任和考核的程序公正、教师合理诉求维护、学校管理行为的监督问责等方面。为了充分保证教师的知情权、参与权、监督权和申诉权,安徽、山东和广东三省在改革方案中对教师合法权益保障机制都有着类似的具体规定(只是在教师聘任和考核结果公示时间上不同),比如学校制定的教职工竞聘方案和考核办法等人事管理制度,要经过教职工代表大会审议通过后实施;要完善人事争议仲裁制度和教职工维权服务机制;坚决查处学校违背政策和程序的人事管理行为;依法保障教师的工资福利待遇和不断提高教师的社会地位等。但在《"县管校聘"的指导意见》的改革方案文本中,浙江、福建两省份并没有专门体现这些内容。具体如表 4-6所示。

表 4-6　"县管校聘"中教师合法权益保障的规定

省份	教代会审议学校竞聘方案和考核办法	教师聘任和考核结果的公示情况	人事争议申诉（或仲裁）、维权服务制度	对学校违背政策和程序的管理行为的处分	提高教师的社会地位和经济待遇
浙					
皖	√	5个工作日	√	√	√
闽					
鲁	√	7个工作日	√	√	√
粤	√	未明确	√	√	√

　　要注意的是,对五个省份"县管校聘"管理改革的实施方案进行内容分析,除了教师编制、岗位、聘用、考核、退出、权益保障等六个方面以外,安徽、福建和山东三个省份在《"县管校聘"的指导意见》中都提到要"完善义务教育教师交流轮岗制度",浙江、福建和广东三个省份则提到要"加强教师资源的统筹使用管理"。由于这部分内容或是融入上文的分析,或是大家较为熟知的,故在此没有展开进一步讨论。

三、基于"县管校聘"实施方案的问题分析

　　作为一次系统性的教师人事管理制度改革,"县管校聘"管理改革的出发点和根本愿望是美好的,但如何让美好的理想成为可能的现实,如何构建和确保一种"良性的教育生态"发挥作用,则是一个最为根本的问题。以上对五省"县管校聘"实施方案的改革内容进行了描述分析和归类比较,发现虽然各省根据自身实际情况提出了一些创新性做法,在改革方案中描述的侧重点和具体细节上有着较多不同,但在"县管校聘"管理体制改革的总体思路和内容架构上还是较为一致的,在政策目标上都期望能解决好优质师资流动难、教师资源配置不均衡等主要矛盾性问题,管理改革的重心和关键主要聚焦在"编制管理""竞聘上岗""岗位聘用""退出机制""考核评价"等内容上。在省级层面政策文件的指导下,本着"先试点,后推广"的渐进改革原则,一些试点改革的区县享受了教师管理体制改革带来的红利,取得了一些成功的经验,但也仍然存在着很多不足。基于目前五省的实施方案,"县管校聘"管理改革在理论和实践中仍需解决好以下几个问题:

　　（一）教师的身份定位问题

　　教师身份认定是教师聘用、管理、评价中的核心问题,决定着教师的角色定位、权利义务、福利待遇、管理和评价方式等各种与其自身发展密切相关的问题。为了推动城镇优质师资向乡村学校的逆向流动,实现教师从"学校人"向"系统人"的身份转变,当前"县管校聘"制度理所当然地把"把教师作为一种可以'被安

排'的公务人员,认为教师是'属于'教育局的人,因此可以被安排"①。将教师作为公务人员来对待,意味着国家公权力的介入和行使,这样强调了教育工作的公务性质,有利于县级教育行政部门对教师资源的统一调配使用,教师自身也理应承担身份所赋予的公共服务职能。在亚洲的日本和韩国,都是把教师的身份定位为"教育公务员",教师的定期流动也就属于公务员的人事流动范畴之内的正常事情。借鉴国外的成功经验,确立中小学教师国家公务员身份的法律地位有利于维护教师队伍的稳定和保障教师的合法权益。②

然而现实情况是,在我国现有的教育法律中,教师的身份定位是"专业技术人员"(例如在1993年颁布的《中华人民共和国教师法》第三条明文规定,教师是"履行教育教学职责的专业人员"),而不是"国家公务人员"。这种"'专业人员'的身份定位本身难以补足由制度变迁所产生的教师权利义务明确界定的规范缺失,在实践中无法对教师的合法权益进行保护"③。有学者提到,"《中华人民共和国公务员法》对公务员交流和转任做出了规定,教师虽然薪资参照公务员但职业性质不属于公务员,《中华人民共和国教师法》中没有关于交流和转岗的规定"④,这就使得我国城乡教师交流制度在实践中面临缺乏法律依据的困境。因此,"县管校聘"实施方案的制定,虽然一些省对如何健全教师的合法权益保障做出了必要规定,但仍有必要在"县管校聘"政策文件中,甚至在国家法律层面上优先明确一个前提基础:在管理体制上教师身份是作为"国家公务人员",而不是"专业技术人员"。义务教育具有公共产品属性。对教育"公共性"的强调,在"县管校聘"政策保障下的城乡教师交流轮岗就有了更坚实的理论基础。值得注意的是,在2018年1月中共中央国务院颁布的《关于全面深化新时代教师队伍建设改革的意见》中明确指出:"突显教师职业的公共属性,强化教师承担的国家使命和公共教育服务的职责,确立公办中小学教师作为国家公职人员特殊的法律地位,明确中小学教师的权利和义务,强化保障和管理。"⑤这样明确的政策表达,无疑为中小学教师身份的确立定下了基调,可以有力避免改革实践中出现不同制度之间的冲突和矛盾,为教师管理体制改革增强其政策的合法性基础。

---

① 姜超,邬志辉."县管校聘"教师人事制度改革的政策前提与风险[J].四川师范大学学报(社科版).2015(6).

② 薛正斌.教育社会学视野下的教师流动[M].兰州:甘肃人民出版社,2012:171-172.

③ 刘昕鹏."县管校聘"背景下教师专业人员身份的困境与再确认[J].当代教育科学,2017(8).

④ 任春荣.义务教育公平问题研究——从资源均衡配置到社会阶层关照[M].北京:知识产权出版社,2016:86.

⑤ 中共中央 国务院.关于全面深化新时代教师队伍建设改革的意见[EB/OL].[2018-01-31] http://www.gov.cn/zhengce/2018-01/31/content_5262659.htm.

（二）学校用人自主权的监管问题

"县管校聘"管理体制改革的实施，务必要明确"县管"与"校聘"各自的权力边界或职能范围，以协调好编制、岗位与聘用、考核之间的关系。如果没有对各自的责、权、利进行合理划分和重新限定，就极有可能出现多头领导和真空领导的混乱局面。有人指出，"'县管'，是指县级教育行政部门按照职能分工、权限设置，依法履行对中小学教师的公开招聘、职务评聘、培养培训、交流轮岗等管理职能。'校聘'，是指学校依法与教师签订聘用合同，学校作为自主办学的法人主体，负责对学校教师的合理配置、统筹使用、绩效考核、专业能力提升、评优表彰等日常管理"①。由此观之，县级教育行政部门负责相对宏观的教师统筹管理与服务，学校则主要负责聘用教师的日常管理工作。

在"县管校聘"的管理体制下，教师有自主选择学校和岗位的权利，学校也可以根据教师教学胜任情况来决定是否聘用，双方通过合同管理的方式来明确各自的职责。无疑，竞聘上岗造成了"优胜劣汰"的客观现实，就是一些教师不得不面对下岗或待聘的生存困境，学校将一些教学业绩不好或能力不强的师资"淘汰出去"，而将那些优质师资尽可能"留下来"。这是学校与教师之间双向选择的一种结果表现，但暴露出来的问题则是在这个过程中如何做到实质性的公正，而不仅仅是程序性的公正，也即竞聘过程中学校用人自主权的监管问题。从五省"县管校聘"实施方案来看，都强调了学校可以通过签订聘用合同方式来管理教师，但在教师竞聘上岗、考核评价等自主管理过程中，学校的用人自主权有怎样的边界或限制，如何才能得到有力的监督和控制，以避免实际操作中可能发生的"异化"和"权力寻租"现象，这一问题似乎尚未得到根本性的解决。比如有学校的竞聘方案中规定，"提出工作调动的教师，不参加学校内部竞聘，视为首轮落聘人员处理"，这样的规定是否有"清除异己"的嫌疑？再如在"校内竞聘"时，看重人际关系轻视工作实绩，通过采用教师投票的"民主"方式来淘汰某些老师，这种看似公正的做法却极大地伤害了广大教师的感情，严重地破坏了和谐的教育生态系统。虽然实施方案中也指出要严格查处"学校违背政策和程序的人事管理行为"，但此规定依然较为宽泛和模糊。

（三）教师管理服务的碎片化问题

制度创新需要建立与之相适应的管理运行机制，也必然涉及管理权限和利益的重新划分与调整，更是牵涉到每个教师的切身实际利益。作为一种新的制度安排，"县管校聘"的管理机构主要是县级教育行政部门，在组织运行过程中需

---

① 李江源，张艳.县管校聘：成都市教师管理制度实践探索[J].教育与教学研究，2015(10).

要会同县级有关管理部门,承担起教师的人事档案、编制核定、岗位设置、工资待遇、公开招聘、交流轮岗、培养培训等职责。这些内容在五个省份的方案中也都或多或少地明确提到,但在实践中如何协调教育、编制、财政和人社等多个政府部门之间的联动工作,减少工作损耗,仍是一个务必要妥善解决的问题。如果各部门仅仅固守自己的利益范畴和边界范围,没有建立行之有效的协调合作机制,分条块分领域的管理工作就会让教师管理服务呈现碎片化状态。唯有在教育系统内部以及不同政府部门系统之间强调整个机制和制度的转变,实现权力和资源的重组,这样才能更为全面和系统地提升教育治理的实效。

事实上,在国家"放管服"改革精神的指导下,"县管校聘"改革需要县级政府简政放权,将教师的编制、岗位管理的权力适当"移交"给教育行政部门统筹管理,形成管人管事相一致的教师管理机制,奠定"县管"的基础。在"县管校聘"实施方案中,仅有安徽和山东提到要成立专门性的教师管理服务中心,以全面统筹负责县域内中小学教师的人事档案管理、教师资格定期注册管理以及相应的服务工作。除了专门成立的管理服务机构之外,为了应对管理碎片化、部门沟通不畅的现实问题,在方案中还应进一步强调建立联席会议制度,具体由县(区)政府分管领导牵头负责,教育、编制、财政和人社等部门统筹协调,明确各自的管理职责,有效形成多个部门之间横向的联动合作机制,提升管理部门的治理水平,以强化政策实施的组织保障。

(四)教师职业吸引力的增强问题

五省"县管校聘"实施方案在教师聘用管理或退出机制中,都突出强调了要建立"竞聘上岗"的制度,并明确教师的待岗培训、解除聘用合同、低聘或转聘,以及不得再从事教学岗位等各种情形。从国家首批"县管校聘"管理改革示范区成都邛崃市的经验来看,以"竞聘上岗"为核心的用人机制"打破了教师的'铁饭碗',教师从被动接受工作安排变成主动去争取工作岗位,产生了危机感,有效激发了教师内在动力和教育情怀"[①]。无疑,通过这种"制度倒逼"的机制,使教师有了强烈的紧迫感和危机感,传统意义上的"铁饭碗"被打破,激发了教师的内在危机意识和自主发展意识,但也彻底改变了教师稳定舒适的生活方式。政策方案的设计让教师职业的"流动"成为一种现实,但如何进一步增强教师职业的吸引力,让教师"铁饭碗"打破后仍满怀工作激情,则是在"县管校聘"管理改革中必须思考的基本问题。

2015年《乡村教师支持计划(2015—2020年)》中明确提出,为缩小城乡师资

---

① 李德胜.激发办学活力,促进教育均衡——邛崃"县管校聘"专项改革寻路[J].教育科学论坛,2018(2).

水平差距,让每个乡村孩子都能接受公平、有质量的教育,乡村教师队伍建设要形成"下得去、留得住、教得好"的工作目标。而要让更多的城镇优秀教师愿意到农村去、长期留在农村工作,必须着力提升农村教师职业的吸引力。有学者指出,"职业吸引力是职业发出的讯息是否契合在职人员和求职人员的生存性或发展性择业需求,进而引发其去留意愿和应聘参与程度"①。这就不仅要充分考虑到能否满足农村在职教师的生存与发展需要,也要积极提供促进个人与家庭发展的社会空间,以实现教师身份和地位的提升。

2016年的教师节前夕,习近平总书记在北京市八一学校看望慰问师生时的重要讲话中特别指出,要"让广大教师在岗位上有幸福感、事业上有成就感、社会上有荣誉感,让教师职业成为让人羡慕的职业"②。那么,要实现这一令人鼓舞的职业目标,非常关键的一个举措就是切实提高教师的地位待遇,从而不断增强教师职业的吸引力,让教师有积极、强烈的获得感。"获得感的强弱主要取决于个体的决策模式、岗位的绝对待遇水平和职业的相对社会地位,教师个体的决策模式受诸多因素影响,如观念、利益、习惯、情感和理性等"③。为应对和解决这一问题,首要的是在激励保障机制上不仅要加强教师绩效工资政策的执行力度,不断提高教师的福利待遇水平和基本工资的市场竞争力,更要在利益补偿上"重视乡村教师的相对生活状况"④,不低于当地居民和城镇教师的生活水平,确保能够"留得住"在农村任教的优秀教师,以及让更多的优秀人才自愿投身于教师职业之中。其次是要大力消除教师参与交流后可能出现的各种后顾之忧,诸如子女教育、住房条件、交通等生活问题,以确保教师能够安心从教、舒心从教。当然,国家如果能在制度上进一步加大农村社会的公共服务供给力度,彻底消除城乡二元发展格局带来的巨大差距,祛除农村教师身上的"污名化"标签,改善农村教师的社会生活空间,将会吸引越来越多的优秀人才到农村服务任教。

(五)教师城乡交流的生态效益问题

"县管校聘"管理改革最为直接的目的就是确保顺利推动城乡教师的交流轮岗。但在"县管校聘"实施过程中,有一个问题需要特别慎重的对待,即教师的"流向"或者聘任到底是由谁说了算。"是由用人的学校和教师双向选择?还是由管人的人事部门任意调配?要是由学校和教师双向选择,那么办学条件好的

① 周兆海.薪酬激励与制度吸纳:农村教师职业吸引力的提升路径[J].当代教育科学,2016(6).
② 刘军涛,文松晖.让教师成为让人羡慕的职业.人民日报,2016-12-08(11).
③ 李景鹏.论制度与机制[J].天津社会科学,2010(3).
④ 刘佳."乡村教师支持计划"实施方案研究——基于31个省(区、市)"乡村教师支持计划"实施办法的内容分析[J].教师教育研究,2017(3).

城区学校无疑占据了绝对优势,优质师资都会流向这些地方,而办学条件越差越偏远的农村学校则只能选择那些被选剩的教师甚至没有教师选择,这无疑与'县管校聘'机制的'大力促进教师资源均衡配置'目的是背道而驰的"①。这样是否又会出现强校越来越强、弱校越来越弱的恶性循环怪圈?

在"县管校聘"实施方案中,一些省份规定中高级岗位的分配要"向农村或薄弱学校倾斜""适当预留用于交流教师的评聘",这些规定对推动教师参与城乡交流起到了明显的政策引领作用。教师交流轮岗政策实施的重点在于推动城镇优秀(或骨干)教师向乡村或薄弱学校流动,但通过竞聘上岗后"被"交流的教师群体,往往是在"校内竞聘"落选后、参与"跨校交流"或"县域内交流"的那个部分教师。这些教师的流动在一定程度上有助于县域内教师资源的重组,以及城乡教师交流的常态化,但在有效地提升城乡交流效益、促进教育均衡发展的功能上将会大大受限,甚至可能会影响到教育生态的健康发展,与教师交流轮岗政策的预期目标有着较大距离。因此,在"县管校聘"实施方案中既要大力推行竞聘上岗制度(应避免简单采取"末位淘汰"的方法来确定跨校交流的对象),但也要统筹一定比例或数量的城镇优秀教师参与交流轮岗,确保"县管校聘"与"教师交流轮岗"政策之间的有机衔接,最终形成良性循环的教育生态系统,实现义务教育的优质均衡发展。

四、"县管校聘"政策实施的实证分析

以上主要围绕五个省份《"县管校聘"的指导意见》的政策文本进行深刻解读。要想更真实全面地把握中小学教师"县管校聘"管理改革实践,有必要基于省域层面较大规模的实证调查来把握现状和剖析问题,以期提高"县管校聘"政策的改革成效。因此,当前"县管校聘"政策实施的现状到底如何? 在政策实施过程中依然存在哪些问题? 又应该如何尽快摆脱这些困境? 就成为我们实证调查和思考分析的根本内容。

本次调查所使用的问卷是在文献分析和参考已有问卷②的基础上编制而成,主要涉及政策认同、政策宣传、竞聘方案制定、竞聘方案执行、政策成效等五个维度的内容,以及政策实施存在的问题。调查问卷采用李克特5点量表的形式编制,从"完全不符合"或"完全不认同"(计1分)到"完全符合"或"完全认同"(计5分)加以赋值,得分越大,表明该维度的符合或认同程度越高。调查利用问

① 陈国华."县管校聘"教师管理体制变革研究(博士后研究工作报告)[D].北京:北京师范大学,2016:70.

② 林佳.P县中小学教师"县管校聘"的调查研究[D].金华:浙江师范大学,2020:103-107.

卷星网络平台在浙江省 4 个县(市、区)发放和回收有效问卷 1396 份,其中宁波 YZ 区 340 份、湖州 WX 区 270 份、衢州 JS 市 217 份、台州 JJ 区 569 份。调查数据处理采用 SPSS19.0 统计软件进行独立样本 T 检验和单因素方差分析。选取的样本对象是浙江省内义务教育阶段教师,包括性别、年龄、职称、职务、任教学段、城乡类型等基本信息,具体情况见表 4-7。对于教师是否参加"县管校聘",以及在参加"县管校聘"后如何流动等情形,从表 4-7 可知,教师参加"县管校聘"后,有 66.7% 的教师仍然继续留在原校,4.6% 的教师从乡村学校竞聘到城镇学校,2.0% 的教师从城镇学校流动到乡村学校,3.9% 的教师在同类学校之间流动;同时也有 22.9% 的教师没有参加过"县管校聘"。

表 4-7　调查样本对象的分布情况

变量	属性	人数	比例(%)
性别	男	358	25.6
	女	1038	74.4
年龄	30 岁及以下	311	22.3
	31—40 岁	536	38.4
	41—50 岁	421	30.1
	51 岁及以上	128	9.2
职称	高级教师	147	10.5
	一级教师	577	41.3
	二级教师	569	40.8
	三级教师	103	7.4
行政职务	校领导	81	5.8
	校中层领导	158	11.3
	其他管理职务	163	11.7
	未担任任何职务	994	71.2
任教学段	小学	992	71.1
	初中	404	28.9
城乡类型	城区	662	47.4
	镇区	434	31.1
	乡村	300	21.5

续表

变量	属性	人数	比例(%)
"县管校聘"中的教师流动	仍留在原来的学校	931	66.7
	从乡村学校竞聘到城镇学校	64	4.6
	从城镇学校流动到乡村学校	28	2.0
	在同类学校间流动	54	3.9
	没有参加"县管校聘"	319	22.9

(一)"县管校聘"政策实施的现状扫描

1. "县管校聘"在整体上呈现良好的发展态势

针对"县管校聘"政策实施的整体现状,主要从政策认同、政策宣传、竞聘方案制定、竞聘方案执行、政策效果等五个维度加以考察。在政策认同维度上,作为"县管校聘"政策实施的直接利益主体,绝大多数教师对政策本身持有积极参与的态度,政策认同度相对较高(M=3.853,SD=1.135)。在政策宣传维度上,通过县(区)教育局、学校多渠道的积极广泛宣传,教师们对"县管校聘"政策有着较好的认识和理解(M=3.946,SD=1.050),虽然学校教职工对该政策的知晓率较高(M=4.02,SD=1.092),但是对政策实施步骤的了解程度偏低(M=3.76,SD=1.188)。在政策制定维度上,学校竞聘方案制定是否合理可行,是"县管校聘"有效开展的重要前提或基础,但它在各维度中得分最低(M=3.501,SD=1.164),主要是因为教师们在竞聘方案制定中的参与频度明显较少(M=3.08,SD=1.488),这使得教师们更多处于被动参与的地位。在政策执行维度上,学校竞聘方案在实际执行过程中较为公平合理(M=3.778,SD=1.083),能在根本上保障每位教师的合法权益,充分考虑到教师的自主选择需求,以及对竞聘过程展开有效监督和申诉救济工作。在政策效果维度上,"县管校聘"政策实施成效相对较好(M=3.722,SD=1.098),这说明在全局上打破教师轮岗交流的管理体制壁垒、激活教师队伍的内在活力、实现优质教师资源的均衡配置等方面产生了很好的积极意义。综上,"县管校聘"政策实施的各维度得分总体处于中上水平,反映出当前"县管校聘"政策实践呈现良好的发展态势。

2. 教师人口学变量上呈现显著的群体差异特征

将教师人口学变量与各维度进行独立样本 T 检验或者单因素方差分析,发现在性别、城乡学校类型变量上没有显著差异,但在教师的任教学段、年龄、职称、职务等变量上都存在显著差异,且在各维度上呈现显著的群体差异特征。概言之,小学教师、40岁以下的教师、初级职称教师、校领导和中层干部等主体,成为当前积极推进"县管校聘"政策实施的重要群体。

(1)小学教师在各维度得分均高于初中教师

"县管校聘"政策实施主要集中为义务教育阶段教师群体,而不同学段教师的选择存在明显差别。由表4-8可知,小学教师在各维度上的均值得分都高于初中教师。因此与初中教师相比,小学教师对"县管校聘"政策的认同程度更高、"校聘"实施过程更为清晰、政策效果评估更加积极。

表4-8 不同学段教师在各维度上的描述统计

维度 学段	政策认同		政策宣传		竞聘方案制定		竞聘方案执行		政策效果	
	M	SD	M	SD	M	SD	M	SD	M	SD
小学	3.984	1.058	4.064	0.985	3.646	1.102	3.941	1.010	3.886	1.041
初中	3.534	1.249	3.655	1.147	3.144	1.235	3.378	1.152	3.321	1.131

(2)随着年龄的增长,教师在各维度得分呈下降趋势

从调查结果来看,随着年龄的不断增长,教师在"县管校聘"政策实施的各维度得分总体上呈下降趋势,具体情况如表4-9所示。换句话说,教师的年龄大小与"县管校聘"政策实施各维度之间呈反比关系,即教师的年龄越小,在各维度上的认同度越高;教师的年龄越大,在各维度上的认同度却越低。在组内多重比较分析发现,"30岁及以下""31—40岁"年龄段的教师与"41—50岁""51岁以上"年龄段的教师之间都存在着显著差异。"县管校聘"中竞聘上岗和退出机制等政策举措,未能充分倒逼"老教师"群体的工作热情和积极性。因而教师年龄在"40岁"成为一个重要的分水岭,40岁及以下的青年教师成为"县管校聘"政策实施的关键群体。

表4-9 不同年龄段教师在各维度上的描述统计

维度 年龄	政策认同		政策宣传		竞聘方案制定		竞聘方案执行		政策效果	
	M	SD	M	SD	M	SD	M	SD	M	SD
30岁及以下	4.085	0.995	4.084	0.977	3.728	1.073	4.051	0.960	4.010	0.989
31—40岁	3.945	1.124	4.027	1.022	3.597	1.169	3.877	1.062	3.818	1.090
41—50岁	3.663	1.578	3.799	1.084	3.290	1.126	3.549	1.075	3.454	1.077
51岁及以上	3.537	1.259	3.754	1.149	3.237	1.317	3.455	1.253	3.503	1.221

（3）随着职称的提升，教师在各维度得分呈下降趋势

教师的职称等级不同，在各维度上也表现出明显的群体差异特征。由表4-10可知，随着职称等级的提高，教师在各维度得分却呈下降的变化趋势：中高级职称教师（包括高级教师和一级教师）在各维度得分均低于初级职称教师（包括二级教师和三级教师）。在组内多重比较分析发现，三级教师与其他任何职称教师之间都存在显著差异，但高级教师和一级教师之间均不存在显著差异。可见，教师的资历和职称并不是"县管校聘"岗位聘任的决定性因素。相较于初级职称教师，中高级职称教师在"县管校聘"政策实施中未能主动发挥自身的引领、辐射和带动作用。

表 4-10 不同职称教师在各维度上的描述统计

维度 职称	政策认同		政策宣传		竞聘方案制定		竞聘方案执行		政策效果	
	M	SD	M	SD	M	SD	M	SD	M	SD
高级教师	3.635	1.246	3.807	1.146	3.286	1.300	3.492	1.172	3.355	1.148
一级教师	3.758	1.151	3.900	1.051	3.394	1.173	3.660	1.093	3.599	1.103
二级教师	3.917	1.106	3.978	1.034	3.573	1.116	3.878	1.046	3.833	1.069
三级教师	4.346	0.845	4.218	0.942	4.003	0.994	4.294	0.847	4.324	0.807

（4）校领导和中层干部在各维度得分均高于普通教师

教师是否担任领导职务，以及担任什么职务，在各维度上都表现出较为明显的差异。由表4-11可知，在政策认同、政策宣传、竞聘方案制定、竞聘方案执行四个维度得分上，校领导和中层干部都明显高于其他任何教师；但在政策效果评价上，校领导的得分并未表现出积极的认识倾向。同时在组内多重比较分析发现，在政策效果维度上，教师是否担任职务并不存在显著差异。总之，校领导和中层干部在"县管校聘"政策实施中扮演着极为关键的重要角色。

表 4-11 不同职务教师在各维度上的描述统计

维度 职务	政策认同		政策宣传		竞聘方案制定		竞聘方案执行		政策效果	
	M	SD	M	SD	M	SD	M	SD	M	SD
校领导	4.272	0.950	4.257	0.980	4.082	1.083	4.077	0.959	3.741	1.027
校中层干部	4.027	1.066	4.178	0.975	3.768	1.174	3.995	1.072	3.853	1.132
其他职务	3.857	1.071	3.999	0.962	3.538	1.010	3.752	1.040	3.790	1.040
没有任何职务	3.791	1.160	3.874	1.072	3.404	1.173	3.723	1.095	3.689	1.107

3."县管校聘"中教师流向的倾向差异明显

"县管校聘"政策的实施,有利于盘活和统筹使用县域内有限的教师资源,打破教师流动的校际壁垒,而教师的"流向"如何也成为教师流动的敏感内容。由表 4-12 可知,从乡村学校竞聘到城镇学校的教师在各维度的均值得分最高;而从城镇学校流动到乡村学校的教师在政策认同、竞聘方案制定、竞聘方案执行、政策效果四个维度上的均值得分最低。可见,是"进城"的顺向流动还是"下乡"的逆向流动,成为"县管校聘"中影响教师流动的关键点。在组内多重比较分析发现,"在同类学校间流动"的教师仅和"从乡村竞聘到城镇"的教师在竞聘方案执行、政策效果两个维度上存在显著差异,与其他状况的教师在各维度上都不存在显著差异。其实,在"县管校聘"中教师流向的倾向差异较为明显,"下乡"是那些落聘的少数城镇教师忧心的事,"进城"是部分乡村骨干教师的理想追求,"留校"或"同类学校"流动则是多数教师主动或保守的行为选择。这一情形与黄旭中博士对广东省 S 市的调查结果基本保持一致。[①] 因此在"县管校聘"中对跨校交流教师这一特定群体应该予以积极关注和深入探讨。

表 4-12 "县管校聘"中教师流动状况在各维度上的描述统计

维度 教师状况	政策认同		政策宣传		竞聘方案制定		竞聘方案执行		政策效果	
	M	SD	M	SD	M	SD	M	SD	M	SD
仍留在原来学校	3.840	1.141	3.977	1.027	3.487	1.174	3.751	1.098	3.653	1.123
从乡村竞聘到城镇	4.266	1.012	4.349	0.860	3.922	1.069	4.188	0.942	4.177	0.943
从城镇流动到乡村	3.429	1.189	4.006	1.183	3.155	1.171	3.509	1.170	3.411	1.082
同类学校间流动	3.938	1.189	3.994	0.993	3.691	1.079	3.769	1.092	3.762	1.110
没有参加过	3.831	1.101	3.760	1.121	3.455	1.151	3.800	1.045	3.854	1.019

(二)"县管校聘"政策实施的问题透视

"县管校聘"政策的有效落地,不仅需要科学合理、具体可行的政策本身,更需要县级行政部门和学校的有力执行,学校教师的接纳认同和积极融入,以及外部环境的支持保障。但在浙江省"县管校聘"政策实施的问卷调查中,发现依然存在着一些亟待解决的较为突出问题。

1."县管"协同的表面化和"校聘"过程的走样化

作为一项重要的人事管理体制改革,"县管"是"校聘"的基础或前提,不仅要

---

① 黄旭中.义务教育教师"县管校聘"政策执行研究——基于广东省 S 市的调查研究[D].武汉:华中师范大学,2020:119.

厘清县级行政部门和学校之间各自的管理范围,也要理顺各个县级行政部门内在的权责使命。从浙江省出台的省级"县管校聘"政策文件可见,"县管校聘"政策的有效落地,涉及到教师的编制管理、岗位管理、聘用管理、考核管理、退出机制等诸多方面,这需要多个县(区)级行政部门的有效协同、发挥合力,但现实中各个行政部门都有自己的利益诉求和权责边界,并没有充分建立行之有效的协同机制,难以形成系统的有效合力,在当前的管理过程中依然存在部门碎片化、功能割裂化、责任模糊化等缺陷。从问卷调查看,仅有 33.3%的教师并不认同县级行政部门之间尚未形成有效的协作机制(M=2.85,SD=1.184)。不同职务教师对该问题的认识存在显著差异(F=3.945,P=0.008<0.01):普通教师(M=2.91)要比校中层干部(M=2.69)、校领导(M=2.53)等有管理职务的人更倾向认为存在这个问题。总之,如果政府各部门及其执行人员对"县管校聘"政策本身共识度不高,在实践中没有实现权力和资源的有效重组,没有打破政府各部门间条块分割的管理现状,那么开展教育治理的实效性也必将大打折扣,导致"县管"各部门协同治理行动的表面化、低效化。

与"县管"相比,"校聘"对学校和教师是更具实质性意义的事情。"校聘"是落实学校用人自主权的集中体现,也是"县管校聘"管理改革的难点和重点。"校聘"是学校和教师之间双向选择的过程,学校选人用人主要根据自身的教育教学实际需求来决策,但校长的权力行使是否能得到有效监督,能否避免校长"一言堂",切实规避实际操作中权力寻租现象的发生。从调查结果看,大多数教师认同人际关系好在学校"竞聘上岗"中更有优势(M=3.81,SD=1.098)。仅有34.0%的教师并不认同"县管校聘"中校长权力缺少有效监督机制(M=2.92,SD=1.272),城乡教师对校长权力行使的认识存在显著差异(F=6.038,P=0.002<0.01):城区教师(M=3.03)比乡村教师(M=2.73)更倾向认为"县管校聘"中校长权力行使缺少有效监督。事实上,学校在"校聘"用人时往往面临着各种潜在的道德风险,比如把"校聘"当作"排除异己"的工具或者为了徇私进行"暗箱操作",把"校聘"异化为"末位淘汰"和"拉关系投票",等等。也正是由于缺少强有力的学校用人自主权监管机制,导致"校聘"过程不当行为仍然时有发生。

2. 教师"流"的过程中未能形成积极的教育生态

"县管校聘"政策实施的一个直接目标就是打破原有教师管理体制的障碍,推动城乡教师的合理流动,形成积极健康的教育生态。"县管校聘"管理改革意味着要改变教师作为"学校人"的固有单位情结,重新找寻到自己的归属感和意义感,这样才能在新的流入学校中真正"留得住""教得好"。然而现实却是教师从"学校人"向"系统人"的身份转变,带来的副产品更多是"留人不留心",教师归属感和认同感明显不强。有学者指出,"县管校聘"实施后跨校交流的教师归属感弱,主要表现为学校认同感低、人际关系淡漠、工作责任心弱化和奉献精神缺失等问题①。缺乏认同感和归属感的跨校交流教师,很难真正融入新的学校圈子之中。从问卷调查结果看,仅有 36.4% 的教师认为"县管校聘"不会降低教师对学校组织的归属感和认同感($M=2.86,SD=1.280$)。城乡教师对学校归属感存在显著差异($F=4.687,P=0.009<0.01$):城区学校教师($M=2.97$)比乡村学校教师($M=2.70$)更认同"县管校聘"降低了教师对学校组织的归属感和认同感。

学校竞聘方案的执行,充分尊重了学校和教师的双向自主选择权。作为"系统人"的教师,原则上可以在"校聘"过程中自由选择任何一所学校参加"竞聘"。然而要是完全由学校和教师之间进行双向自主选择,将会造成办学条件越好的学校优秀教师越扎堆的恶性循环,与"县管校聘"促进教师资源均衡配置的政策初衷是相背离的,从而产生新的师资不均衡问题。从调查结果看,仅有 38.2% 的教师认为"县管校聘"不会出现"办学条件好的学校优秀教师扎堆"($M=2.77$,$SD=1.228$)。城乡教师对优秀教师流向的认识存在显著差异($F=9.476,P=0.000<0.01$):城区学校教师($M=2.91$)比镇区学校教师($M=2.96$)、乡村学校教师($M=2.56$)更认同"县管校聘"过程中优秀教师流动会出现扎堆现象。"县管校聘"中教师轮岗交流的重心在于推动城镇优秀教师或骨干教师向乡村学校、薄弱学校流动,但通过竞聘上岗后"被"交流的教师群体,往往是那些"落聘"的教师被安排。② 优秀教师或骨干教师的"派不进"和"留不住",以及落聘后"被交流"教师的"污名化",使得积极健康的教育生态仍然难以有效形成。

3. 城乡现实差异和应试文化风气带来的环境制约

受"城乡二元格局"的长期影响,"县管校聘"政策实施在县(区)域内"城"与"乡"之间的客观差距依然明显,对交流教师的日常生活适应和职业发展都带来了现实冲击和严峻挑战,尤其是那些跨校际、跨区域流动的教师群体。从调查结果看,仅有 30.5% 的教师认为"县管校聘"不会给教师的日常生活和职业发展带来困扰($M=3.02,SD=1.256$),且城乡教师对"县管校聘"中教师适应性认识上存在显著差异($F=4.291,P=0.014<0.05$):城区学校教师($M=3.11$)比乡村学校教师($M=2.87$)更认同"县管校聘"给教师生活适应和职业发展带来冲击和影响。客观上,城乡间经济文化发展水平的差距,以及城乡学校提供教师个体职业发展机会的差异,构成了"县管校聘"中教师"进城"与"下乡"的推拉力量。

① 李国强,袁舒雯等."县管校聘"跨校交流教师归属感问题研究[J].教育发展研究,2019(2).

② 李茂森."县管校聘"实施方案研究与再思考——基于浙、皖、粤、闽、鲁等 5 省"县管校聘"改革实施意见的内容分析[J].教育发展研究,2019(2).

城乡教师资源的均衡配置,关键在于优质师资的均衡。教师的教学业绩水平高低是影响学校教育质量的主要因素,也是衡量优质师资的基本依据。现实中,教学成绩好的教师往往容易受到学生、家长与学校领导的喜爱,于是在"县管校聘"政策执行中教师教学成绩好就成为学校选人用人的重要指标。"农村学校为数不多的好教师借着'县管校聘'改革的契机竞聘到城镇学校,而城镇的优秀教师却难以流入乡村,危及农村学生的升学率"[①],这种分数至上的考评文化直接触及到"县管校聘"教师的流动去向,也会诱发学校和学生家长对教育质量下滑的心理恐慌。因而那些"教学成绩好"的教师去往何处也就备受关注。从调查结果看,多数教师认同"县管校聘"非常看重教师教学水平高低(M=3.78,SD=1.095)。"县管校聘"中不同流向的教师对教学业绩水平高低影响"校聘"结果的认识存在显著差异(F=2.712,P=0.029<0.05);从乡村学校竞聘到城镇学校的教师(M=4.14)比从城镇学校流动乡村学校的教师(M=3.39)更认同教师教学业绩水平高低在"县管校聘"中发挥的实质性影响。不同职务教师对该问题的认识也存在显著差异(F=4.743,P=0.003<0.01);校领导(M=4.01)和中层干部(M=4.02)比普通教师(M=3.72)也更认同教师教学业绩水平高低这一影响因素。可见,有管理职务的干部教师、"向城性"流动的教师都特别看重教师教学业绩水平的现实影响。对考试分数过度追逐而形成的应试文化风气影响着"好教师"的流向,在一定程度上影响到"县管校聘"政策的实施。

(三)推进"县管校聘"政策实施的路径选择

针对"县管校聘"政策实施的现状以及存在问题的分析,可以从"县管校聘"政策执行机制、与教师轮岗交流政策互动、政策环境支持等多角度出发,推进"县管校聘"政策的有效落实。

1.改进"县管校聘"政策的执行机制

在我国,自上而下的、政府组织主导的线性政策执行是一种根本性模式。美国公共行政学者艾莉森(G. Allison)指出,在实现公共政策目标的过程中,方案确定的功能只占10%,其余的90%取决于有效的执行。因而,"县管校聘"政策的目标达成,离不开制定一项"好"的政策本身,更离不开作为政策执行主体的县级行政部门和学校的主动作为,以及作为政策目标群体的广大中小学教师的能动参与。

首先,提高广大教师对"县管校聘"政策的认同度。"县管校聘"管理改革的

① 赵垣可,刘善槐.教师"县管校聘"政策执行的制约因素与路径选择——基于史密斯政策执行过程模型的分析[J].教育与经济,2022(2).

最直接目标群体就是中小学教师,他们对"县管校聘"的认知态度直接影响到政策本身能否顺利实施。调查结果发现,具有不同职务的教师对"县管校聘"政策的认同度存在显著差异($F=5.969$,$P=0.000<0.01$)。相对来说,作为政策执行主体的校领导($M=4.272$)、校中层干部($M=4.027$)比作为政策目标群体的普通教师($M=3.791$)的认同度要高。为此要进一步提高广大教师的政策认同水平,一方面要通过多种渠道加大政策宣传力度,让教师更全面深入地理解"县管校聘"政策的价值意义和操作程序,在观念上积极接纳和自觉认同"县管校聘"政策,减少消极抵制或被动应付政策的行为发生。另一方面要让教师们有更多机会主动参与到学校"竞聘方案"制定、执行和监督的全过程之中,确保每位教师的知情权、参与权、监督权。

其次,提升"县管"的效力和规范"校聘"的过程,优化政策执行主体的行为。"县管校聘"改革的突破口和着力点,主要集中在"县管"和"校聘"两个层面的政策执行主体行为上。在"县管"的实践中,编办、财政、人社、教育等多个县级行政部门之间的协同工作机制未能有效形成,教育行政部门统筹协调困难。从整体性治理的视角出发,政府各部门之间应具有一致、明确和共识的政策目标,仅仅依靠单一部门的力量是无法实现有效治理的,必须依赖跨越边界的不同政府部门之间力量的合作性整合。为应对"县管"协同的表面化、碎片化的困扰,有必要在县委县政府分管领导的主导牵头下,成立专门的"县管校聘"改革领导小组和教师管理服务中心,建立常态的联席会议制度,提高多部门协同治理水平和教育行政部门的话语权;同时在制度安排上进一步明晰划分县级行政部门各自的权责范围,严格实施行政问责制度,切实提升"县管"的协同效力。在"校聘"环节,学校作为贯通县级行政部门和教师的政策执行主体,既要坚持程序正义也要做到实质正义。就程序正义而言,学校应坚持"适岗竞聘"的自主自愿原则,优化教师资源配置,对落聘教师给予充分的人文关怀和妥善安置;同时县教育局和学校内部可以专门成立监督机构组织,对"校聘"过程是否公平公正予以监督问责。就实质正义来说,学校要从"县管校聘"政策设计的目标原点出发,协调县级政府部门、学校、教师的价值立场和利益诉求,摒弃狭隘"本位主义"的自利性行动,在政策的引导下充分激励教师个体的发展需求和动力,最终实现教师个人发展和区域内教育发展的"双赢"。①

2.深化"县管校聘"与教师轮岗交流政策的互动

从"县管校聘"政策文本设计中可以看到,这项政策主要关注教师身份岗位

---

① 姜超."县管校聘"的政策前提、管聘指向与执行模式反思[J].教育科学研究,2021(5).

变化和教师交流。而在政策执行中对教师身份和人事关系改变的强调,意图也是为推进教师轮岗交流扫清管理体制上的障碍。因此,在"县管校聘"政策实践中,能否以及如何构建旨在促进教师交流的良好教育生态,成为管理改革必须完成的一个根本任务。

首先,加强教师交流的动态稳定性。归属感是人的基本需求,稳定性也是教师职业的根本特点。教师参与交流意味着教师必定要打破自己原有的"舒适地带",改变自己曾经熟悉的日常生活和工作状态,造成教师归属感不强和身份感缺乏的存在困惑。事实上,"教师经过一段时间的工作,在思想及情感上对学校产生强烈的认同感、使命感、成就感和价值感,催生出教师强烈的自我驱动力和自我约束力,这些都在很大程度上影响教师的职业发展"[①]。为此,在"县管校聘"管理模式下,县教育局和学校要控制好教师轮岗交流的流量和流向的比例,充分照顾"下乡""进城"和"留校"不同类型教师群体的意愿和诉求,确保教师轮岗交流在动态调配中的平稳均衡。

其次,深化城乡教育共同体内的教师交流。2021 年的"中央一号文件"《中共中央国务院关于全面推进乡村振兴加快农业农村现代化的意见》中指出,"推进县域内义务教育学校校长教师交流轮岗,支持建设城乡学校共同体"[②]。城乡学校共同体建设为推进教师交流轮岗提供了一个有力的框架,在此基础上,教师交流轮岗的顺畅反过来又使城乡学校共同体建设的框架更加牢固,二者形成了一种良性互构的动态关系。[③] 因而在城乡学校共同体内较大面积地推动教师交流轮岗,将成为当前乃至今后一段时间内教师交流的新特征、新趋向。浙江省在2020 年 12 月出台的《关于新时代城乡义务教育共同体建设的指导意见》中明确提出要建设"融合型""共建型"和"协作型"三种模式的城乡教育共同体。其中,融合型是指城镇优质学校和乡村学校之间全面重组,融合成"一校两区"或"一校多区";共建型是指乡村学校由城镇优质学校委托管理,或者结成紧密型的教育集团办学;协作型则是城镇学校与乡村学校之间形成结对帮扶联盟。[④] 在"融合型"和"共建型"教育共同体中推进的城乡教师轮岗交流,"呈现的是一种网状交流状态,突破了以往学校与学校之间的点对点的关系,而在一个区域、系统里进

① 候洁,李睿等."县管校聘"政策的实施困境及破解之道[J].中小学管理,2017(10).

② 中共中央国务院关于全面推进乡村振兴加快农业农村现代化的意见[EB/OL].[2021-02-21] http://www.gov.cn/xinwen/2021/02/21/content_5588098.htm.

③ 郭丹丹."良序"的建立:从碎片化到整体治理——学区化办学与教师交流政策的互构生成[J].国家教育行政学院学报,2016(11).

④ 浙江省教育厅等.关于新时代城乡义务教育共同体建设的指导意见[EB/OL].[2021-01-05] http://jyt.zj.gov.cn/art/2021/1/5/art_1532973_58916609.html.

行关系再造和生态重塑"①。为此,在城乡教育共同体内部强化干部教师队伍交流,开展"组团式"教师集体交流,探索紧缺学科教师的"走校制"交流等多种方式,有利于实现"县管校聘"与教师轮岗交流政策之间的"联姻",促进教师轮岗交流的良序发展。

再次,实现交流教师拥有的"能量"流动。"县管校聘"下教师轮岗交流并不仅仅是让人员流动起来那么简单,而是要让交流教师发挥引领、示范和辐射作用,激活学校办学的内在动力,实现其自主的可持续发展。因此,教师交流真正指向的不是"教师"本身,而是附着于教师身上的"素质"等人力资源形态。正如学者指出的那样,校长教师轮岗交流政策实施应思考如何实现流动教师身上所拥有的"能量"流动。② 要激活作为人力资源的轮岗交流教师的能动性,一方面要坚持需求导向,在全面摸清县域内所有教师的优势和劣势的基础上,在交流教师与流入学校之间建立良好的个人—组织匹配关系;另一方面流入学校应充分信任和赋权给交流教师,让交流教师有充分施展才华的机会和平台。相反,"如果缺乏良好的发展生态建设,即使一位优秀的骨干教师被聘到薄弱学校、农村学校,不仅无法发挥他(她)的骨干作用,久而久之,他(她)可能变成为一名不优秀的教师"③。

3.优化"县管校聘"政策的环境支持

"县管校聘"政策实施,需要有良好的政策环境予以支持,主要表现为消解城乡现实差异和应试文化风气带来的制约性影响。

首先,推动城乡一体化发展,增强乡村教师岗位吸引力。任何公共政策的执行,都会受到不同地域内的社会情境因素的制约性影响。"县管校聘"改革难以执行的外部阻力主要来自于城乡之间经济文化发展水平的差距,而这种差距客观上造成了义务教育"城镇挤、乡村弱"的根本问题,导致城乡教师岗位吸引力存在明显差别。"乡村衰败不仅导致无法吸引优秀教师到农村任教,而且导致优质教育资源的'向城性流动'"④。乡村的振兴,离不开乡村教育的发展。要办好乡村教育,自然要努力吸引学生和优秀教师的回流。在乡村振兴、共同富裕的新时代背景下,构建激励相容的城乡融合发展体制机制,推进城乡义务教育一体化发展,尤其是"深化'城乡学校共同体'建设,发展更多的'融合型'城乡学校共同体,

① 操太圣.推进"大面积、大比例"校长教师轮岗交流的策略选择[J].人民教育,2022(8).
② 叶菊艳,卢乃桂."能量理论"视域下校长教师轮岗交流政策实施的思考[J].教育研究,2016(1).
③ 黄全明.教师"县管校聘"改革的政策取向及实践省思[J].宁波教育学院学报,2020(2).
④ 邬志辉.城乡教育一体化的制度束缚与破解[J].华南师范大学学报(社会科学版),2013(1).

实行'师资同盘、教学同步、培训同频、文化同系、考核同体'的一体化发展"①,成为当前较为重要的路径依赖。

其次,建立合理的考核评价机制,营造和谐的考评文化氛围。在"校聘"环节,"教学业绩好坏"成为影响教师岗聘的重要因素,"进城"流动教师、初中教师、学校领导和中层干部等不同群体都十分看重这个因素。现实中,考试成绩至上的考评文化不仅有社会文化传统的惯性影响,更是学校、学生家长对优质教育资源争夺的直接反映,还是教师为成功竞聘证明自身能力的资本表现。因而无论是对学校办学的考核评价,还是对教师个体的考核评价,都应坚决摒弃"唯成绩"的片面导向,确立综合化、发展性的考核评价指标体系,营造和谐的考评文化环境。浙江省在2016年出台的《关于深入推进中小学教师"县管校聘"管理改革试点的指导意见》中明确指出,要"建立不同工作岗位的分类考核指标和考核办法,建立学校、教师、学生和社会多方参与的教师考核评价机制。聘期考核重点突出师德表现、工作绩效和能力水平与岗位要求的匹配度。"②因此,有必要进一步完善学校和教师考核评价制度,积极发挥考核评价的激励引导功能,确保"县管校聘"的公信力。

五、从单位人到系统人:制度变革下教师的身份转型

在城乡教师交流轮岗政策的推进过程中,教师是"什么人"的问题一直都是学术研究、政策设计及其实践中普遍关心的重要内容。从人性假设的角度看,教师是"经济人""社会人""道德人",甚或是"专业人"。从教育管理的角度看,教师是依然属于所在学校这一"单位"的人,还是划归到所在的学区管理,成为"学区"的人,或者由县级教育行政部门统筹管理,成为"系统"的人?以往学术探讨中提出了可以实行"无校籍管理",期待教师由"单位人"或"学校人"变为"系统人"的政策建议,以解决教师到底归谁管的问题。当前"县管校聘"管理改革,在制度体制上破解了教师的编制、岗位和聘任之间的不相容问题,为教师实现从"单位人"到"系统人"的转型提供了可靠保障。

(一)作为"单位人"的教师

我们对"单位"这个概念对我们并不陌生。从中华人民共和国成立以来,我国很长一段时间都是一个单位社会。作为在我国普遍存在的单位,在实践中呈

① 陈峰.共同富裕背景下的浙江教育政策取向[J].人民教育,2022(2).
② 浙江省教育厅等.关于深入推进中小学教师"县管校聘"管理改革试点的指导意见[EB/OL].[2016-07-29]http://jyt.zj.gov.cn/art/2016/7/29/art_1532971_27484487.html.

现出三种价值取向①:一是注重权威。单位的管理强调下级对上级的无条件服从和接受,在组织内部单位领导与"单位人"之间主要是正式制度规定的自上而下的权威关系。二是拒绝变动。其突出的表现就是对"单位人"的控制,尤其是在人事管理上对流动的抵制。三是强调统一。"单位人"的政治生活、经济生活和社会生活都受到单位的统一规划和实际安排。这些价值取向上的特点,在每个单位人的思想、观念和行动上都留有深深的烙印,导致单位对人的绝对控制,以及人对单位的强烈依赖。由于单位管理思维的控制性,也由于单位人对单位生活的情感归依性和人格依附性,使得相当一部分的人甘愿生活在一个相对稳定和封闭的狭小空间之内,极大地限制了人的自由流动。诚如有学者所言,"单位所提供的种种生活保障和组织关怀,以及单位生活的情感归属,则使相当多的单位人作茧自缚地将生活自觉地封闭在狭小的天地之内"②。

一个人所在单位的好坏,在某种程度上决定了他的社会身份和地位高低,也决定着他拥有什么样的资源和过一种什么样的生活。"由于每个单位的资源具有重大差别,个人在不同的单位工作则占有不同的资源,因而具有不同的经济收入,享有不同的社会声誉,也往往处于不同的社会地位。"③可见,属于哪个单位,就意味着自己拥有什么样的身份归属和价值定位,也就自然而然地圈定了自己的生活边界。但由于人的"逐利"本性使然,以及由于单位资源拥有的差异性,都促使人们不断寻求各种可能的机会以达到向上流动的基本目的。然而在人事制度管理上,传统的"单位人"管理机制极为不利于人才资源的合理流动,比如一些单位有意设置"人才壁垒",强化"行政控制",或者是严控"人员编制"④。

从根本上来说,"单位人"是计划经济时代的产物。从计划经济向市场经济的社会转型,我国逐步进入"后单位"时代,以往的很多单位纷纷解体或改制,但"单位人"的制度特征和文化特征在一些事业单位中依然存在。学校作为一种单位形态,亦很好地体现了单位的一些基本特征和价值诉求。比如,重点学校、普通学校和薄弱学校之间因拥有的资源差异,而表现出不同学校教师生活边界的现实差异;教师的"铁饭碗",体现了教师职业的牢固性、稳定性而非流动性。我国1993年颁布的《中华人民共和国教师法》第十七条规定,学校"应当逐步实行教师聘任制,教师聘任应当遵循双方地位平等的原则,由学校和教师签订聘任合同,明确规定双方的权利、义务和责任";以及在第五条规定,学校"自主进行教师

① 刘义国.跨区域流动教师身份认同[D].上海:华东师范大学,2008:19-22.
② 揭爱花.单位:一种特殊的生活空间[J].浙江大学学报(人文社会科学版),2000(5).
③ 武中哲."单位"资本与社会分层[J].浙江社会科学,2001(5).
④ 万晖.单位人转化为社会人的理性思考[J].理论导报,2004(4).

管理工作"①。法律意义上的这种合同聘任与管理,体现了教师和学校双方之间基于自由与平等的契约合同关系。教师的契约身份改变了计划经济时代教师作为"国家干部"的身份,教师也有了一定的自由选择权利。然而,"单位人与契约人并不是截然二分的,从单个教师的角度看,契约身份只是单位身份的延续,尽管带来自身与学校关系、自身物质利益保障方式的改变,教师还是在同一个单位工作,单位提供了基本的工作舞台和物质保障"②。可见,即使已经实行了教师聘任制,学校教师作为"单位人"的身份属性并没有彻底消失,依然享受着所在单位提供的各种资源和保障;已有的教师聘任制并未真正形成"能上能下"的择优用人机制,单位的意识和思维依然深深地固着于教师的认知观念和行动方式之中。

(二)作为"系统人"的教师

在教育领域的综合改革中,作为具有全员参与性质的教师交流轮岗制度实施,"单位人"的人事管理方式极大地限制了教师交流轮岗的顺利推行。而教师作为"系统人"理念的鲜明提出,正是基于这种政策实践困境基础上的教育行政管理思维的结果,强调教师的人事去向可由县(区)教育行政管理部门统筹调配和协调,其政策意义就在于希望能够破除教师身份"单位所有"给教师流动带来的制度性障碍。

在如今的后单位制时代,"单位人"到底转变成了什么人? 有学者认为,"单位人"在制度性维度上变成了很多学者所认为的"社会人",而在文化维度上却变成了福柯所说的"自我企业家"。③ 可见,在内涵上要想获得与"单位人"完全对应的一个概念还是比较困难和复杂的。那么,作为"系统人"的教师,与作为"单位人"的教师在制度性维度和文化维度上的内涵有着怎样的对应关系呢? 在制度性维度上,与教师作为"单位人"相对,"系统人"的实质是希望将教师的单位所有制转变为区域内共享制,将教师人事管理权限归属到更大的县(区)级教育行政系统之下,凸显教师职业应承担的公共教育服务职能,同时也打破了"单位人"稳定的"铁饭碗"。县(区)教育主管部门需要以民事主体的身份与教师签订人事聘用合同,而学校与教师则是签订岗位管理合同。④ 这一改革调整了教师与学校之间的关系,即由传统的单位管理、形式意义上的聘用管理,到业务上合理使

① 中华人民共和国教师法.[1993-10-31]http://www.moe.gov.cn/jyb_sjzl/sjzl_zcfg/zcfg_jyfl/tnull_1314.html.

② 刘义国.跨区域流动教师身份认同[D].上海:华东师范大学,2008:31.

③ 王宁.后单位制时代,"单位人"转变成了什么人[J].学术研究,2018(11).

④ 操太圣,卢乃桂."县管校聘"模式下的轮岗教师管理审思[J].教育研究,2018(2).

用的岗位管理。也就是说,学校对教师只有实际的使用权,而没有人事的聘任权。这一点恰好与1993年《中华人民共和国教师法》的相关规定存在着抵触。但是,"从发展的视角看,一切政策法规都是随着时代的变迁、价值旨趣的转变而发生变化的,完善和修订相关政策法规是教育改革发展应有之义。"①例如前文中提到要"确立公办中小学教师作为国家公职人员特殊的法律地位",就是对《中华人民共和国教师法》中教师作为"专业技术人员"的积极修正和补充。

就改革开放前"单位人"的文化特征来看,在"独立性"维度上高度依赖单位,具有依附性的特征;在"应对不确定性"维度上缺乏创新精神和冒险精神,表现出风险厌恶的特征;在"资源获取方式"维度上遵从行政分配,产生了厌恶竞争性的特征;在"平等性"维度上奉行平均主义,体现追求结果公平的特征。② 仔细考量后发现,由于教育工作的特殊性,当今社会中作为"单位人"的学校教师只明显表现出前两个方面的文化特征,即具有一定的依赖性和稳定偏好;而在教师聘任制和绩效工资政策的双重影响下,教师的竞争意识和机会公平意识已经明显增强。与此相应,作为"系统人"的教师具有自主性,对自己所希望的学校和生活方式有自主选择的权利;在打破"铁饭碗"后也有积极应对不确定性风险的意识和能力,但如何搭建一个较为稳定的、有情感归依的"家",如何保持那种"以校为家""以校为荣"的组织归属感,仍然是一个绕不过去、必须面对的难题。

(三)教师从"单位人"到"系统人"的身份转型

随着社会变革的不断深入和加剧,单位体制逐步解体,单位对人的限制和约束相对减少,人们对单位的依赖意识也随之弱化。单位的不断衰落,也要求人们必须重新审视自己与单位之间的关系,重新寻求自己的身份定位和归属。这是在当代社会转型发展中不可回避的根本问题。当前在义务教育领域推行的"县管校聘"管理体制改革,正是对社会转型发展中教师身份应如何定位和转型的思考与应答。

一般而言,"身份"就是对"我是谁""我为什么属于这个群体"的确认与建构。当教师作为"单位人"的身份认同被打破,而作为"系统人"的身份又难以完全确立,在这个过程中就会引发严重的身份认同危机。著名社会学家吉登斯(Giddens A)指出,"危机"一词不仅仅作为断裂,或多或少更是一种持续的事态。③ 它具有双重内涵:一方面是指事物在其发展过程中面临着危险和困境;另

---

① 操太圣,卢乃桂."县管校聘"模式下的轮岗教师管理审思[J].教育研究,2018(2).

② 王宁.后单位制时代,"单位人"转变成了什么人[J].学术研究,2018(11).

③ 安东尼·吉登斯著,赵旭东,方文译.现代性与自我认同[M].北京:生活·读书·新知三联书店,1998:13.

一方面也意味着事物发展的转折点和新的可能性。① 可见,认同危机是事物螺旋式发展中的一个必然阶段,它是一种事件,也是一个过程。它既需要我们以积极的姿态去面对出现的某种困境,更需要将其看作是自我重新定位和主动建构的新契机与新起点。因而,如何应对和把握当前教师身份转型过程中发生的认同危机,则是必须审慎处理的根本问题。

在实然层面上,交流教师的各种不适应性,以及由此引发的归属感缺失,是从"单位人"向"系统人"身份转变过程中发生认同危机的最本真表现。作为"系统人"的教师,由于流动带来自己的工作环境和生活方式的改变,最容易产生一种"过客"的消极心态或者漂泊无依的无根感,找不到可以情感依靠的存在感,对流入学校文化难以产生真正的认同,由此也就产生"我到底是谁"的身份困惑与迷茫,甚至会引发整个学校管理上的"无序"和文化建设上的"失色"。但在应然层面上,作为一种适应性存在,人需要根据外部环境条件的要求,对自身的心理状态、文化观念和行为实践需要作出适当改变和主动调整,在自我与环境之间保持一种有机平衡状态。而且"作为一种超越性存在,'人'从来都不安于既有的生存现状,而是始终对未来怀着美好的憧憬与期望,并不断追寻自己的'家园'"②。对于交流教师来说,"县管校聘"管理体制改革已经在路上,教师从"单位人"到"系统人"的身份转型已经成为可能的事实,"逃避"和"抵制"都不是可靠、明智的行为选择。只有在主动适应中不断改变自我和超越自我,形成积极的价值认同、情感归依和文化融入,才能在变动中找寻到自己的安身立命之所,才能在新的学校组织这一生活空间和社会空间中重新找回自我。

事实上,把教师身份从"单位人"转变为"系统人",是推进县域内城乡教师交流轮岗的重要一步,同时还需要进一步明确政府和学校的管理权责、激活教师的能动力量。2018年中共中央国务院颁布的《关于全面深化新时代教师队伍建设改革的意见》中特别强调,要"突显教师职业的公共属性,强化教师承担的国家使命和公共教育服务的职责"。在"县管校聘"管理体制改革背景下,教师从"单位人"到"系统人"的身份转型,意味着如何高效地"管"和"用"教师的责任主体与实践方式发生了变化,也意味着教师身份"公共性"特征的形成。这里所说的"公共性"不是简单地指教师作为一种可优化调配的人力资源形态,更是指教师作为优质人才资源所提供的专业服务,是教师身上所具有的内在能量得以更大范围内的扩散和流动。因此,基于"公共性"的视角,教师作为"系统人"身份的确立,在教育管理实践中应强化不同主体的行动方略:县(区)教育行政部门要形成共享

① 刘放桐.马克思主义与西方哲学的现当代走向[M].北京:人民出版社,2002:56.
② 鲁洁.超越性的存在[J].华东师范大学学报(教育科学版),2007(4).

的价值理念和发展愿景,将教师个体的发展目标与区域教育发展目标统一起来;学校要推动专业学习共同体建设,不断提升学校内在系统的变革力量;教师要发挥"专业人"的优势,自觉担当教育改革发展的公共责任和使命。①

---

① 操太圣,卢乃桂."县管校聘"模式下的轮岗教师管理审思[J].教育研究,2018(2).

第五章　专业发展视角下的城乡教师交流

一般认为,政策工具是政策目标与政策结果之间的"桥梁",是政府在政策执行过程中为了更好地达成政策目标的方法与手段。麦克唐纳和埃莫尔(L. M. McDonnell & R. F. Elmore)根据所要获得的政策目标,把政策工具分为四种:命令性工具、激励性工具、能力建设工具和系统变革工具。① 其中,所谓命令性工具是指以政府强制性的命令来要求目标群体(包括个人和机构)行为必须服从某种规则。命令性工具也称为权威性工具,是政府使用最为经常和普遍的政策工具,这是因为"命令比其他工具更有效率,便于自上而下的控制,以及所需的成本也相对较低"②。现阶段,城乡教师交流"动起来"已成为一个普遍的事实。通过使用那些命令性工具,在很大程度上确保了城乡教师交流的顺利开展,促进了优质教师资源带动和辐射作用的发挥,然而这种流动更多是以完成规定的行政任务为目的,产生的"涟漪效应"并不明显,尚未实质性地提升城乡交流的内涵性价值,在激活教师队伍活力方面的作用依然有限,在微观层面上促进教师专业发展这一价值目标并没有得到充分的展现。"真正有效的教师流动政策必须实现由外延式流动、强制性流动、帮扶式流动向内涵式流动、主动式流动、真心式流动的根本转变。"③

为了提升交流教师的专业发展水平,确保交流到农村学校或薄弱学校的教师能够"教得好"和"有发展",多渠道加强专业导向的能力建设工具则是必须持续深化的根本内容。所谓能力建设工具是政府将资金转移用于为个体和机构提供做决策或采取某种行为的信息、培训、教育和资源,它着眼于个体和机构的长远发展。"如果说激励是一种短期补贴的话,那么能力建设就是一种长期的投

---

① 陈振明.政策科学——公共政策分析导论[M].2版.北京:中国人民大学出版社,2003:172.
② 黄忠敬.教育政策工具的分类与选择策略[J].国家教育行政学院学报,2008(8).
③ 龙宝新.教师专业发展视域中的城乡教师流动政策思考[J].现代基础教育研究,2018(4).

资,其效果可能在短时期内看不出来"①。正是由于能力建设工具关注长期的效果,在政策设计和实践中经常会被掩盖或忽视。在教育部等部委颁布的《交流轮岗意见》中提到"要加强对交流轮岗校长教师的针对性培训",但在现实中专门针对交流轮岗教师这一特殊群体的培训项目还是较为缺乏的,而且能力建设工具也仅限于单一的教师培训层面,在交流学校层面甚至更大的学区管理层面,并未有效构建促进交流教师专业发展的运行机制。有学者在实证研究后指出,"我国现行教师交流制度设计的重点在于教师参与交流后会得到哪些实质性的优惠或好处,以此吸引教师们更积极地参与交流;并不是如何使教师通过交流发挥更大的专业作用,以此来提升他们的专业能力,促进其专业发展"②。可见,教师参与交流主要是受到某种利益诱导的影响,而不是源自个体内在的专业发展需求,尚未从教育系统内部要素入手展开。要实质性地提升城乡交流的内涵,借助"流动"这一途径来促进教师专业发展,反过来又以整体提升的优质师资来推进义务教育高质量均衡发展,则是必须加以深入思考的问题。对参与交流的教师个体来说,要把"流动"看作是促进自身发展的有利契机,而不是把"流动"当作甩不掉的沉重"包袱"。基于此,本章尝试从教师自身专业发展的视角来进一步认识和探讨城乡教师交流问题。

一、专业发展视角下城乡教师交流的重要价值

政策目标是政府为解决某个问题而采取行动所要达到的具体目的和实际效果,是一项公共政策的出发点和落脚点。从政策目标的性质来看,有显性和隐性之分。我国城乡教师交流政策设计的显性目标就在于通过教师资源的优化配置和整体质量提升,来推动义务教育优质均衡发展和实现教育公平;隐性目标则是促进教师个体的专业发展。然而,在"交流"中带动和实现教师的专业发展,是城乡教师交流政策实施中一个极为重要但长期"隐而不彰"的问题,也是极易被遮蔽或漠视的内在价值。基于教师专业发展的视角来审视城乡教师交流政策实践,其价值主要体现为三个方面:一是在宏观整体上有利于实现城乡教育的优质均衡和一体化发展;二是有利于凸显教师在城乡交流实践中的主体地位,让交流教师在制度认同中成为自觉的能动施为者;三是有利于城乡教师交流的实践路径从依赖外在援助力量转向依靠自我内生力量,形成内生式发展的模式。

① 黄忠敬.教育政策工具的分类与选择策略[J].国家教育行政学院学报,2008(8).
② 蔡永红,王莉等.中小学教师交流制度对交流意愿的影响——交流需要满足的中介作用[J].教育发展研究,2016(4).

（一）有利于实现城乡教育一体化发展的目标追求

从国家政策的宏观视角看,我国城乡义务教育已从均衡发展转向一体化发展的道路。中共中央、国务院在 2010 年的《国家中长期教育改革和发展规划纲要(2010—2020 年)》中曾明确提出,"均衡发展是义务教育的战略性任务"。到 2017 年 10 月,党的十九大报告在论述优先发展教育事业时具体指出,"推动城乡义务教育一体化发展,高度重视农村义务教育",这是我国进入新时代对义务教育发展的重大战略决策。当下,如何实现城乡义务教育一体化发展,落实城乡教育的高质量均衡发展,让每个孩子都能接受公平有质量的教育,成为新时代教育的发展主题。在我国,义务教育均衡发展的关键和难点都在"农村",当然这种均衡不是搞"平均主义"或"同质化",不是要将"农村"变成"城市",也不等于城市的"削峰填谷"式发展,而是要在体现"差异"基础上达到基本均衡,并以优质高位均衡作为努力追求的目标,"城乡一体化发展则是在均衡发展基础上的更高要求"①。

以城乡一体化发展的战略目标来统筹调配县域内的教师资源,实现优质师资的整体优化和共享使用,自然是离不开师资队伍水平的整体提高。而教师队伍整体质量的全面提升,同样离不开每一个教师个体的专业成长。基于专业发展的视角来审视城乡教师交流,主要就是以教师专业发展的实现为价值旨归,让参与交流的主体"教师"在交流过程中不断"增值",这不仅能促进交流教师自身的专业发展,还会带动、辐射和影响交流学校的教师发展。因此,借助教师专业发展这一纽带,实现区域内教师资源从"存量调整"到"整体提升"的转变,从"人力资源"配置到"人才资源"培育的转向,可以极大地推动义务教育均衡从"外延式"到"内涵式"的高质量发展。

（二）有利于凸显教师在城乡交流中的主体位置

我们知道,制度安排下的城乡教师交流政策实践,首要关心的是教师交流有没有得以实施,至于教师是否有积极主动的交流意愿,交流有没有激活教师的内在能动性,交流有没有带来城乡教师的共同发展,这些在完成行政任务面前似乎都不是很重要。教师发展在根本上是自我导向的结果,其动力源于自身专业发展的内在需要和美好向往。现实中一些教师在自身的生涯发展中习惯于被动的执行、疏于主动的自我思考,在自我的遗忘中造成了日常生活的无意义感,严重处于一种"麻木适应"的生存状态。要彻底走出教师专业发展遭遇的种种困境,唤醒教师发展的自觉,激活教师发展的内驱力,让教师成为自身专业发展的主人

---

① 张力.城乡一体化发展是义务教育均衡发展的更高要求[J].中国教育学刊,2017(12).

则是通往理想与现实的一条必由之路。当前城乡教师交流政策的深入推进,对教师专业发展提供了新的契机,"交流"本身也应成为教师专业成长的生活方式之一。

教师始终都是教育改革发展的重要推动力量。正如联合国教科文组织在《教育——财富蕴藏其中》中所言,"没有教师的协助及其积极参与,任何改革都不能成功"①。我国城乡教师交流制度的有效实施和纵深推进,同样是离不开教师能动参与的,教师应成为城乡交流制度实施的积极行动者、能动施为者。作为政策实施主体,教师对政策的接纳和认同是保障政策有效实施的前提条件。但在现实中很多教师的交流意愿或态度是不够积极主动的,交流动力是严重不足或缺失的,教师在城乡交流政策实践中的主体地位也没有得到落实,通常是作为"被流动""被安排"的客体对象而存在的。很显然,"人在心不在"式的被动流动严重制约了城乡教师交流的实效性。

从"被流动"到"自主流动"的转向,既要让教师"心甘情愿",同时也要充分彰显教师的主体性力量。专业发展视角下的城乡教师交流,对于交流教师来说,"流动"不再是一种沉重的负担或冰冷的任务,不再是为了获取某种外在的利益需求,而是自身成长必须把握的发展契机和生存境遇。在这个过程中,让教师不断觉醒自身的专业发展意识,以及增强自身应对和解决各种复杂教育情境的能力,从而以更积极主动的姿态去参与城乡交流。这不仅能够凸显教师在城乡交流中的主体位置,而且有利于提升城乡教师交流制度实施的实效性。

(三)有利于形成基于内生的外援均衡发展模式

从城乡教师资源均衡发展的模式看,不外乎"外援型"和"内生型"两种。其中,"外援型"主要是在国家政府主导下,依靠相关政策法规的规定来补充优质师资和提升乡村学校教师的水平;"内生型"主要是指依靠学校和教师主体自身的内在力量,不断向外发展和延伸。② 这两种城乡教师资源均衡的模式都有其自身的优势和存在的合理性,但也难以回避实践中的困境。为了扬长避短,从根本上实现城乡教师均衡发展的根本目的,唐松林提出有必要构建一种基于内生的外援均衡模式。③ 当前我国正在广泛实施的城乡教师交流轮岗制度,正是一种"外援型"的均衡模式。在我国城乡教师交流政策的发展脉络中,"行政主导"的外援式教师交流始终居于主流状态,它体现的是政府决策者的信心和决心,依赖的是外在的支援力量。富兰(Fullan)曾经指出,"决策者关于变革的假设通常都

① 联合国教科文组织.教育——财富蕴藏其中[M].北京:教育科学出版社,1996:15.
② 唐松林.我国城乡教师均衡发展研究:理论与方法[M].北京:高等教育出版社,2016:196-198.
③ 唐松林.我国城乡教师均衡发展研究:理论与方法[M].北京:高等教育出版社,2016:203.

是过度理性的，他们对变革的规划非常投入，且充满信心，渴望自己设计的变革项目能够实施。但出人意料的是，在学校变革问题上，'有志者'不一定'事竟成'"①。应该看到，在城乡教师交流制度的配套保障措施中，在利益上实际考虑了教师生存和发展的基本需要，但指向教师专业发展的内在驱动力度依然不足。因而，要构建一种基于内生的外援均衡模式，激活城乡教师交流的内生性力量，旨在促进教师专业发展的城乡教师交流机制的构建则是可行的路向。

指向专业发展的城乡教师交流，极为重视在学校组织变革层面为教师发展提供机会或条件，更为关心在流动中教师个体发展和学校组织发展的目标一致。教师要消除"外来人"或"异校人"的身份感，主动适应甚或自觉融入流入学校的组织文化，充分认识到自己对于学校发展的重要价值。在此前提下，依托城乡教师共同体的平台优势，加强交流教师与流入校教师之间的专业合作，推进学校教师团队的整体性发展，在学校组织内部形成一种强大的内生性力量。内生式发展是一种自我导向性的发展过程，使学校组织和教师个体达到自己所希望的发展状态，同时有助于在区域内形成一种良性互动的教育生态环境。这样，从"外援"到"内生"的价值观念和行动方式的转变，学校发展就拥有了一股可持续发展的积极能量，城乡教育优质均衡发展的目标也就不再遥远。

二、基于不同驱动类型教师参与交流的调查分析②

义务教育均衡发展的核心在于教师资源的均衡，教师资源能否均衡的重点则取决于能否有效实现教师的合理流动，而我国目前仍处于强制的政府主导阶段。诚如有学者在分析国际经验后指出的那样，当前我国教师流动正处于从"自发的、市场导向"向"强制的、政府主导"的过渡阶段，尚未进入"自主的、市场主导与教师主体"的发展阶段。③ 2014 年 8 月教育部等 3 部委联合印发的《交流轮岗意见》中明确提出，要用 3～5 年的时间实现县（区）域内校长教师交流的制度化、常态化。在现阶段我们应进一步加强城乡教师交流的制度化建设，推动合理有序、高质量有内涵的教师流动。

学校教师是影响城乡交流政策实施成效的关键主体，而不同教师个体在参与交流时会受到不同性质的驱动力的深刻影响。有学者指出，城乡教师的有序

①　转引操太圣，吴蔚. 从外在支援到内在发展：教师轮岗交流政策的实施重点探析[J]. 全球教育展望，2014(2).

②　本部分内容参阅：李茂森，朱静. 指向专业发展的城乡教师交流——基于不同驱动类型教师参与交流的调查分析[J]. 湖州师范学院学报，2017(6).

③　李玲，韩玉梅. 西方国家中小学教师流动的经验与启示[J]. 比较教育研究，2011(11).

交流会受到四个方面的驱动力影响：一是政治驱动（或行政推动），即由中央和国家政府采取的制度、政策法规等硬性规定所产生的推动力量；二是利益驱动，即以工资、奖金、福利、名誉和职称等方式来推动教师参与交流；三是专业驱动，即教师基于专业发展的需要和对自身职业前景的主动追求来参与交流；还有一种是融合了政治驱动和利益驱动的综合方式，即混合驱动。① 其中，"政治驱动""利益驱动"，以及"混合驱动"都属于推动教师流动的外部力量，只有"专业驱动"构成了教师流动的内在动力。这种学理上的类型划分是为了更清晰地认识和解释事物本身，在真实的实践中往往会受到多种力量的相互作用和综合影响，一些教师参与城乡交流可能就是多种力量相互博弈和斗争妥协的结果。为了最大限度地调动交流教师的工作积极性，从政治驱动、利益驱动下的城乡教师交流，转向以专业驱动为基点的教师交流应成为一种必然态势。同时为了更进一步认识和厘清教师参与交流会受到何种驱动力的主要影响，我们以浙江省A县为例，比较分析以上三种不同驱动类型教师（不包括混合驱动）对于城乡教师交流的认识差异，从促进教师专业发展的视角来思考如何更有效地推动城乡教师交流。

在第二章的论述中提到，根据学校分布区域位置的不同，我们将浙江省A县义务教育学校大致划分为城镇学校、城乡接合部学校和农村学校三大类别。在调查研究过程中采用了自主编制的调查问卷，采取分层整体、随机抽样的方法，在13所样本学校中共发放调查问卷774份，回收有效问卷635份。② 为了进一步研究的实际需要，我们删除了出于"其他目的"参与城乡教师交流的样本77份，具体分析三种不同驱动类型教师的样本558份。其中，专业驱动型的教师235人，占42.1%；利益驱动型的教师221人，占39.6%；行政推动型的教师102人，占18.3%。调查结果主要运用SPSS19.0统计软件中的交叉分析方法进行描述统计，在统计分析中将"专业驱动型""利益驱动型"和"行政推动型"三种不同驱动类型作为变量因素对待。

（一）不同驱动类型教师参与交流的总体情况

数据统计结果显示，有42.1%的教师受专业驱动的影响，39.6%的教师受利益驱动的影响，还有18.3%的教师受到行政推动的影响。在人口学统计变量分析中，我们选择了性别、年龄、教龄，以及是否骨干教师等多个变量进行了差异检验和交叉分析。结果发现，三种不同驱动类型教师参与交流在年龄、教龄，以

---

① 许发梅.教育均衡与城乡教师交流[J].现代教育论丛,2008(12).

② 李茂森.关于义务教育阶段城乡教师流动的调查与分析——基于浙江省A县义务教育学校635名教师的调查[J].现代中小学教育,2015(5).

及是否骨干教师方面存在着显著差异。

1. 教师参与交流在年龄和教龄上都存在明显差异

调查发现,年龄的大小对教师参与何种类型的交流存在着显著差异($\chi^2 =$ 21.213,sig$=0.002<0.05$)。不同年龄段教师之间相互比较分析后发现,"31—40 岁"年龄段的教师分别和"41—50 岁"年龄段的教师(sig$=0.035<0.05$),以及和"51 岁以上"年龄段的教师(sig$=0.006<0.05$)之间都存在着显著差异。在表 5-1 中,"31—40 岁"年龄段的教师参与交流受到专业驱动(占 44.3%)、利益驱动(占 43.0%)影响的比例明显高于行政推动(占 12.7%);而"41—50 岁"和"51 岁以上"年龄段的教师参与交流更容易受到行政推动的影响。

表 5-1　不同驱动类型教师与年龄大小之间的交叉表

年龄	驱动类型					
	专业驱动型		利益驱动型		行政推动型	
	人数	占比	人数	占比	人数	占比
30 岁以下	27	39.1%	30	43.5%	12	17.4%
31—40 岁	139	44.3%	135	43.0%	40	12.7%
41—50 岁	51	42.1%	37	30.6%	33	37.3%
51 岁以上	18	33.3%	19	35.2%	17	31.5%
合计	235	42.1%	221	39.6%	102	18.3%

同样,教龄的长短对教师参与何种类型的交流也存在着显著差异($\chi^2 =$ 18.709,sig$=0.016<0.05$)。通过对不同教龄教师之间的相互比较分析后发现,工作"21 年以上"教龄的教师和"6—10 年"教龄的教师(sig$=0.040<0.05$),以及"11—15 年"教龄的教师(sig$=0.009<0.05$)之间都存在着显著差异。在表 5-2 中,工作"6—10 年"教龄的教师参与交流最容易受到专业驱动(占 48.5%)的影响;相对来说,"16—20 年"和"21 年以上"教龄的教师参与交流更容易受到行政推动的影响;而"11—15 年"教龄的教师最不愿意参与行政推动的交流(占 11.0%)。

表 5-2　不同驱动类型教师与教龄长短之间的交叉表

教龄	驱动类型					
	专业驱动型		利益驱动型		行政推动型	
	人数	占比	人数	占比	人数	占比
5 年以下	19	41.3%	21	45.7%	6	13.0%
6—10 年	32	48.5%	24	36.4%	10	15.2%
11—15 年	79	43.6%	82	45.3%	20	11.0%
16—20 年	51	40.8%	47	37.6%	27	21.6%
21 年以上	54	38.6%	47	33.6%	39	27.9%
合计	235	42.1%	221	39.6%	102	18.3%

2.骨干教师参与交流的能动性受限

在城乡教师交流政策的制度设计上,推动城镇优质师资向农村学校流动是其中的重要内容,"是否为骨干教师"是选择教师参与交流的一个重要依据。但在现实中骨干教师参与交流的能动性受限,专业驱动产生的影响效应并不明显。在差异性检验上,"是否为骨干教师"对教师参与何种类型的交流存在着显著差异($\chi^2 = 12.257$, sig $= 0.002 < 0.05$)。调查结果显示(见表 5-3),非骨干教师在选择专业驱动、利益驱动上所占比例高于骨干教师;而在行政推动上,骨干教师所占比例(占 27.2%)要明显高于非骨干教师(占 14.6%)。

表 5-3　不同驱动类型教师与是否骨干教师之间的交叉表

骨干教师	驱动类型					
	专业驱动型		利益驱动型		行政推动型	
	人数	占比	人数	占比	人数	占比
否	172	43.4%	166	41.9%	58	14.6%
是	63	38.9%	55	34.0%	44	27.2%
合计	235	42.1%	221	39.6%	102	18.3%

(二)不同驱动类型教师参与交流的期待

在参与城乡交流的意愿以何种途径参与交流,以及参与交流后希望获得怎样的回报补偿,不同驱动类型教师的期待是存在差异的。研究结果表明,专业驱动型和利益驱动型教师在交流意愿上都不够积极主动,且都更加希望在交流中有充分的自主选择机会;专业驱动型教师在参与交流后更看重专业发展的机会,而不是某种外在的利益需求满足。

1.专业驱动型和利益驱动型教师在交流意愿上都不够积极主动

在城乡教师参与交流的主观意愿上(见表5-4),有54.9%的专业驱动型教师表示"不愿意"参与交流(其中"完全不愿意"的比例为19.6%),仅有12.3%的教师表示"非常愿意"参与交流;有42.2%的行政推动型教师表示"不愿意"参与交流(其中"完全不愿意"的比例为15.7%),却有24.5%的教师表示"非常愿意"参与交流;有61.1%的利益驱动型教师表示"不愿意"参与交流(其中"完全不愿意"的比例为32.1%)。可见,出于专业驱动目的的教师在交流意愿上并不是十分积极主动;对基于利益驱动的教师来说,参与交流也没有很强烈的吸引力。进一步分析发现,不同驱动类型的教师在参与城乡交流的主观意愿上存在着显著差异($\chi^2 = 24.330$, sig = 0.002 < 0.05)。经过不同驱动类型教师之间的相互比较分析,可以看到行政推动型教师和专业驱动型教师(sig = 0.010 < 0.05),以及和利益驱动型教师(sig = 0.000 < 0.05)之间都有着显著差异,但专业驱动型和利益驱动型教师之间却没有表现出显著差异(sig = 0.209 > 0.05)。

表5-4　不同驱动类型教师与交流意愿之间的交叉表

驱动类型	交流意愿									
	非常愿意		比较愿意		基本愿意		不太愿意		完全不愿意	
	人数	占比	人数	占比	人数	占比	人数	占比	人数	占比
专业驱动型	29	12.3%	36	15.3%	41	17.4%	83	35.3%	46	19.6%
利益驱动型	33	14.9%	28	12.7%	25	11.3%	64	29.0%	71	32.1%
行政推动型	25	24.5%	17	16.7%	17	16.7%	27	26.5%	16	15.7%
合计	87	15.6%	81	14.5%	83	14.9%	174	31.2%	133	23.8%

2.专业驱动型和利益驱动型教师更加希望在交流中有充分的自主选择机会

调查发现,不同驱动类型教师在期待参与交流的途径上有显著差异($\chi^2 = 34.542$, sig = 0.00 < 0.01)。经过不同驱动类型教师之间的相互比较分析,可以看到专业驱动型、利益驱动型分别与行政推动型教师之间都有着显著差异(sig = 0.00 < 0.01),但专业驱动型和利益驱动型教师之间却没有显著差异(sig = 0.254 > 0.05)。在表5-5中,有83.8%的专业驱动型教师和85.5%的利益驱动型教师都希望"能自主申请交流",而行政推动型的教师只有60.8%。行政推动型教师在"由学校推荐交流""教育行政部门直接指派"等方式上的比例分别为

15.7％、12.7％,都远远高于专业驱动型、利益驱动型教师,甚至还有10.8％的行政推动型教师持"无所谓"的心态。可见,专业驱动型和利益驱动型教师更加希望在参与交流过程中有充分的自主选择机会,而不是"被"安排。

表5-5　不同驱动类型教师与交流途径之间的交叉表

驱动类型	交流途径							
	能自主申请交流		由学校推荐交流		教育行政部门直接指派		无所谓	
	人数	占比	人数	占比	人数	占比	人数	占比
专业驱动型	197	83.8％	19	8.1％	8	3.4％	11	4.7％
利益驱动型	189	85.5％	10	4.5％	8	3.6％	14	6.3％
行政推动型	62	60.8％	15	15.7％	13	12.7％	11	10.8％
合计	448	80.3％	45	8.1％	29	5.2％	36	6.5％

3.专业驱动型教师在参与交流后更看重专业发展的机会,而不是某种外在的利益需求满足

针对"教师参加交流后期待获得什么样的回报"这个问题,行政推动型和专业驱动型(sig＝0.031＜0.05),以及和利益驱动型(sig＝0.001＜0.05)的教师在"晋升职称职务"上都存在显著差异;利益驱动型和专业驱动型(sig＝0.000＜0.05),以及和行政推动型的教师(sig＝0.027＜0.05)在"提高薪资待遇"上分别存在显著差异;专业驱动型和行政推动型(sig＝0.016＜0.05),以及和利益驱动型(sig＝0.001＜0.05)的教师在"事业发展上获得更多的机会"上也都存在显著差异。在图5-1中比较后发现,利益驱动型教师参与交流后更希望获得晋升职称职务(占59.7％)、提高薪资待遇(占79.6％)、带薪休假(占36.7％)等多方面的利益需求满足;专业驱动型教师在参与交流后更看重获得专业发展的机会(52.3％),而不是某种外在的利益满足。事实上,在城乡教师交流政策的制度设计上,更多详细规定的是教师参与交流后能够获得某种利益需求上的补偿性满足,"很少关注到教师在流入学校的专业发展问题"①。而且糟糕的是,即使我们给予了一定的利益补偿或者激励,也无法保证能够激发教师的交流意愿和提高教师的成就感。这也就自然引起我们关注和思考如何在教师参与交流后更切实地促进其专业发展能力的提升,以避免为了获取现实利益成为某些教师参与交

①　任春荣.非帕累托改进与利益补偿:基于多水平模型的流动教师成就感影响因素研究[J].基础教育,2014(1).

流的唯一动力和追求,甚至也有学者不无担忧地指出,"教师流动充满功利性欲望,不但遮蔽了教师流动本身的价值,还严重损害了流动对教师个人职业发展的意义"①。

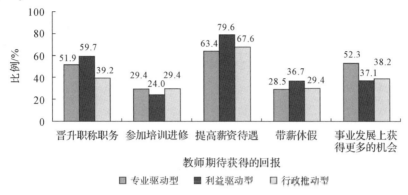

图 5-1 不同驱动类型教师对参与交流获得回报的认识

(三)不同驱动类型教师对城乡交流政策的认识

通过不同驱动类型教师对交流政策认同情况、参与交流的作用发挥、交流作为职称评聘依据等方面的交叉分析,以及不同驱动类型教师之间的差异检验,结果表明:专业驱动型和利益驱动型教师对城乡交流政策的认同情况不够乐观,行政推动型教师作为"旁观者"的被动心态较为明显;三种驱动类型教师对参与交流作用的认识都较为模糊不清;以及利益驱动型教师对职称评聘和评优评先等外部利益刺激没有表现出明显的吸引力。

1.专业驱动型和利益驱动型教师对城乡交流政策的认同情况不够乐观

在显著性差异检验上,不同驱动类型教师对城乡教师交流政策的认同态度有显著的差异($\chi^2 = 31.233$,sig=0.00<0.01)。经过不同驱动类型教师之间的相互比较分析,可以看到专业驱动型、利益驱动型教师分别与行政推动型教师之间都有着显著差异(sig=0.00<0.05),但专业驱动型和利益驱动型教师之间却没有显著差异(sig=0.254>0.05)。在表 5-6 中,有 27.5% 的行政推动型教师"完全赞同"城乡交流政策,而专业驱动型教师仅占 15.7%;持"不太赞同"态度的专业驱动型教师占 29.8%,而行政推动型的教师仅占 12.7%;持"坚决反对"态度的利益驱动型教师所占比例最多(占 14.5%),而行政推动型教师所占比例最低(仅为 2.9%),但却有 30.4% 的行政推动型教师持"无所谓"的心态。总之,专业驱动型和利益驱动型教师对城乡交流政策的认同情况不够乐观,行政推动

---

① 谢延龙,李爱华.教师流动伦理:意蕴、困境与出路[J].现代教育管理,2014(4).

型教师对城乡交流政策的消极态度相对较低,但持"旁观者"的冷漠心态占有较大比重。

表 5-6　不同驱动类型教师与政策认同度之间的交叉表

驱动类型	政策认同度									
	完全赞同		比较赞同		无所谓		不太赞同		坚决反对	
	人数	占比	人数	占比	人数	占比	人数	占比	人数	占比
专业驱动型	37	15.7%	63	26.8%	43	18.3%	70	29.8%	22	9.4%
利益驱动型	37	16.7%	44	19.9%	45	20.8%	62	28.1%	32	14.5%
行政推动型	28	27.5%	27	26.5%	31	30.4%	13	12.7%	3	2.9%
合计	102	18.3%	134	24.0%	120	21.5%	145	26.0%	57	10.2%

2.不论何种驱动类型教师对参与交流作用的认识都不够清晰

城乡教师交流政策实施的目标,在微观层面上就是要促进流入学校教育质量的整体提升和教师个体的专业发展。调查结果显示,在教师交流是否有助于流入学校的教育教学质量提升方面(见表5-7),有 16.7% 的行政推动型教师认为"很有帮助",而专业驱动型教师仅有 8.9% 。相反,认为"帮助不大"和"没有任何帮助"的专业驱动型教师有 30.2% ,而行政推动型教师仅占 19.6% 。但在这个问题上,不同驱动类型教师之间没有出现显著差异($\chi^2 = 9.692$,sig $= 0.287$ > 0.05)。不同驱动类型教师对参与交流能否提升流入校的教育教学质量都持有较为模糊,甚至消极的态度,持有"说不清楚"看法的比例都在四成以上。

表 5-7　不同驱动类型教师与交流促进学校质量提升之间的交叉表

驱动类型	交流促进学校质量提升									
	很有帮助		较有帮助		说不清楚		帮助不大		没有任何帮助	
	人数	占比	人数	占比	人数	占比	人数	占比	人数	占比
专业驱动型	21	8.9%	42	17.9%	101	43.0%	59	25.1%	12	5.1%
利益驱动型	20	9.0%	41	18.6%	91	41.2%	55	24.9%	14	6.3%
行政推动型	17	16.7%	21	20.6%	44	43.1%	18	17.6%	2	2.0%
合计	58	10.4%	104	18.6%	236	42.3%	132	23.7%	28	5.0%

同时,在教师交流是否有助于促进教师个人的专业发展方面(见表5-8),有 53.2% 的专业驱动型教师表示"说不清楚",仅有 8.1% 的教师认为"非常有利";也有 49.0% 的行政推动型教师表示"说不清楚",认为"非常有利"的教师则有

17.6％。但经过差异性检验，不同驱动类型教师之间也没有显著差异（$\chi^2=$ 10.427，sig＝0.236＞0.05）。可见，城乡教师交流政策的理想愿景与教师个人的实际认知之间存在较大落差，不同驱动类型教师对参与交流能否促进自身专业发展的认识均不够清晰，所占比例在五成左右。

表5-8　不同驱动类型教师与交流促进教师专业发展之间的交叉表

驱动类型	交流促进教师专业发展									
	非常有利		较为有利		说不清楚		较为不利		非常不利	
	人数	占比	人数	占比	人数	占比	人数	占比	人数	占比
专业驱动型	19	8.1％	60	25.5％	125	53.2％	21	8.9％	10	4.3％
利益驱动型	20	9.0％	51	23.1％	122	55.2％	19	8.6％	9	4.1％
行政推动型	18	17.6％	26	25.5％	50	49.0％	7	6.9％	1	1.0％
合计	57	10.2％	137	24.6％	297	53.2％	47	8.4％	20	3.6％

3.利益驱动型教师对职称评聘等外部利益刺激并没有明显的吸引力

在城乡教师交流政策的制度设计上，"是否参与过交流"是教师职称评聘或评优评先的一个重要依据。调查结果表明，针对"教师参与交流作为职称评聘或评优评先的依据"这个问题（见表5-9），有21.6％的行政推动型教师表示"完全认同"，专业驱动型教师所占比例仅有11.1％；持"不太认同"和"完全不认同"态度的利益驱动型教师所占比例均高于专业驱动型、行政推动型的教师，分别为33.5％和12.2％。在差异性检验上，不同驱动类型教师之间存在着显著差异（$\chi^2=18.840$，sig＝0.016＜0.05）。在不同驱动类型教师之间的相互比较分析后，发现利益驱动型和行政推动型教师之间有着显著差异（sig＝0.014＜0.05），而专业驱动型和利益驱动教师（sig＝0.060＞0.05），以及和行政推动教师之间（sig＝0.321＞0.05）都没有明显差异。可见，"参与交流"是否作为教师职称评聘或评优评先等外部利益的评判依据，对不同驱动类型教师（尤其是利益驱动型教师）并没有表现出明显的吸引力。

通常，城乡教师交流政策中"激励性工具"的设计，主要是通过经济补贴、薪酬福利、职务晋升、职称评聘、评优表彰等方式来落实。它主要是为了满足或补偿教师作为"经济人"的某种利益需求，以及教师职业发展的现实需求，反映了政府通过经济及其他可替代性资源来调动教师参与城乡流动的政策意图。当前激励性工具最为突出的问题是"激励性"相对不足，参与城乡交流的教师获得的某些补偿不足以吸引和留住教师扎根于农村学校或薄弱学校，无法有效做到既"留人"又"留心"。事实上，外在的利益刺激或激励并不必然能够诱发教师个体的内在动机。唯有彻底唤醒教师个体内在的幸福感和使命感,流动才可能真正规避"人在曹营心在汉"的尴尬。

表5-9　不同驱动类型教师与交流作为职称评聘依据之间的交叉表

驱动类型	交流作为职称评聘依据									
	完全认同		比较认同		无所谓		不太认同		完全不认同	
	人数	占比	人数	占比	人数	占比	人数	占比	人数	占比
专业驱动型	25	11.1%	88	37.4%	39	16.6%	64	27.2%	18	7.7%
利益驱动型	25	11.3%	68	30.8%	27	12.2%	74	33.5%	27	12.2%
行政推动型	22	21.6%	27	26.5%	19	18.6%	29	28.4%	5	4.9%
合计	72	13.1%	183	32.8%	85	15.2%	167	29.9%	50	9.0%

(四)不同驱动类型教师对城乡交流政策实施的看法

教师参与交流后的适应性状况,以及相配套的政策制度建立健全程度,在城乡教师交流政策实施中都是被重点关注和解决的问题。基于不同驱动类型教师的比较分析,我们发现所有教师参与交流最关心的是生存和归属的需要,而不是自我成就的需要;专业驱动型教师参与交流更期待城乡教育一体化机制的建立健全,而行政推动型教师更看重教师的编制、聘任等人事管理制度改革。

1.教师参与交流最关心的是生存和归属的需要,而不是自我成就的需要

在参与城乡交流中发生的"位移",将给交流教师的角色转换和社会关系重构带来新的冲击和挑战,甚至会发生某些不适应的情形。调查发现,不同驱动类型的教师在交流适应性上没有明显的差异($\chi^2 = 12.898$,sig $= 0.115 > 0.05$)。在表5-10中,不同驱动类型教师参与交流后最难以适应情况的顺序依次都是日常生活、人际关系、学校文化和专业教学(或生源)的变化。从这一适应趋向看,交流教师首要关心的是生存的需要、归属的需要,而不是自我成就的需要。这一结论也契合了马斯洛的需要层次理论中所强调的基本特点,即低层次需要满足是高层次需要的基础,只有先满足低层次需要才有可能实现高层次需要。

交流需要满足的优先顺序不同,也必然会影响到交流教师在专业投入上的程度差异,以及城乡教师交流政策实施的现实效果。有学者也曾指出,"很多教师可能会长时间停留于对生存、人际关系的适应上,而如果流动教师不能到达专业适应阶段的话,肯定会降低流动教师的教学效能和专业发展,不仅不利于提升教师的素质,对学生学习也会产生不利影响,这些将直接影响到教师交流政策实

施的终极目的。"①因而在城乡教师交流政策实践过程中,搭建平台优先满足和保障教师的基本需要是非常重要的。

表 5-10　不同驱动类型教师与交流后教师适应情况之间的交叉表

驱动类型	交流适应情况									
	日常生活的变化		所教学生的变化		人际关系的变化		学校文化环境的变化		其他	
	人数	占比	人数	占比	人数	占比	人数	占比	人数	占比
专业驱动型	106	45.1%	16	6.8%	49	20.9%	44	18.7%	20	8.5%
利益驱动型	101	45.7%	4	1.8%	65	29.4%	31	14.0%	20	9.0%
行政推动型	41	40.2%	6	5.9%	24	23.5%	21	20.6%	10	9.8%
合计	248	44.4%	26	4.7%	138	24.7%	96	17.3%	50	9.0%

2.专业驱动型教师参与交流更期待城乡教育一体化机制的建立健全

城乡教师交流政策的实施,存在着多种不同制度(构成"制度丛"),共同制约着教师参与交流的观念与行动。关于在制度层面影响教师交流制度实施的因素中(见图 5-2),选择"城乡教育一体化的机制尚未形成"的专业驱动型教师占47.2%、行政推动型教师占 31.4%的比例,在差异性检验后发现两者之间存在显著差异(sig=0.007<0.05)。选择"教师聘任制、编制等人事制度管理上的影响"的利益驱动型教师占 50.7%、行政推动型教师占 64.7%的比例,在差异性检验后发现两者之间也存在显著差异(sig=0.018 <0.05)。所以,在当前落实交流教师的利益补偿和激励机制,特别是建立健全城乡教育一体化的发展机制,加强教师人事管理制度改革等举措,是充分发挥"制度丛"影响效应的重要内容。

三、指向专业发展的城乡教师交流的改革路向

城乡教师交流要实现师资队伍的优化配置和义务教育的高质量均衡发展,不能遮蔽或忽视了一个潜在目标,即通过"交流"来带动交流学校教师的整体发展,以及促进交流教师自身的专业成长。那种认为只要城镇学校的优质师资向乡村学校或薄弱学校发生流动,就可以实现教育公平和均衡发展的想法未免有些简单化。从上文的调查分析可以看到(见表 5-4 和表 5-6),行政推动型教师的交流意愿(占 41.2%)比专业驱动型教师(占 27.6%)要高出 13.6 个百分点,且二者之间存在着显著差异;行政推动型教师对城乡交流政策的认同度(占

---

① 卢俊勇,陶青.从教师的文化适应性看教师流动制[J].教育理论与实践,2011(8).

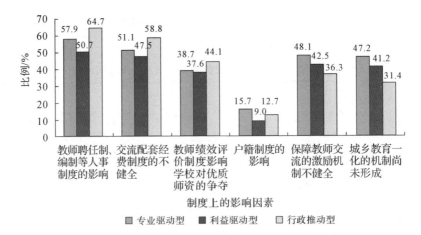

图 5-2　不同驱动类型教师对影响教师交流政策实施的制度因素的认识

54.0%)比专业驱动型教师(占 42.5%)也要高出 11.5 个百分点,同样二者之间存在着显著差异。可见,在城乡教师交流中行政推动的力量要强于专业驱动的力量。然而通过制度安排或行政命令的强制性力量在表面上确实使教师"流动"了起来,但这种流动更多是政府单方面的价值诉求,更多是从利益需求进行适度补偿的视角加以展开,对教师个体的意愿和发展需求相对缺少关怀。"国家虽然从政策上给予了极大的倾斜,对积极参与双向流动的教师也给予了适量的经济补偿、职称评聘优先等政策,但这种流动也只是以利益驱动为前提,即处于一种'理性'为主的思量方式。事实上,这种方式下的双向流动必然也是一种应急性方案,流动教师的工作积极性未必能得到最大限度的发挥。"①因而,为了最大限度地调动交流教师的工作积极性,从行政推动、利益驱动下的城乡教师交流,转向以专业驱动为基点的教师交流应成为一种必然态势。

其实,在如何更有效地推动城乡教师交流政策实施的过程中,制度安排和利益保障已成为必要的前提性基础,更需要不断创新的是如何促进交流教师自身的专业发展,以及带动交流学校教师的整体发展,从而形成强有力的、可持续的"造血"发展机制。所以说,为了满足交流教师在流动过程中的成长需求,激活和释放交流教师的能动性力量,我们有必要从教师专业发展的主体性视角出发,来深入思考和持续推动城乡教师交流政策的实施。

(一)协调好制度安排与个体行动之间的互动关系

当前,城乡教师间的顺畅流动,不仅要在制度安排或政策规定上谋求合理、

---

① 余应鸿,董德龙等.城乡教师流动及其一体化发展机制研究[J].教育理论与实践,2013(31).

有效,以保证交流教师对城乡交流制度本身的接纳和认同,更要激活和释放交流教师个体的能动行为,实现教师参与交流从"行政推动"向"专业驱动"的根本转变,从"被流动"向"要流动"的实质转变。但难以回避的现实情况是,当前城乡教师交流仍然更多是一种硬性规定的制度安排,是教师们"必须做"的一种行为选择,对流入学校教育教学质量的整体提升,以及交流教师自身的专业发展并没有带来预期的实质性变化。事实上,外在的制度变迁需要依靠行政的强制性力量来推动,但更需要促进个体对制度本身的积极认同,而不是消极的抗拒。"如果教师难以在情感、态度和价值观上认同教师交流制度,那么他们的参与就不可能是主体参与,而是被动的参与。在这种情况下,制度安排和个体观念难免产生冲突"①,这样就会造成城乡教师交流的"异化"。当然,"现实中虽不排除有的教师能够以高度的社会责任感、使命感自觉认同新制度背后的价值目标,主动履行制度安排,但显而易见的是,如果我们简单期盼这样的教师大量出现,以致此种局面成为常态,却是一种不切实际的想法。"②因此,从"制度安排"与"个体行动"之间的互动关系来看城乡教师交流制度的顺利实施,一方面要看到教师交流制度给教师专业发展创造了新的机会、带来了新的可能,要把参与交流看作为教师的一种生活方式和促进专业发展的一条基本路径;另一方面要强调交流教师个体的能动行为,在制度认同和价值认同的基础上实现教师的主体参与,因为"流动的主体是教师,教师是否愿意流动、何时流动、流动中做些什么、效果如何等完全取决于教师自身"③。唯有教师自觉的认同和主动的投入,参与交流的教师才会在流动中既"留人"又"留心"。

　　对于"制度"的认识,新制度主义学派的重要代表人物诺斯(North D C)指出,制度是人为设计的、塑造人们互动关系的规则,它包括正式制度规定和非正式规则(如习俗、传统、行为规范、惯例等),这些都为个体行为提供了行动框架。④ 柯武刚和史漫飞则将制度区分为"外在制度"和"内在制度"两种基本类型⑤。这种类型学的划分有助于我们弄清楚制度的外在和内在、正式和非正式的属性,为认识城乡教师交流制度提供了新的思维路径。事实上,我们每个人都

　　① 叶飞.城乡教师交流的"异化"及其对策分析[J].中国教育学刊,2012(6).
　　② 张建雷.教师流动机制的内在阻抗因素及应对策略[J].教育理论与实践,2011(8).
　　③ 蔡明兰.教师流动:问题与破解——基于安徽省城乡教师流动意愿的调查分析[J].教育研究,2011(2).
　　④ 道格拉斯·C.诺斯.制度、制度变迁与经济绩效[M].杭行,译.上海:上海人民出版社,2008:3-7.
　　⑤ 柯武刚,史漫飞.制度经济学——社会秩序与公共政策[M].韩朝华,译.北京:商务印书馆,2004:119.

生活在制度设计好的界限之中。制度为我们的思维、观念和行为方式提供了一套相对稳定,且被强制执行的行为规范。这种外在的、正式的制度具有强烈的约束性和强制性,但也不可缺少人文关怀的色彩,体现"以人为本"的价值特点。因为制度的人本性可以让政策执行者感受到浓浓的人情味,让他们认识到制度也站在自己的立场来考虑问题,并非仅仅是外在的被强加物。"以人为本要求一个健全的教育制度首先应该回应教育共同体成员的真实感受和要求,只有如此,社会公众才不会把教育制度看作由外在力量强加在他们身上的东西,一个与己无关的多余的外物,而是认为教育制度就是自己的,是自己生活的一部分,须臾不可分离。"①因而,制度设计上的人性化考量将会有助于增强教师对城乡交流制度本身的认可、接纳和认同,利于充分发挥制度的力量和优势。

指向专业发展的城乡教师交流,在制度设计上要体现"以人为本"的特点,自然需要以促进教师的发展为终极价值追求。为此在制度设计中要为交流教师优先提供专业培训和学习的机会,在骨干教师和学科带头人的评选、优质课的评比、教师职称的评聘等方面进行管理机制上的创新,为交流教师提供更多的专业发展机会,甚至是专门建立农村教师专业发展补偿政策②。当然,在坚持制度安排下的刚性流动基础上,也需要进一步丰富和完善教师的柔性流动模式,因为"教师的柔性流动并非稀释教师流动的政策执行力,而是将义务教育均衡发展与教师专业发展结合在一起。发展的对象不仅仅是受支援的郊区或薄弱学校的教师,而应包含参与流动的城区优秀师资。"③例如实践中已经开展的"走校式"交流模式、学区化办学模式等,都是打破了原有学校组织的界限,将城镇学校的优质师资和薄弱学校的教师置放到一个更大范围内的专业共同体中,在专业行动中实现共同发展、互惠发展。

（二）不断增强交流教师的身份认同

所谓教师身份认同,就是教师对"我是谁""我为什么属于这个群体"的确认与建构过程。在城乡交流过程中,由于学校的地理位置、人际关系、文化特征、所教学生对象群体等各方面发生的新变化,多数情况下会引发教师自我与环境互动之间的不协调甚至激烈冲突,在实际的自我、社会期待的自我与个体理想的自我之间出现分裂,使得交流教师对自我如何存在、如何行动的问题产生迷乱和困惑,导致交流教师出现身份认同危机。为此我们需要客观地看待交流教师的现实生存境遇,促使交流教师形成合理的身份认同。

① 李江源.教育习俗与教育制度创新[J].社会科学战线,2006(4).
② 龙宝新.教师专业发展视域中的城乡教师流动政策思考[J].现代基础教育研究,2018(4).
③ 沈伟,孙天慈.教师流动的政策工具设计与反思[J].全球教育展望,2015(9).

1."位移"中交流教师身份认同的境遇

流动不仅意味着空间位置上会发生变化,也蕴含着心理、文化层面上的深层变化,这就会带来教师的生活方式的根本改变,与此同时伴随着教师对确定性、安全感的不断寻求,对自我归属感、意义感的需求体验。城乡教师交流政策的实施,使得交流教师在流动中需要改变曾经熟悉的生活和工作环境,去重新面对与适应不同的学生群体、同事关系、学校文化等各种新情况和新问题。这些"新"与"旧"、"熟悉"与"陌生"之间的现实冲突和内在矛盾,极易导致教师自我的成就感、归属感和意义感难以实现,进而引发教师身份的认同危机。"如果说稳固的社会空间和持久的认知空间是个人维系自我认同和组织认同的基本条件,那么在流动的背景之下,教师的社会生活便必然遭遇'偶然性''不确定性'和'不安全感'的困扰"①。可见,如果交流教师失去了维系身份认同的空间,其生存的紧迫感和危机感也就油然而生。

在与交流学校这一新情境的互动中,作为外来的"陌生人",交流轮岗教师身份建构存在着"人在心不在的'旅居者'""认同撕裂的'边缘人'"和"成功融入的'新来者'"三种不同类型。② "每种类型皆表明了教师赋予交流轮岗的不同意义、应对新情境的实践方式,也蕴含着交流轮岗教师在流入校的不同社会位置和人际互动类型。"③其中,作为"旅居者"的交流教师,对流入校严重缺乏认同感和归属感,始终以被动、消极甚至抗拒的状态来应付。作为"边缘人"的交流教师,经常漫步于两种不同学校文化的边缘,面临着两种不同学校文化的相互碰撞和冲击,主观上想融入但客观上却无法真正融入新的学校"圈子"里,经受着身份认同被不断撕裂的痛苦。显而易见,这两种身份类型的交流轮岗教师并未找寻到一个相对稳固的认同空间,与学校组织环境之间尚未形成良性互动,其自身的稳定感、安全感是极其缺乏的。

从根本上来说,交流轮岗将教师"抛入了"一个新的生存空间之中,在"位移"中出现的各种不适应性和不确定性,直接挑战了交流教师的本体性安全感,引发了交流教师情感冲突和内心焦虑等强烈的消极体验,导致交流教师形成一种"异校人"的身份认同感,"教师难以认同其在流入校的教师身份,他校教师、轮岗教师等多重身份的冲突以及身份的不确定性,造成交流教师不平衡状态,给教师个

① 操太圣,吴蔚.从外在支援到内在发展:教师轮岗交流政策的实施重点探析[J].全球教育展望,2014(2).

②③ 王夫艳,叶菊艳等.学校里的"陌生人":交流轮岗教师身份建构的类型学分析[J].教育学报,2017(5).

体心理上带来焦虑等消极体验"①。这种"异校人"的身份认同感,以及作为"外来的陌生人"消极标签,是不可能让交流教师在流入学校发挥引领、辐射和带动作用的,其自身专业发展的稳定性和持续性也是难以为继的。

2.交流教师身份认同困境的消解策略

交流教师的身份认同困境带来的直接后果,就是无法发挥"交流"应有的价值意蕴,让城乡交流陷入形式化和表面化的尴尬。那么,要消解交流教师身份认同的困境,不仅要帮助交流教师成功融入新的"圈子",还要实现交流教师主体意识的全面觉醒。

首先,交流教师要能够顺利地融入交流学校的"圈子"之中,而不是消极地扮演"旁观者"或"局外人"的角色。所谓"圈子",其实就是学校自身形成的某种约定俗成的文化,它对教师自我的归属感有着强烈的影响。教师"如果做了某种不被圈子认可的事情,就可能面临被'踢出'圈子的命运。教师对于这个圈子的依赖和寻求,就是为了规避被其他同事认为是'异类',并被排除在这个小社会之外的风险"②。主动融入某个交流学校的"圈子",努力按照学校圈子内的某些传统与规则去行动和做事,就会减少"位移"过程中出现的各种不适应性,避免成为"悬在半空中的人"。对于交流学校来说,也要积极创造一种开放包容的合作文化氛围,帮助交流教师能快速地融入新的环境之中,主动为他们的专业发展和能量扩散搭建必要的平台,从而帮助交流教师获得积极的身份认同感。

其次,交流教师要自觉地坚持以"返乡的陌生人"的积极态度,来全面审视和重构自己的专业生存境遇。作为"异校人"的交流教师,经常会出现"水土不服"而导致自己的专业优势无从展现和发挥,这种情况也是无法完全避免的。但作为"异校人"或者"外来人"也有着天然的优势,他们可以从一种全新的视角去"看"或"洞察"那些曾经熟悉的各种学校事物,以一种探究和惊奇的眼光去审视与改变自己的日常生活世界,去感受和体验多元的学校文化和多样的学生成长,去重新理解和建构自己作为教师的意义。现实生活世界总是不断发生变化的,"参与交流"成为教师的一种必然生活方式,自然也需要教师主动去规范和调整自己的行为方式,并在充满不确定性的生活世界中去创造和描绘新的生活图景。因此,若坚持以格林(Greene,M.)的"陌生人"观点来看待和思考问题,意味着教师主体意识的全面觉醒,也意味着教师在"主动做"中不断实现自我改变和自我超越,从而有效克服和积极消除"异校人"带来的身份认同危机。

---

① 朱忠琴.文化交流:城乡教师交流的发展方向[J].教育文化论坛,2016(3).

② 李茂森.教师身份认同研究[M].北京:北京师范大学出版社,2014:113.

（三）构建互动共生的城乡教师共同体

基于城乡一体化发展的思路来看待教师交流，就是要看到"城"与"乡"之间各自独特的优势和特色，而不是要用"城市"的尺子来衡量或评判"乡村"的现实差距，也不是用"城市"的标准来改造"乡村"。我们应坚持异质化思维和一体化思维，立足"城"与"乡"之间存在的独特差异，构建城乡教师共同体，在互动共生中推进城乡教师的共同发展。

1. 基于城乡一体化的思路审视教师交流

长期以来我国城乡社会发展的严重失衡，造成了城乡教育发展的人为分离和巨大差距，"城挤、乡衰、村空"的现实状况使社会矛盾和冲突更加剧烈。"乡村衰败不仅导致无法吸引优秀教师到农村任教，而且导致优质教育资源的'向城性流动'。"①这样一种客观事实和现状，反过来又在一定程度上继续强化了城与乡之间的二元对立模式。

在"城"与"乡"之间的二元对立，使得城镇教师始终以一种支援者、指导者的姿态出场，而农村教师则是以学习者、受援者的身份出现，这就将处于不同生存境遇的两大教师群体放置到了"不平等"对待的地位，形成了二者之间"俯视"和"仰视"的不对等关系，而且我们经常使用的"支援""帮扶"等概念本身也内在地传达了城镇学校和教师所处的强势地位。为此，破除城乡二元结构带来的制度性落差，突出"平等交流"的政策意蕴，走向城乡之间的互动共生，就成为推动教师交流制度实施的有力保证。城乡教师之间的合理流动，需要破除束缚我们观念和行动的传统思维方式，也即要改变"支援""落后"等固有的日常观念，确立"互动""共生"等新理念，形成从"城市中心"到"城乡一体化"（或"城乡融合发展"）的价值取向，实现从"差距合作"到"差异合作"的观念变化②。

改变城乡二元的社会结构，推进城乡一体化建设，是实现当前公共资源均等化改革的一条基本路径。所谓城乡一体化，就是在统筹城乡共同发展的战略基础上，把城市、农村看作一个有机整体，统一布局和规划安排，力求加强城乡资源的共享机制，形成以城带乡、以乡促城、相互依存、互补融合、协调发展的城乡关系。其实，在 2010 年由中共中央国务院颁布的《国家中长期教育改革和发展规划纲要（2010—2020 年）》、2013 年党的十八届三中全会通过的《中共中央关于全面深化改革若干重大问题的决定》中，都明确提出了"建立城乡一体化的义务教育发展机制"。2019 年 4 月 15 日，中共中央、国务院发布的《关于建立健全城乡

---

① 邬志辉. 城乡教育一体化的制度束缚与破解[J]. 华南师范大学学报（社会科学版），2013(1).

② 吴华，戴嘉敏等. 从差距合作到差异合作——对发达地区城区义务教育均衡发展的新思考[N]. 中国教育报，2008-05-10.

融合发展体制机制和政策体系的意见》中,也明确提到"优先发展农村教育事业,建立以城带乡、整体推进、城乡一体、均衡发展的义务教育发展机制。……实行义务教育学校教师"县管校聘",推行县域内校长教师交流轮岗和城乡教育联合体模式。"①在这样的政策引领和指导下,我们更需要强调从城乡一体化的视角出发,构建城乡互动共生的教师学习共同体,使得交流教师在行为、情绪、专业上都保持着较高的投入,彼此实现深度的专业合作,"教师的流动如果只限于表层,缺乏具体有深度的专业合作行为,则难以促进城乡教师的共同发展"②。最终促进交流教师在流动过程中不断"增值",看到流动所带来的专业引领和辐射效应,看到城乡教师群体的整体发展。

2.基于城乡差异构建教师共同体

基于城乡教育一体化发展的理路,有学者从城乡统筹发展的角度出发,提出要形成"依托'以镇带村统筹'为细胞通过'基层城乡区域统筹'为中介的'城乡教师共同体对接联动'"③的教师管理机制。其目的是寻求一种多方共赢的联系,建立城乡教育资源的共享平台,形成可持续发展的教育生态。在搭建城乡教师共同体的实践中,各地也形成了"集团化办学""教育发展联盟""'一对一'城乡学校发展共同体""网上结对""远程同步课堂"等多种不同操作模式。这些努力都突破了一所学校的内部结构,在校际之间、城乡之间、片区之间主动搭建起教师合作互动的共同体。这些共同体建设虽然在形式上不够牢固,不同程度地带有"城市中心"的价值取向和"单向传输"的问题,但依然给城乡教师发展创建了一个新的空间或通道。

德国社会学家滕尼斯(Tonnis F)在《共同体与社会》一书中,将"共同体"的概念分为血缘共同体、地缘共同体和宗教共同体三种基本形式。这三种形式的"共同体",因"血缘""地缘"和"精神"的不同归属特性建立了人与人之间的紧密关系。对于从事教师职业的人来说,在"地缘"属性上处于学校这个共同的实践场域,在"精神"属性上都朝着每所学校共同的教育愿景或者发展目标一致行动。正是由于具有自然的"地缘"优势和"精神"上的共同追求,每个学校的教师群体也就具备了创建共同体的基础和条件。大多数研究认为,教师共同体是一个有着共同的发展愿景,有着共同遵循的组织规范的教师群体。而为了明确区分"教师群体"和"教师共同体"两个易混淆的概念,加拿大学者维斯西蒙(J.

① 中共中央国务院关于建立健全城乡融合发展体制机制和政策体系的意见[EB/OL].[2019-05-06]http://www.81.cn/jwgz/2019-05/06/content_9496171_3.htm.

② 高臣,叶波.教师专业发展取向下的城乡教师流动[J].上海教育科研,2015(2).

③ 吴国珍.为农村教师持续成长发育城乡统筹教师共同体[J].教师教育研究,2013(1).

Westheimer)认为,教师共同体包括了五个基本要素:共同信仰、合作与参与、相互依赖、关注个体和少数意见、有意义的关系。① 这一观点的提出,无疑为我们认识教师共同体提供了一个较好的分析框架。

要构建一个具有自组织特征的城乡教师共同体,首先要认可和尊重城乡教师之间存在的差异,实现优势互补,这是共同体成员作为平等主体的前提。差异不等同于差距。差异在城乡之间是多样的、复杂的、现实的,也是个性的、独特的。由于城乡教师日常教学生活中的遭遇是不同的,要面对多样的学生及其家长、学校文化、教育资源等方面,因而要相信每个教师的教学体验和感受都是独特的、有价值的,也就不能用"城市中心"教育价值取向来简单同化或改造农村教育。其次要确立共同的发展愿景,这是共同体成员的价值追求和目标使命。当前"县管校聘"人事管理改革中,无论是城镇还是乡村的教师,都将其身份归属于"系统人"或作为"国家公职人员",这就更加迫切地需要形成共同的责任担当和社会使命。再次要强调城乡教师间的深度合作和实质参与,这是共同体成员的行动策略和要求。在合作和参与的过程中,要基于学校真实的教育情境,体现出教师之间的真诚对话和平等交流。要避免"教师间的合作变成了单向的信息流动,变成了少数积极分子单方面地奉献自己的教育思考和教学思想的过程,其他的成员则充当着'沉默的大多数'"②。最后则要让城乡教师之间在互动中建立紧密的情感联络,彼此相互依赖和信任,这是共同体成员身份建构的重要空间。因为共同体是"一个温馨的地方,一个温暖而又舒适的场所"③,这个社会空间能让每个成员都有着积极的信任感和归属感,它是维系个人认同和组织认同的基础。

(四)构筑富有归属感和支持性的学校组织文化

哈格瑞夫斯(Hargreaves)和富兰(Fullan)在《理解教师发展》一书中曾有这样的比喻:"教师如一粒种子,他不可能在贫瘠的土壤上生根发芽,因此教师专业发展需要优质且支持性的环境脉络,而现实中,教师所身处的环境脉络正是学校组织文化。"④可见,富有归属感和支持性的学校组织文化是每个教师生存和发展的肥沃土壤。对于参与城乡交流的教师来说,更是需要浸润于这种学校组织的文化生态之中。

---

① 沈佳乐.教师共同体的要素及其情境分析[J].课程·教材·教法,2015(4).
② 王淑莲.从整体搭建到分类发展:城乡教师共同体区域推进策略转换[J].教育研究,2019(6).
③ 齐格蒙特·鲍曼著.共同体[M].欧阳景根译.南京:江苏人民出版社,2003:序.
④ 转引宋崔,胡艳.北京市中小学学校组织文化的现状调查[J].教师教育研究,2009(3).

1. 形成开放和包容的学校组织文化

学校组织文化是一所学校区别于另一所学校的重要特征,是一所学校长期积淀形成的富有鲜明特色的观念文化和制度文化。在一所学校组织内部,学校组织文化的重建往往会面临着"新"与"旧",或者"原有"与"外来"等不同性质文化的碰撞和冲击,直接影响到学校组织成员的价值观念重塑和行为方式的调整。操太圣和卢乃桂指出,学校组织变革的最终目标在于学校组织文化的重建,但由于文化形成的长期与稳固的特性,使得学校组织的深度变革异常困难,主要是教师出于对自身价值观念的维护而怀疑、否定,甚至抵制变革。①

在城乡教师交流轮岗实践中,不同学校组织之间的边界不断被打破,不同教师群体频繁往来于不同学校组织之间。于是,城市与乡村之间的文化冲突,特别是不同学校与学校之间的文化冲突问题也随之出现。这种文化冲突的出现,一方面是对交流到其他学校的教师而言,可能习惯了原来所在学校的组织文化和管理模式,对受援学校的一些规范要求无法完全理解,会出现消极的抵触甚至对抗情绪,游离于受援学校的组织文化之外;另一方面对受援学校的所有教师来说,会有意地排斥或拒绝交流教师带入的某种文化模式,坚定地固守自己学校的组织文化。为此,为了摆脱这种文化冲突困境的制约和困扰,促进交流教师能全身心、愉悦地投入工作,自然需要主动进行学校组织文化的变革,满足不同组织成员在安全、信任和发展等方面的需要,积极营造更为开放、包容、合作和支持性的学校组织文化环境,消除不同学校文化之间的冲突甚至对抗状态,为交流教师的有效融入提供良好的发展空间。只有流入学校始终以一种开放和包容的姿态,成为能够充分接纳异质文化和多元文化的学习型组织,才会让学校组织更富有活力,也才会帮助那些交流教师尽快融入学校组织之中。

2. 提供富有归属感的教育生态环境

归属感是人的基本需要,是个体被他人或某个群体认可与接纳时的一种心理体验;交流轮岗教师的归属感不强,觉得自己的"根"不在那里,有种"离家的感觉",往往导致教师成为一种边缘性参与的孤独存在。那种"以校为家""以校为荣"正是教师归属感的积极表现,是教师自我主动发展,促进学校发展的力量之源。交流教师的能动参与,需要构筑那种能让教师有强烈归属感的学校组织文化。有研究表明,若教师在交流中有充分的自主选择机会,在接收学校得到较强的归属感,那么其交流意愿的提升也较为明显。② 所以在轮岗交流过程中要主

① 操太圣,卢乃桂.论学校组织变革中的教师认同[J].华东师范大学学报(教育科学版),2005(3).
② 蔡永红,王莉等.中小学教师交流制度对交流意愿的影响——交流需要满足的中介作用[J].教育发展研究,2016(4).

动满足交流教师的基本需要,赋予其充分的自主选择机会,创设有强烈归属感的学校组织文化。只有那种能够让教师富有安全感、合作共享、支持性的学校组织文化,才能让教师产生积极的认同感和归属感,以提升交流教师的文化适应性。哈格瑞夫斯曾区分了四种教师文化,即个人主义文化、分化的文化、自然合作的文化和硬造的合作文化。其中,自然合作的教师文化,在教育实践中"自然而然"地生成了相互开放、支援性的教师合作关系,让成员间彼此具有较高的心理归属感,能够为交流教师的专业发展创设一个良好的教育生态环境。

对于交流教师来说,"流动"让其感受和经历着种种不确定性,这就更需要有条件能够在"自然而然"中融入学校文化圈之中。对于受援学校来说,也有责任去搭建合作平台和营造合作氛围。诚如有学者指出的那样,"受援学校应该花足够的时间和精力寻求轮岗教师和受援学校教师的共同情感归属,搭建互惠合作的平台,培养他们互惠合作的意识。同时要善于营造合作的氛围,使轮岗教师和受援学校教师以包容的心态和欣赏的原则在心理上彼此接受,特别是要让轮岗教师觉得自己已被他人接纳,体验到自己是受援学校的一员。"①这样的策略核心在于促使交流轮岗教师和受援学校教师之间形成一种自然合作的教师文化,即形成相互开放、自主自愿、对话合作的同事关系,彼此间具有较强的心理和情感上的信任感、归属感,从而获取促进自身发展所需要的工具性支持和社会情感性支持。

---

①　刘光余,邵佳明.构建基于受援学校的教师专业发展机制——教师轮岗制度的政策趋向探析[J].中国教育学刊,2010(9).

参考文献

一、学术著作

1. 鲍曼. 共同体[M]. 欧阳景根,译. 南京:江苏人民出版社,2007.
2. 陈玉琨. 教育评价学[M]. 北京:人民教育出版社,1999.
3. 陈振明. 政策科学——公共政策分析导论[M]. 2 版. 北京:中国人民大学出版社,2003.
4. 邓恩. 公共政策分析导论(第二版)[M]. 谢明等,译. 北京:中国人民大学出版社,2002.
5. 福勒. 教育政策学导论[M]. 2 版. 许庆豫,译. 南京:江苏教育出版社,2007.
6. 顾红亮,刘晓虹. 想象个人——中国个人观的现代转型[M]. 上海:上海古籍出版社,2006.
7. 郝保伟. 促进教育均衡发展的中小学教师流动研究[M]. 北京:知识产权出版社,2015.
8. 胡中锋. 教育评价学[M]. 北京:中国人民大学出版社,2008.
9. 吉登斯. 现代性与自我认同[M]. 赵旭东,方文,王铭铭,译. 北京:生活·读书·新知三联书店,1998.
10. 柯武刚,史漫飞. 制度经济学——社会秩序与公共政策[M]. 韩朝华,译. 北京:商务印书馆,2000.
11. 李钢,蓝石. 公共政策内容分析方法:理论与应用[M]. 重庆:重庆大学出版社,2007.
12. 李茂森. 教师身份认同研究[M]. 北京:北京师范大学出版社,2014.
13. 联合国教科文组织. 教育——财富蕴藏其中[M]. 北京:教育科学出版社,1996.
14. 梁红京. 区分性教师评价[M]. 上海:华东师范大学出版社,2007.

15. 刘放桐.马克思主义与西方哲学的现当代走向[M].北京:人民出版社,2002.

16. 毛利丹.中小学教师评价研究[M].北京:中国社会科学出版社,2017.

17. 诺斯.制度、制度变迁与经济绩效[M].杭行,译.上海:上海人民出版社,2008.

18. 任春荣.义务教育公平问题研究——从资源均衡配置到社会阶层关照[M].北京:知识产权出版社,2016.

19. 什托姆普卡.信任:一种社会学理论[M].程胜利,译.北京:中华书局,2005.

20. 孙德芳.教师学力研究[M].上海:华东师范大学出版社,2015.

21. 唐松林.我国城乡教师均衡发展研究:理论与方法[M].北京:高等教育出版社,2016.

22. 滕尼斯.共同体与社会[M].林荣远,译.北京:商务印书馆,1999.

23. 王斌华.教师评价:绩效管理与专业发展[M].上海:上海教育出版社,2005.

24. 王建军.课程变革与教师专业发展[M].成都:四川教育出版社,2004.

25. 王治河.扑朔迷离的游戏——后现代哲学思潮研究[M].北京:社会科学文献出版社,1998.

26. 薛正斌.教育社会学视野下的教师流动[M].兰州:甘肃人民出版社,2012.

27. 周险峰,谭长富等.教师流动问题研究[M].武汉:华中科技大学出版社,2013.

二、期刊论文

1. 安富海.学习空间支持的智力流动:破解民族地区教师交流困境的有效途径[J].电化教育研究,2017(9).

2. 安富海,常建锁.我国义务教育学校教师交流研究:进展与反思[J].教育理论与实践,2015(23).

3. 鲍传友,西胜男.城乡教师交流的政策问题及其改进——以北京市 M 县为例[J].教育研究,2010(1).

4. 蔡永红,雷军等.从美国教师流动激励政策看我国城市薄弱学校的改进[J].比较教育研究,2014(12).

5. 蔡永红,王莉等.中小学教师交流制度对交流意愿的影响——交流需要满足的中介作用[J].教育发展研究,2016(4).

6. 蔡永红,盛铭等.从英国中小学教师岗位管理制度看我国教师岗位管理改革[J].比较教育研究,2012(6).

7. 蔡明兰.教师流动:问题与破解——基于安徽省城乡教师流动意愿的调查分析[J].教育研究,2011(2).

8. 操太圣,卢乃桂.论学校组织变革中的教师认同[J].华东师范大学学报(教育科学版),2005(3).

9. 操太圣,吴蔚.从外在支援到内在发展:教师轮岗交流政策的实施重点探析[J].全球教育展望,2014(2).

10. 操太圣,卢乃桂."县管校聘"模式下的轮岗教师管理审思[J].教育研究,2018(2).

11. 陈华.教师评价制度与师德规范的人性假设冲突[J].湖南师范大学教育科学学报,2014(6).

12. 陈坚,陈阳.我国城乡教师流动失衡的制度分析[J].教育发展研究,2008(3—4).

13. 陈牛则.义务教育教师流动态度的调查与思考[J].教育与经济,2012(4).

14. 程琪,曾文婧,秦玉友.美国中小学教师流动的特征、影响及应对策略[J].外国教育研究,2017(12).

15. 丁娟.交流政策背景下城乡教师专业发展面临的挑战及其对策[J].教育导刊,2015(11上).

16. 董天鹅.教育经济学视域下中小学教师城乡交流问题思考[J].教学与管理,2013(1).

17. 杜屏,张雅楠,叶菊艳.推拉理论视野下的教师轮岗交流意愿分析[J].教育发展研究,2018(4).

18. 段会冬.城乡教师流动热冷思考[J].教育科学论坛,2011(8).

19. 樊改霞,孙焕盟.学生:受惠主体还是政策服从者——基于城乡交流政策的分析[J].中小学教师培训,2015(5).

20. 范国锋,王浩文等.中小学教师流动意愿及其影响因素研究——基于湖北、江西、河南3省12县的调查[J].教育与经济,2015(2).

21. 范蔚,叶波.统筹城乡教育发展下教师流动现状的调查分析[J].教育科学研究,2015(5).

22. 冯文全,夏茂林.从师资均衡配置看城乡教师流动机制构建[J].中国教育学刊,2010(2).

23. 高臣,叶波.教师专业发展取向下的城乡教师流动[J].上海教育科研,2015(2).

24. 郭芳.教师作为"陌生人"——玛克辛·格林教师哲学思想研究[J].比较教育研究,2014(8).

25. 郭丹丹."良序"的建立:从碎片化到整体治理——学区化办学与教师交流政策的互构生成[J].国家教育行政学院学报,2016(11).

26. 谷亚.基于哈格里夫斯教师文化理论的教师归属感分析[J].上海教育科研,2017(10).

27. 韩小雨,庞丽娟等.中小学教师编制标准和编制管理制度研究——基于全国及部分省区现行相关政策的分析[J].教育发展研究,2010(8).

28. 郝保伟."县管校聘"的制度安排与制度保障[J].中国教师,2015(8).

29. 郝保伟.教师流动政策的合法性缺失及其重建[J].中国教育学刊,2012(9).

30. 韩淑萍.我国教育均衡背景下教师流动问题的研究述评[J].教育导刊,2009(1上).

31. 贺文洁,李琼等."人在心也在":轮岗交流教师的能量发挥效果及其影响因素研究[J].教育学报,2019(2).

32. 候洁,李睿,张茂聪."县管校聘"政策的实施困境及其破解之道[J].中小学管理,2017(10).

33. 胡伟,李汉林.单位作为一种制度——关于单位研究的一种视角[J].江苏社会科学,2003(6).

34. 黄启兵.教师轮岗制度分析[J].中国教育学刊,2012(12).

35. 贾建国.城乡教师交流制度的问题及其改进[J].教育发展研究,2008(20).

36. 贾建国.试论我国教师流动制度之利益协调机制的构建[J].教育科学,2009(1).

37. 贾建国.我国城乡教师流动制度创建的制度阻力探析[J].教育科学,2009(5).

38. 姜超,邬志辉."县管校聘"教师人事制度改革的政策前提与风险[J].四川师范大学学报(社科版).2015(6).

39. 江楠.教师交流轮岗要关注内生动力的形成[J].中国教育学刊,2016(1).

40. 揭爱花.单位:一种特殊的生活空间[J].浙江大学学报,2000(5).

41. 李景鹏.论制度与机制[J].天津社会科学,2010(3).

42. 李森,杨正强.关于教师流动的理性认识与管理策略[J].宁波大学学报(教育科学版),2008(2).

43. 李潮海.走校式:教师交流模式的新探索[J].辽宁教育行政学院学报,2014(2).

44. 李宜江.城乡教师交流政策实施中问题与对策——基于对安徽省A县的调研分析[J].中国教育学刊,2011(8).

45. 李宜江,李子华.县域内城乡教师交流政策实施的叙事探究[J].教育学术月刊,2013(6).

46. 李先军.城乡教师交流轮岗政策的失真与对策[J].教育科学研究,2019(2).

47. 李茂森.城乡教师交流制度实施难题破解探析——基于浙江省 A 县的个案研究[J].中国教育学刊,2015(6). .

48. 李茂森.关于义务教育阶段城乡教师流动的调查与分析——基于浙江省 A 县义务教育学校 635 名教师的调查[J].现代中小学教育,2015(5).

49. 李茂森,朱静.指向专业发展的城乡教师交流——基于不同驱动类型教师参与交流的调查分析[J].湖州师范学院学报,2017(6).

50. 李茂森,胡春霞.城乡交流教师评价机制的现状调查与思考——基于浙江省 W 区 300 名小学教师的调查[J].湖州师范学院学报,2018(9).

51. 李茂森."县管校聘"实施方案研究与再思考——基于浙、皖、粤、鲁、闽等 5 省"县管校聘"改革实施意见的内容分析[J].教育发展研究,2019(2).

52. 李茂森.论课程改革中信任的本体意义及其文化培育[J].教育导刊,2011(7).

53. 李毅,宋乃庆等.义务教育阶段教师交流的问题与对策分析——以国家统筹城乡改革试验区为例[J].湖南师范大学教育科学学报,2016(5).

54. 李江源,张艳.县管校聘:成都市教师管理制度实践探索[J].教育与教学研究,2015(10).

55. 李江源.教育习俗与教育制度创新[J].社会科学战线,2006(4).

56. 李德胜.激发办学活力,促进教育均衡——邛崃"县管校聘"专项改革寻路[J].教育科学论坛,2018(2).

57. 李玲,韩玉梅.西方国家中小学教师流动的经验与启示[J].比较教育研究,2011(11).

58. 李跃雪.城乡义务教育阶段教师流动策略——基于政策合理合法性的视角[J].教育观察,2013(28).

59. 刘光余,邵佳明.构建基于受援学校的教师专业发展机制——教师轮岗制度的政策趋向探析[J].中国教育学刊,2010(9).

60. 刘昕鹏."县管校聘"背景下教师专业人员身份的困境与再确认[J].当代教育科学,2017(8).

61. 刘佳."乡村教师支持计划"实施方案研究——基于 31 个省(区、市)"乡村教师支持计划"实施办法的内容分析[J].教师教育研究,2017(3).

62. 刘梦露."县管校聘"机制创新——邛崃经验管窥[J].教育科学论坛,2018(2).

63. 刘尧.教师评价功能:从奖惩走向发展[J].教育科学研究,2009(5).

64. 刘敏.以教师流动促进教育均衡——法国中小学师资分配制度探析[J].比较教育研究,2012(8).

65. 刘茜,张玲.基于职业幸福感的城乡教师交流互动[J].当代教育论坛,2013(3).

66. 刘平.中小学教师流动的文化解读[J].中国教师,2005(11).

67. 龙宝新.论教师专业发展取向的区域教师流动工作系统[J].教育发展研究,2017(6).

68. 龙宝新.教师专业发展视域中的城乡教师流动政策思考[J].现代基础教育研究,2018(4).

69. 鲁洁.超越性的存在[J].华东师范大学学报(教育科学版),2007(4).

70. 卢俊勇,陶青.对教师流动制的原理与问题分析[J].现代教育管理,2011(4).

71. 卢俊勇,陶青.从教师的文化适应性看教师流动制[J].教育理论与实践,2011(8).

72. 马焕灵,景方瑞.地方中小学教师轮岗制政策失真问题管窥[J].教师教育研究,2009(2).

73. 毛利丹.教师眼中的教师评价:一个被忽略的研究领域[J].全球教育展望,2015(7).

74. 庞丽娟.加强城乡教师流动的制度化建设[J].教育研究,2006(5).

75. 彭新实.日本的教师培训和教师定期流动[J].外国教育研究,2000(10).

76. 钱扑.教师流动中的社会学问题探讨[J].上海教育科研,2006(11).

77. 任春荣.非帕累托改进与利益补偿:基于多水平模型的流动教师成就感影响因素研究[J].基础教育,2014(1).

78. 沈佳乐.教师共同体的要素及其情境分析[J].课程·教材·教法,2015(4).

79. 沈伟,孙天慈.教师流动的政策工具设计与反思[J].全球教育展望,2015(9).

80. 史亚娟.中小学教师流动存在的问题及其改进对策——基于教师管理制度的视角[J].教育研究,2014(9).

81. 石邦宏,戴霞.经济理性驱动下的中小学教师流动[J].中国教师,2005(11).

82. 宋萑,胡艳.北京市中小学学校组织文化的现状调查[J].教师教育研究,2009(3).

83. 唐智松,温萍.城乡教师交流中的适应性问题[J].中小学教师培训,2010(7).

84. 田汉族,戚瑜杰等.北京市义务教育教师交流的现状、问题与对策建议[J].教育科学研究,2014(12).

85. 汪丞.中日中小学教师流动之比较及启示[J].比较教育研究,2005(11).

86. 万晖.单位人转化为社会人的理性思考[J].理论导报,2004(4).

87. 王凯.试论增强城乡教师交流意愿的四项基本制度[J].教师教育论坛,2014(4).

88. 王凯. 城镇优秀教师流动难的现状、原因与对策分析[J]. 教育理论与实践，2013(17).

89. 王宁. 后单位制时代，"单位人"转变成了什么人[J]. 学术研究，2018(11).

90. 王淑莲. 从整体搭建到分类发展：城乡教师共同体区域推进策略转换[J]. 教育研究，2019(6).

91. 王夫艳，叶菊艳等. 学校里的"陌生人"：交流轮岗教师身份建构的类型学分析[J]. 教育学报，2017(5).

92. 王晓生，邬志辉. 农村怎么配"良师"：农村教师编制配置的现实困境与改进策略[J]. 中小学管理，2018(9).

93. 王丽佳，黎万红等. 从优秀师资转移到优秀师资创生：教师发展视域下的轮岗交流研究[J]. 教育发展研究，2018(4).

94. 邬志辉，陈昌盛. 我国义务教育阶段教师编制供求矛盾及改革思路[J]. 教育研究，2018(8).

95. 邬志辉. 城乡教育一体化的制度束缚与破解[J]. 华南师范大学学报(社会科学版)，2013(1).

96. 吴国珍. 为农村教师持续成长发育城乡统筹教师共同体[J]. 教师教育研究，2013(1).

97. 许发梅. 教育均衡与城乡教师交流[J]. 现代教育论丛，2008(12).

98. 许长青. 新常态下的教师流动与合理配置：基于劳动力市场的分析框架[J]. 现代教育管理，2016(7).

99. 夏茂林. 非正式制度视角下义务教育教师流动问题分析[J]. 教师教育研究，2016(1).

100. 夏茂林. 人力资本产权视角下义务教育教师流动问题思考[J]. 教育与经济，2014(3).

101. 夏仕武. 中小学教师流动的伦理学分析[J]. 中国教师，2005(11).

102. 谢延龙，李爱华. 我国教师流动政策：困境与突破[J]. 当代教育与文化，2013(5).

103. 谢延龙，李爱华. 教师流动伦理：意蕴、困境与出路[J]. 现代教育管理，2014(4).

104. 薛正斌，刘新科. 社会流动视域下的中小学教师流动[J]. 宁夏社会科学，2010(5).

105. 薛正斌，刘新科. 中小学教师流动样态及其合理性标准建构[J]. 陕西师范大学学报(哲社科版)，2011(1).

106. 项亚光. 当今美国学校教师流动的新动向——基于国家教育统计中心学校

教师调查的分析[J].外国中小学教育,2008(5).

107.叶飞.城乡教师交流的"异化"及其对策分析[J].中国教育学刊,2012(6).

108.叶菊艳.从"学校人"到"专业人":教师流动与教育变革实现的源动力[J].全球教育展望,2014(2).

109.叶菊艳,卢乃桂."能量理论"视域下校长教师轮岗交流政策实施的思考[J].教育研究,2016(1).

110.殷世东.义务教育阶段教师流动机制的构建[J].教育发展研究,2013(18).

111.余应鸿,董德龙等.城乡教师流动及其一体化发展机制研究[J].教育理论与实践,2013(31).

112.袁桂林.如何防止城乡教师交流轮岗制度空转[J].探索与争鸣,2015(9).

113.张天雪,朱智刚.非正式制度规约下教师流动实证分析——以桐庐县为例[J].中国教育学刊,2009(4).

114.张清宇,苏君阳.校长教师交流轮岗实施方案中的问题与改进策略——基于35个区(县)校长教师交流轮岗方案的内容分析[J].教师教育研究,2017(6).

115.张建雷.教师流动机制的内在阻抗因素及应对策略[J].教育理论与实践,2011(8).

116.张钧,邵琳.基于我国教师评价制度演进的思考[J].东北师大学报(哲学社会科学版),2017(5).

117.张俊友.客观对待教师绩效评价和发展性教师评价[J].教育学报,2007(1).

118.张其志.对发展性教师评价的审视与思考[J].教育研究与实验,2005(1).

119.张力.城乡一体化发展是义务教育均衡发展的更高要求[J].中国教育学刊,2017(12).

120.张爽.教育优质均衡发展背景下教师间的文化冲突与重建[J].教育科学研究,2016(11).

121.张源源.教师交流补偿标准研究[J].中国教育学刊,2019(1).

122.张源源,刘善槐.县域内教师交流的机制梗阻与政策重建[J].中国教育学刊,2016(10).

123.佘宇.建立教师流动制度:担忧、障碍与建议[J].发展研究,2013(6).

124.周兆海.薪酬激励与制度吸纳:农村教师职业吸引力的提升路径[J].当代教育科学,2016(6).

125.周成海,靳涌韬.美国教师评价研究的三个主题[J].外国教育研究,2007(1).

126.周晨琛.我国中小学教师轮岗政策的合法性分析[J].教育发展研究,2015

(8).

127. 曾文婕,漆晴等.我国"基本形成学习型社会"还有多远——基于我国学习型社会研究(1998—2018 年)回顾[J].现代远程教育研究,2019(3).

128. 赵德成.当前教师评价改革中的若干问题[J].中国教育学刊,2004(7).

129. 赵忠平,秦玉友.谁更想离开?——机会成本与义务教育教师流动意向的实证研究[J].教育与经济,2016(1).

130. 赵允德.韩国中等学校教师轮岗制度及其特点[J].教师教育研究,2014(3).

131. 赵兴龙,李奕.教师走网:移动互联时代教师流动的新取向[J].教育研究,2016(4).

132. 朱忠琴.文化交流:城乡教师交流的发展方向[J].教育文化论坛,2016(3).

133. 朱菲菲,杜屏.中小学教师流动意向的实证探析:基于全面薪酬理论视角[J].教育学报,2016(2).

134. 龙宝新.教师专业发展视域中的城乡教师流动政策思考[J].现代基础教育研究,2018(4).

135. 黄忠敬.教育政策工具的分类与选择策略[J].国家教育行政学院学报,2008(8).

136. 李国强,袁舒雯等."县管校聘"跨校交流教师归属感问题研究[J].教育发展研究,2019(2).

137. 赵垣可,刘善槐.教师"县管校聘"政策执行的制约因素与路径选择——基于史密斯政策执行过程模型的分析[J].教育与经济,2022(2).

138. 姜超."县管校聘"的政策前提、管聘指向与执行模式反思[J].教育科学研究,2021(5).

139. 操太圣.推进"大面积、大比例"校长教师轮岗交流的策略选择[J].人民教育,2022(8).

140. 黄全明.教师"县管校聘"改革的政策取向及实践省思[J].宁波教育学院学报,2020(2).

141. 陈峰.共同富裕背景下的浙江教育政策取向[J].人民教育,2022(2).

三、学位论文

1. 贾建国.我国城乡教师流动制度研究:制度变迁理论的视角[D].北京:北京师范大学,2010.

2. 刘义国.跨区域流动教师身份认同——基于上海部分公办中学的研究[D].上海:华东师范大学,2008.

3. 王亮.义务教育交流教师评价机制问题与对策思考——以北京市为例[D].北

京:首都师范大学,2013.

4.陈国华."县管校聘"教师管理体制变革研究(博士后研究工作报告)[D].北京:北京师范大学,2016.

5.曾志."县管校聘"理论与实践研究——以成都为例[D]:成都:四川师范大学,2016.

6.林佳.P县中小学教师"县管校聘"的调查研究[D].金华:浙江师范大学,2020.

7.黄旭中.义务教育教师"县管校聘"政策执行研究——基于广东省S市的调查研究[D].武汉:华中师范大学,2020.

四、报纸文章

1.刘利民.立足国情 加快推进校长教师交流轮岗[N].中国教育报,2013-12-02.

2.王凯.教师交流:如何才能不"走形"?[N].中国教育报,2013-9-19.

3.吴华,戴嘉敏等.从差距合作到差异合作——对发达地区城区义务教育均衡发展的新思考[N].中国教育报,2008-05-10.

五、政策文件

1.国务院关于进一步加强农村教育工作的决定[EB/OL]. http://www.gov.cn/zhengce/content/2008-03/28/content_5747.htm.

2.国务院关于加强教师队伍建设的意见[EB/OL]. http://www.gov.cn/zhengce/content/2012-09/07/content_5390.htm.

3.国务院关于深入推进义务教育均衡发展的意见[EB/OL]. http://www.gov.cn/zhengce/content/2012-09/07/content_5339.htm.

4.国务院办公厅.《乡村教师支持计划(2015—2020年)》的通知[EB/OL]. http://www.gov.cn/zhengce/content/2015-06/08/content_9833.htm.

5.国务院关于统筹推动县域内城乡义务教育一体化改革发展的若干意见[EB/OL]. http://www.gov.cn/zhengce/content/2016-07/11/content_5090298.htm.

6.国务院关于印发国家教育事业发展"十三五"规划的通知[EB/OL]. http://www.gov.cn/zhengce/content/2017-01/19/content_5161341.htm.

7.国家教育委员会.《关于"九五"期间加强中小学教师队伍建设的意见》的通知[EB/OL]. https://law.lawtime.cn/d638087643181.html.

8.中华人民共和国义务教育法.[2021-10-29]http://www.gov.cn/guoqing/

2021－10/29/content_5647617. htm.

9. 教育部关于进一步推进义务教育均衡发展的若干意见［EB/OL］. http://www. moe. gov. cn/srcsite/A06/s3321/200505/t20050525_81809. html.

10. 教育部关于贯彻落实科学发展观进一步推进义务教育均衡发展的意见［EB/OL］. http://www. moe. gov. cn/srcsite/A06/s3321/201001/t20100119_87759. html.

11. 教育部 财政部 人力资源和社会保障部. 关于推进县（区）域内义务教育学校校长教师交流轮岗的意见［EB/OL］. http://www. moe. gov. cn/srcsite/A10/s7151/201408/t20140815_174493. html.

12. 中共中央 国务院关于深化教育改革全面推进素质教育的决定［EB/OL］. http://www. moe. gov. cn/jyb_sjzl/moe_177/tnull_2478. html.

13. 中共中央 国务院. 国家中长期教育改革和发展规划纲要（2010—2020 年）［EB/OL］. http://www. moe. gov. cn/jyb_xwfb/s6052/moe_838/201008/t20100802_93704. html.

14. 中共中央关于全面深化改革若干重大问题的决定［EB/OL］. http://www. gov. cn/zhengce/2013-11/15/content_5407874. htm.

15. 中共中央 国务院关于全面深化新时代教师队伍建设改革的意见［EB/OL］. http://www. gov. cn/zhengce/2018-01/31/content_5262659. htm.

16. 中共中央 国务院印发《乡村振兴战略规划（2018—2022 年）》［EB/OL］. http://www. gov. cn/zhengce/2018-09/26/content_5325534. htm.

17. 教育部关于大力推进城镇教师支援农村教育工作的意见. ［2006-02-26］http://www. moe. gov. cn/srcsite/A10/s7058/200602/t20060226_81598. html? authkey＝idyef3.

18. 关于深入推进中小学教师"县管校聘"管理改革试点的指导意见. ［2016-07-29］http://jyt. zj. gov. cn/art/2016/7/29/art_1532971_27484487. html.

19. 人事部 教育部关于印发《关于深化中小学人事制度改革的实施意见》的通知［EB/OL］. http://www. moe. gov. cn/jyb_xxgk/gk_gbgg/moe_0/moe_9/moe_38/tnull_45. html.

20. 中央编办 教育部 财政部. 关于统一城乡中小学教职工编制标准的通知. ［2014-12-09］http://www. moe. gov. cn/s78/A10/tongzhi/201412/t20141209_181014. html.

21. 中华人民共和国教师法. ［1993-10-31］http://www. moe. gov. cn/jyb_sjzl/sjzl_zcfg/zcfg_jyfl/tnull_1314. html.

22. 安徽省教育厅 编委办 人力社保厅 财政厅. 关于推进中小学教师"县管校聘"

管理改革的指导意见［EB/OL］. http://jyt. ah. gov. cn/30/view/358214. shtml.

23. 广东省教育厅 编委办 人力社保厅 财政厅. 关于推进中小学教师"县管校聘"管理改革的指导意见［EB/OL］. http://zwgk. gd. gov. cn/006940116/201801/t20180104_746829. html.

24. 山东省教育厅 编委办 人力社保厅. 关于推进中小学教师县管校聘管理改革的指导意见［EB/OL］. http://edu. shandong. gov. cn/art/2018/11/3/art_12342_1698287. html.

25. 福建省教育厅 编委办 人力社保厅 财政厅. 关于推进中小学教师"县管校聘"管理改革的指导意见［EB/OL］. http://zwgk. gd. gov. cn/006940116/201801/t20180104_746829. html

26. 济南市教育局关于加强交流轮岗教师考核工作的指导意见［EB/OL］. http://jnedu. jinan. gov. cn/art/2014/10/20/art_18910_758211. html.

27. 中共中央国务院关于抓好"三农"领域重点工作确保如期实现全面小康的意见［EB/OL］. http://cpc. people. com. cn/n1/2020/0205/c431391-31572967. html.

28. 中共中央国务院关于建立健全城乡融合发展体制机制和政策体系的意见［EB/OL］. http://www. 81. cn/jwgz/2019-05/06/content_9496171_3. htm.

29. 中共中央国务院关于全面推进乡村振兴加快农业农村现代化的意见［EB/OL］. http://www. gov. cn/xinwen/2021－02/21/content_5588098. htm.

30. 浙江省教育厅 编委办 财政厅 人力社保厅. 关于新时代城乡义务教育共同体建设的指导意见［EB/OL］. http://jyt. zj. gov. cn/art/2021/1/5/art_1532973_58916609. html.

附录 I

县域内义务教育学校教师
交流的调查问卷

（教师问卷）

尊敬的老师：

　　您好！非常感谢您能抽出宝贵的时间参与本次问卷调查。

　　我们正在开展推进县（区）域内义务教育学校教师交流的研究，需要您的积极参与、支持和配合。本次问卷调查采取无记名方式，调查结果仅作为研究的参考，不会给您本人及您所在学校带来任何不利影响，我们会为您严格保密。问题的答案没有对错之分，请按照您的实际情况回答。

　　谢谢您的大力支持和配合！

第一部分：您的基本情况（请在您认为最合适的□内打"√"）

1. 性别：□男　□女
2. 婚姻：□已婚　□未婚　□其他
3. 年龄：□30 岁以下　□31—40 岁　□41—50 岁　□51 岁以上
4. 教龄：□5 年以下　□6—10 年　□11—15 年　□16—20 年　□21 年以上
5. 学历：□中专　□大专　□大学本科　□硕士研究生及以上
6. 职称：□未定级　□初级　□中级　□高级
7. 任教学段：□小学　□初中
8. 学校类别：□城区学校　□城乡接合部学校　□农村学校

9.职务:□学校领导 □学校中层干部 □年级组长(或教研组长) □普通一线教师

10.是否为骨干教师:□普通教师 □校级骨干教师 □县(区)级骨干教师 □市级以上骨干教师

11.目前所教学科＿＿＿＿＿＿＿＿(请填写)

第二部分:您对义务教育学校教师交流政策的认识等情况(请认真回答! 不要遗漏问卷中的每一个题目,共计 35 个题目,并把您认为最合适的选项填写在括号内。)

1.您是否已经参与过城乡教师交流? （　　）
　　A.参与过　　　B.未参与过

2.您愿意参与城乡教师交流吗? （　　）
　　A.非常愿意　　B.比较愿意　C.基本愿意　D.不太愿意　E.完全不愿意

3.您对城乡教师交流政策的态度是 （　　）
　　A.完全赞同　　B.比较赞同　C.无所谓　　D.不太赞同　E.坚决反对

4.您对本县(区)目前推行的城乡教师交流政策是否满意? （　　）
　　A.完全满意　　B.比较满意　C.基本满意　D.不太满意　E.完全不满意

5.您了解本县(区)城乡教师交流政策的途径主要有哪些? [可多选] （　　）
　　A.教育局的宣传　　　　　B.学校的宣传
　　C.同事间的宣传　　　　　D.自己上网查询　　　E.其他途径

6.您希望在哪种情况下参与城乡教师交流? （　　）
　　A.出于专业发展需求的流动　　B.能满足自身某种利益的流动
　　C.政策要求下的流动　　　　　D.其他

7.您希望通过哪种方式参与城乡教师交流? （　　）
　　A.能自主申请交流　　　　B.由学校推荐交流
　　C.教育行政部门直接指派　D.无所谓

8.据您了解,以往确定教师交流的方式主要是 （　　）
　　A.由学校领导根据考核确定　B.由教育局直接指派
　　C.由教师自愿申请　　　　　D.其他

9.您希望教师参与交流时间的合理范围是 （　　）
　　A.半年以内　　B.1 年以内　C.1－3 年　　D.4－6 年　　E.6 年以上

10.如果参与教师交流,您是否希望人事关系发生变动? （　　）
　　A.不是,继续留在原来学校　　B.是,带到流入学校
　　C.说不清楚　　D.先由教育行政部门统一管理,交流结束后再进行自主选择

11. 如果参与教师交流,您希望由谁对您的工作进行评价?　　　　（　　）

A. 原学校　　　B. 交流学校　　C. 县级教育行政部门　D. 无所谓

12. 据您了解,目前参与教师交流的对象主要是　　　　　　　　　（　　）

A. 新手教师　　B. 一般教师　　C. 骨干教师　D. 不清楚

13. 您认为阻碍当前教师交流政策实施的关键因素有[可多选]　　　（　　）

A. 校际间办学条件和水平的差距　B. 教师个人发展机会的差距

C. 学校所在社区环境的差距　　　D. 生源学习能力的差距

E. 经济待遇上的差距　　　　　　F. 其他

14. 如果参与教师交流,您最难以适应的情况是　　　　　　　　　（　　）

A. 日常生活的变化　　　　　B. 所教学生的变化

C. 人际关系的变化　　　　　D. 学校文化环境的变化　　E. 其他

15. 在参与教师交流之后,您最希望获得的回报是　　　　　　　　（　　）

A. 晋升职称职务　　　　　　B. 参加培训和进修

C. 提高薪资待遇　　　　　　D. 带薪休假

E. 在事业发展上获得更多的机会　F. 其他

16. 您支持城乡教师交流政策的原因主要是[可多选]　　　　　　　（　　）

A. 能够促进城乡教育的均衡发展　B. 能够促进教师自身的专业发展

C. 能够改善自己的工作环境　　　D. 能够照顾家人和家庭　　E. 其他

17. 您认为参与交流的教师对流入学校的教育教学质量提升有帮助吗?（　　）

A. 很有帮助　　B. 较有帮助　　C. 说不清楚　D. 帮助不大　E. 根本没有帮助

18. 您认为教师交流有利于促进教师个人的专业发展吗?　　　　　（　　）

A. 非常有利　　B. 较为有利　　C. 说不清楚　D. 较为不利　E. 非常不利

19. 您认为应该如何保证教师交流的公平和实效性?[可多选]　　　（　　）

A. 加强教师交流过程的透明度　　　　　　B. 建立民主监督机制

C. 坚持双向选择原则,并充分尊重教师的意愿　D. 保障教师的待遇要求

E. 推进义务教育学校标准化建设　　　　　F. 其他

20. 您对目前城乡教师交流激励机制的看法是　　　　　　　　　（　　）

A. 非常满意　　B. 较为满意　　C. 一般　　　D. 不太满意　E. 非常不满意

21. 您认为本县(区)教师交流工作目前存在的主要问题是[可多选]　（　　）

A. 缺少明晰的总体规划与交流机制　　　B. 学校领导不够重视

C. 教师交流的积极性没有充分调动　　　D. 学校不了解教师的实际需求

E. 其他

22. 在参与教师交流服务期满之后,您会选择 （　　）
   A. 回到原学校任教 　　　　 B. 留在交流学校
   C. 继续流动到其他学校 　　 D. 根据情况再决定

23. "现在的工作挺好,没有必要流动",您的看法是 （　　）
   A. 完全认同 　 B. 比较认同 　 C. 不确定 　 D. 不太认同 　 E. 完全不认同

24. 交流作为教师职称评聘(或评先评优)依据,您的看法是 （　　）
   A. 完全认同 　 B. 比较认同 　 C. 无所谓 　　 D. 不太认同 　 E. 完全不认同

25. 您认为本县(区)目前城乡教师交流政策的推进主要依靠什么力量?[可多
   选] （　　）
   A. 教育局的行政命令 　　　　 B. 教育局的宣传动员
   C. 学校领导的命令 　　　　　 D. 学校领导的宣传动员
   E. 广大教师的热情参与 　　　 F. 不清楚

26. 您是通过哪些途径来了解本县(区)城乡教师交流情况的?[可多选] （　　）
   A. 教育局的宣传 　　　　　　 B. 学校的宣传
   C. 同事间的宣传 　　　　　　 D. 自己上网查询 　　 E. 其他途径

27. 您认为界定教师交流对象的标准是[可多选] （　　）
   A. 教师职称高低 　　　　　　 B. 连续在同一学校工作时间的长短
   C. 有无突出的荣誉与业绩 　　 D. 个人是否有需求并主动申请
   E. 是否能够满足学校的需要 　 F. 其他

28. 您觉得当前城乡教师交流的程序是否公正公开? （　　）
   A. 是 　　　　 B. 不是 　　　 C. 不清楚

29. 如果您要参与教师交流,您最喜欢选择以下哪种交流方式? （　　）
   A. 在教育集团或联盟内部进行交流 　　　 B. 教师定期轮岗
   C. 短期的支教活动//进城蹲点跟师学习
   D. 参与城乡结对学校之间的对口支援 　　 E. 其他

30. 您认为以下哪些人员最需要参加城乡教师交流?[可多选] （　　）
   A. 骨干教师 　 B. 名优教师 　 C. 职称新评的高级教师
   D. 任职时间达到要求的教师 　 E. 有主动交流意愿的教师 　　 F. 其他

31. 您认为县(区)域内教师交流政策的实施对您所在的学校有何积极影响?[可
   多选] （　　）
   A. 能够解决部分学科教师不足的问题
   B. 有助于提高学校教师的教学水平
   C. 有助于缓解教师职业倦怠感
   D. 有助于提高学校声誉

E. 有助于提高学生的积极性

F. 可以为学校文化发展注入新的元素

G. 其他

32. 在制度层面上,您认为影响县(区)域内教师交流政策推行的因素有哪些? [可多选] （　　）

A. 教师聘任制、编制等人事制度管理上的影响

B. 交流配套经费制度未建立或者不健全

C. 教师绩效评价制度迫使学校争夺优秀教师资源

D. 户籍制度的影响

E. 有效保障教师交流的激励机制缺乏或不能完全落实

F. 其他

33. 在您看来,为推进城乡教师交流政策的实施,政府需要采取哪些措施? [请填写]

附录 Ⅱ

教师访谈提纲 1

（访谈对象：曾经参与过交流的教师）

1. 您对教师交流政策有什么看法？您认为有哪些有利和不利的影响？

2. 您参与交流活动是自愿的吗？有什么目的吗？您希望以什么样的方式参与教师交流？

3. 在交流过程中，您比较满意和不满意的方面主要有哪些？您遇到的主要困难有哪些？您认为是什么原因造成的？

4. 在交流过程中，您在哪些方面感受到了较为明显的变化？对您自身的专业发展有何影响？

5. 在交流过程中，对您的工作是如何进行考核评价的？对此您有什么其他想法？

6. 请谈谈您初到交流学校的具体感受是怎样的？在参与交流过程中，您在日常生活、教学工作、人事关系、学校文化（或习俗）等方面是否适应？有哪些具体表现？对您有什么影响？您是如何解决的？

7. 在您看来，教师是否有参与交流的积极主动性？影响教师参与交流的积极性的原因主要有哪些？据您了解，教育行政部门和学校分别采取了哪些措施来激励教师参与交流？效果如何？您还希望出台哪些激励措施？

8. 制约教师交流的制度困境有哪些？怎样才能有效实施教师交流政策？

9. 您认为教师交流的程序或过程是否公开透明？为什么？应该怎样做会更

加公正公平呢？

10.作为交流教师,您获得了哪些个人专业发展的机会？您认为教师交流政策能够促进教师自身的专业发展吗？为什么？如果从您自身的专业发展来看,您对教师交流政策本身及其执行还有什么期待？或者说对于交流教师的培养,您还有什么具体建议？

11.在您看来,您在交流学校的行为对于提升流入学校教师的教学水平有帮助吗？具体表现在哪里？

12.您对推行的教师交流政策是否信任？比如待遇兑现、人事关系变动等。您觉得可以怎样解决这些问题？

教师访谈提纲 2

（访谈对象：未参与过交流的教师）

1.您对教师交流政策有什么看法？您认为有哪些有利和不利的影响？

2.您对目前的工作感受如何？是否愿意参与教师交流？为什么？您希望以什么样的方式参与交流？

3.如果您参与了交流,您认为对您的工作应该如何进行科学、合理的考核评价？

4.在您看来,怎样才能有效实施城乡教师交流政策？需要什么样的保障措施或条件？

5.在您看来,教师是否有参与交流的积极主动性？影响教师参与交流的积极性的原因主要有哪些？据您了解,教育行政部门和学校分别采取了哪些措施来激励教师参与交流？效果如何？您还希望出台哪些激励措施？

6.制约教师交流的制度困境有哪些？怎样才能有效实施教师交流政策？

7.如果参与教师交流,您会有哪些要求？您认为可能遇到的最大困难是什么？您打算如何克服这些困难？

8.您认为教师交流政策能够促进教师自身的专业发展吗？为什么？如果从您自身的专业发展来看,您对教师交流政策本身及其执行还有什么期待？或者说对于交流教师的培养,您有什么具体建议？

9.您认为教师交流的程序或过程是否公开透明？为什么？应该怎样做会更加公正公平呢？

10.您对推行的教师交流政策是否信任？比如待遇兑现、人事关系变动等。您觉得可以怎样解决这些问题？

校长访谈提纲

1.请简要介绍一下贵校师资的基本情况。

2.您自己是如何看待教师交流政策的？就贵校而言,这一政策的实施对学校的发展有哪些积极意义和不利影响？产生不利影响的原因是什么？

3.目前贵校有多少教师已经参与过教师交流？主要以什么样的方式参与流动？

4.在执行教师交流政策时,教育行政部门是否考虑了学校和老师的实际需求？作为校长,您有什么样的考虑和做法？

5.在您看来,教师是否有参与交流的积极主动性？影响教师参与交流的积极性的原因主要有哪些？对参与交流的教师,学校或教育行政部门有什么样的激励或保障措施？效果如何？您还有什么更好的建议？

6.县里在推行城乡教师交流方面出台了哪些具体政策？尤其是有没有制定相应的配套政策？贵校有哪些相对应的措施？特别是对流入本校的流动教师是如何安排或管理的？

7.教育行政部门是否定期对教师交流情况进行总结或评估？对学校工作有没有具体的考核指标？对流动教师工作情况又是如何进行评价的？

8.您认为当前教师交流的程序或过程是否公开透明？为什么？您觉得应该怎样做会更加公正公平呢？

9.您认为教师交流政策能够促进交流教师自身的专业发展吗？对于交流教师的培养,教育行政部门有什么样的具体措施？效果如何？您还有什么具体建议？

10.您认为影响教师交流有效实施的因素主要有哪些(尤其是制度上的制约因素)？怎样才能解决这些问题？

11.您在完善教师交流政策方面还有何其他建议？

有关管理部门领导的访谈提纲

（一）教育局领导的访谈提纲

1. 请简要介绍一下贵县（区）义务教育师资配置的基本情况。

2. 贵县在何时开始实施城乡教师交流政策的？当时推行该政策的动因是什么？出台过哪些具体的政策规定？

3. 在执行这些政策时取得了哪些成就？还存在哪些问题？产生这些问题的原因是什么？

4. 在执行这些政策时,是否制定了相应的配套措施(比如交流到农村教师的周转房、交通生活补助问题等)？这些配套措施落实情况如何？

5. 在推行教师交流政策的过程中,是否考虑了参与交流的学校和老师的实际情况？对参与交流的教师有什么样的条件要求？是如何进行人员选拔的？

6. 贵县教师参与交流的积极性如何？在调动教师参与交流的积极性方面,贵县制定了什么样的激励或保障措施？效果如何？在如何激发学校和教师参与交流的积极性方面有什么其他想法？

7. 在推行全体教师流动制度过程中,您认为影响贵县教师交流实施的困难有哪些(尤其是制度上的制约因素)？怎样才能解决这些问题？

8. 您认为当前教师交流的程序或过程是否公开透明？为什么？您觉得应该怎样做会更加公正公平呢？

9. 对参与交流的学校和教师工作情况,有无具体的考核评价指标呢？又是如何进行评价的？

10. 在制定和执行教师交流政策时,贵县做了哪些工作？比如与其他相关部门的协调、争取上级政府的政策支持、对政策的宣传等。

11. 您认为教师交流政策能够促进交流教师的专业发展吗？对于交流教师的培养,以往贵县有什么样的具体措施？效果如何？今后还可能有什么具体举措？

12. 在交流教师的人事管理上以往有哪些具体的措施？效果如何？在推行全体教师流动制度过程中,又将会有哪些新的考虑或做法？

（二）编委办领导的访谈提纲

1. 当前对中小学教师的编制是如何管理的？

2.有人说"编制"是直接影响城乡教师流动实施的一个政策性因素,您对此有何看法?

3.为了更有效地推动城乡教师流动的实施,在中小学教师编制的管理上会有什么新的办法?

4.如果实施城乡教师流动政策,对农村中小学教师编制有没有倾斜的政策措施? 或者说是否有其他的措施(不只是根据师生比例来计算)来适当增加农村中小学教师的编制数量? 这在中小学教师编制的管理上会有什么困难?

(三)人力社保局领导的访谈提纲

1.当前中小学教师在岗位设置方面有什么具体政策或做法?

2.有人说"岗位设置"对城乡教师流动政策的实施有直接影响,您对此有何看法? 如果实施城乡教师流动政策,对当前人事管理会带来哪些困难?

3.如果实施城乡教师流动政策,中小学教师的岗位设置将会有什么样的变化? 这种变化能否适应和满足教师交流到农村和薄弱学校岗位聘任的需要?

4.对于参与交流的中小学教师在职称评聘中有没有特殊的政策待遇? 这种政策待遇能否激起教师流动的积极性?

(四)财政局领导的访谈提纲

1.对参与交流的教师来说,在经济待遇上有什么样的优惠政策?"农村教师任教津贴"会不会进一步提高比例?

2.财政局有没有专项的工作经费用于保障城乡教师交流政策的实施? 比如为交流教师提供周转房等。 效果如何?

3.为了更有效地推动城乡教师流动政策的实施,在经济待遇上有没有更明显、积极的政策倾斜来激发教师流动的积极性?

附录 Ⅲ

县域内城乡交流教师评价机制研究的问卷调查

尊敬的老师：

您好！为了提高义务教育教师交流制度的有效性,我们设计了针对交流教师的考核和评价的相关问卷调查。您的想法和意见对我们的研究十分重要。调查纯粹属于科研目的,所有问卷均采用匿名方式,请填写您的真实情况和真实想法,不必有任何顾虑。非常感谢您的参与和支持!

一、基本信息部分(请在相应的□内划"√")

1. 性别:□男　□女

2. 年龄:□30 岁以下　□31—40 岁　□41—50 岁　□51 岁以上

3. 您的教龄:□1—5 年　□6—10 年　□11—15 年　□16—20 年　□21 年以上

4. 您的最后学历:□专科　□本科　□研究生

5. 您的职称:□中学高级　□小学高级　□小学一级　□小学二级

6. 您的职务:□校领导　□校中层领导　□年级或教研组长　□普通教师

7. 您所教的主要学科:□语文　□数学　□英语　□科学　□艺体　□其他

二、问卷主体部分(请把您认为最合适的选项填写在括号内)

8.您是否参与过教师交流？ （　）
　　A.已经交流过　　　　　　　　B.目前正在交流
　　C.近期准备交流　　　　　　　D.没有打算交流

9.您是否了解对交流教师的考评工作？ （　）
　　A.完全了解　　　B.部分了解　　C.不太了解　　D.根本不了解

10.您认为在教师交流期间对交流教师的工作进行评价有必要吗？ （　）
　　A.非常有必要　B.有必要　　C.一般　　D.没必要　　E.完全没必要

11.您所在的学校对交流教师制定了相应的考评措施了吗？ （　）
　　A.有,且严格执行　　　　　　B.有,但流十形式
　　C.没有　　　　　　　　　　　D.不清楚

12.父流教师的考评措施是由谁制定的？ （　）
　　A.派出学校　　　　　　　　　B.接收学校
　　C.派出学校和接收学校共同制定　D.教育行政管理部门　　E.不清楚

13.您所在学校的交流教师考评结果与教师评先、晋职资格是否挂钩？ （　）
　　A.是　　　　B.不是　　　　C.不清楚

14.您参与过具体的教师交流考评制度的制定与协商吗？ （　）
　　A.参与过,且有实质性影响　B.参与过,但没有实质性影响
　　C.没有参与过

15.您更倾向于哪种教师评价模式？ （　）
　　A.奖惩为目的的终结性评价　B.发展为目的的形成性评价
　　C.无所谓

16.您认为对交流教师进行考评最重要的功能是什么？【可多选】 （　）
　　A.作为奖惩或职称评定的依据　　B.提高教师工作效率和积极性
　　C.促进交流教师的专业发展　　　D.保障教师交流制度实施的有效性
　　E.便于学校对交流教师的管理

17.您希望由哪些主体对您在交流学校的工作情况进行考评？【可多选】（　）
　　A.教育行政管理部门　　　　B.学校领导　　　C.同事
　　D.学生　　　　　　　　　　E.家长　　　　　F.自己

18.据您所知,现有教师交流考评制度的评价内容有哪些？【可多选】
　　(1)专业素质方面: （　）
　　A.师德修养　　　　　　　　　B.专业知识素养
　　C.教育教学能力素质　　　　　D.身心素质

（2）工作过程方面：　　　　　　　　　　　　　　　　（　　）

A. 日常教学　　　　　　　　B. 教研科研

C. 开展公开课　　　　　　　D. 指导新进或年轻教师

（3）工作业绩方面：　　　　　　　　　　　　　　　　（　　）

A. 教学成绩　　　　　　　　B. 德育效果

C. 学生综合素质的发展　　　D. 教育教学科研成果

19. 您认为学校或教育行政部门在制定交流教师考评制度时的依据主要是什么？

【可多选】　　　　　　　　　　　　　　　　　　　（　　）

A. 领导自身利益　　　　　　B. 教师自身利益

C. 学校长远发展　　　　　　D. 教师专业发展

E. 基础教育均衡发展　　　　F. 其他

20. 您所希望的交流教师的考评方式是什么？【可多选】　　（　　）

A. 学生统一给交流教师打分　B. 接收学校领导撰写评语

C. 查看教师工作档案记录　　D. 自我工作总结

E. 专人系统观察　　　　　　F. 向交流学校的同事进行调查

G. 访谈/面谈

21. 您希望相关的评价信息和结果以什么方式呈现？　　　（　　）

A. 定量　　　B. 定性　　　C. 定量和定性兼而有之　　　D. 无所谓

22. 请您选择对以下描述的认同度。（请在相应选项下的空格内划"√"）

	完全认同	比较认同	一般	不太认同	完全不认同
①您了解对交流教师进行考评的相关制度内容					
②您在意交流过程中对您工作的相应评价					
③目前的考核政策能够做到公正、公平、公开					
④对交流教师考核结果分等次感到公平、合理					
⑤考核交流教师的标准非常明确、客观					
⑥交流教师晋升职称靠能力、水平，不靠关系					
⑦学校对交流教师的考核存在形式主义					
⑧交流教师的评价标准的设定必须分层次、差异化					

23. 您对义务教育教师交流过程中针对交流教师的考核和评价有什么建议和意见？〔请填写〕

附录 Ⅳ

浙江省"县管校聘"政策实施的调查问卷

尊敬的老师：

您好！非常感谢您抽出宝贵时间参加此次问卷调查。2016 年浙江省出台了《关于推进中小学教师"县管校聘"管理改革的指导意见》，本次调查旨在了解我省"县管校聘"政策实施的整体情况。问卷采取无记名方式进行，调查数据仅用于学术研究，不会对您个人和学校造成任何不利影响。请按照您的真实想法和实际情况回答下列问题。

再次感谢您的积极参与！

第一部分：基本信息（请在符合您实际情况的选项上打"√"）

1. 您的性别：□男　　□女
2. 您的年龄：□30 岁及以下　　□31—40 岁　　□41—50 岁　　□51 岁及以上
3. 您的教龄：□1—5 年　　□6—10 年　　□11—20 年　　□21—30 年　　□31 年及以上
4. 您的最高学历：□中专　　□大专　　□本科　　□研究生
5. 您的职称：□高级教师　　□一级教师　　□二级教师　　□三级教师　　□未定级
6. 您的行政职务：□校领导　　□校中层领导　　□其他职务　　□未担任任何职务
7. 您的任教学段：□小学　　□初中
8. 您所在学校区域：□城区（含县城）　　□镇区　　□乡村

9.通过"县管校聘",您的状况是：

□还是在原来的学校　□从乡村学校竞聘到城镇学校　□从城镇学校流动到乡村学校　□在同类学校之间流动　□没有参加"县管校聘"

第二部分:"县管校聘"政策实施的整体状况(请仔细阅读下列内容,根据您自己的想法或实际情况进行判断,并在相应的选项上打"√")

1.我非常支持当前开展的"县管校聘"工作。
　□完全符合　　□比较符合　□符合　　　□不太符合　□完全不符合

2.我对"县管校聘"没有任何抵触情绪。
　□完全符合　　□比较符合　□符合　　　□不太符合　□完全不符合

3.即使没有强制要求,我也愿意主动参加"县管校聘"。
　□完全符合　　□比较符合　□符合　　　□不太符合　□完全不符合

4.县教育局对"县管校聘"的政策规定进行了全面宣传。
　□完全符合　　□比较符合　□符合　　　□不太符合　□完全不符合

5.县教育局通过会议、微信等多种渠道宣传"县管校聘"改革。
　□完全符合　　□比较符合　□符合　　　□不太符合　□完全不符合

6.学校组织了全体教职工认真学习"县管校聘"政策的精神。
　□完全符合　　□比较符合　□符合　　　□不太符合　□完全不符合

7.学校十分重视"县管校聘"的宣传与动员工作。
　□完全符合　　□比较符合　□符合　　　□不太符合　□完全不符合

8.学校全体教职工都已经知晓"县管校聘"政策。
　□完全符合　　□比较符合　□符合　　　□不太符合　□完全不符合

9.我十分清楚"县管校聘"实施的具体程序或步骤。
　□完全符合　　□比较符合　□符合　　　□不太符合　□完全不符合

10."县管校聘"确保了学校和教师之间的双向自主选择。
　□完全符合　　□比较符合　□符合　　　□不太符合　□完全不符合

11.学校在组织"县管校聘"的过程中始终坚持公开、公平、公正的原则。
　□完全符合　　□比较符合　□符合　　　□不太符合　□完全不符合

12.学校在"县管校聘"的工作开展中成立了专门的监督小组。
　□完全符合　　□比较符合　□符合　　　□不太符合　□完全不符合

13.学校任何教职工若对岗位竞聘结果有异议,均可提出申诉。
　□完全符合　　□比较符合　□符合　　　□不太符合　□完全不符合

14.学校领导对竞聘中分流和解聘的教职工给予了关心和帮扶。
　□完全符合　　□比较符合　□符合　　　□不太符合　□完全不符合

15. 人际关系好的教师在学校"竞聘上岗"中更具有优势。
　　□完全符合　　□比较符合　　□符合　　　　□不太符合　　□完全不符合

16. "竞聘上岗"非常看重教师的教学水平高低。
　　□完全符合　　□比较符合　　□符合　　　　□不太符合　　□完全不符合

17. 高职称的教师在学校"竞聘上岗"中更具有优势。
　　□完全符合　　□比较符合　　□符合　　　　□不太符合　　□完全不符合

18. 学校在确定"县管校聘"工作方案前充分征求过教职工的意见与建议。
　　□完全符合　　□比较符合　　□符合　　　　□不太符合　　□完全不符合

19. 我参与了学校"竞聘上岗"方案的制定工作。
　　□完全符合　　□比较符合　　□符合　　　　□不太符合　　□完全不符合

20. 学校制定了具体可行的"竞聘方案"。
　　□完全符合　　□比较符合　　□符合　　　　□不太符合　　□完全不符合

21. "县管校聘"推进了城乡教师资源的均衡配置。
　　□完全认同　　□比较认同　　□认同　　　　□不太认同　　□完全不认同

22. "县管校聘"打破了教师交流的管理体制障碍。
　　□完全认同　　□比较认同　　□认同　　　　□不太认同　　□完全不认同

23. "县管校聘"推动了优秀教师或骨干教师的跨校交流。
　　□完全认同　　□比较认同　　□认同　　　　□不太认同　　□完全不认同

24. "县管校聘"增强了教师的忧患意识和竞争意识。
　　□完全认同　　□比较认同　　□认同　　　　□不太认同　　□完全不认同

25. "县管校聘"消除了教师的职业倦怠感和麻木感。
　　□完全认同　　□比较认同　　□认同　　　　□不太认同　　□完全不认同

26. "县管校聘"彻底打破了教师职业的"铁饭碗"。
　　□完全认同　　□比较认同　　□认同　　　　□不太认同　　□完全不认同

27. "县管校聘"给教师的日常生活和职业发展带来了严重困扰。
　　□完全符合　　□比较符合　　□符合　　　　□不太符合　　□完全不符合

28. "县管校聘"中县级行政部门(教育、编制、财政)之间尚未形成有效的协作机制。
　　□完全符合　　□比较符合　　□符合　　　　□不太符合　　□完全不符合

29. "县管校聘"会出现"办学条件好的学校优秀教师扎堆"的现象。
　　□完全符合　　□比较符合　　□符合　　　　□不太符合　　□完全不符合

30. "县管校聘"降低了教师对学校组织的归属感和认同感。
　　□完全符合　　□比较符合　　□符合　　　　□不太符合　　□完全不符合

31. "县管校聘"过程中校长的权力行使缺少有效监督机制。

　　　□完全符合　　　□比较符合　　　□符合　　　　□不太符合　　□完全不符合

32. "县管校聘"可能会破坏良好的教育生态。

　　　□完全符合　　　□比较符合　　　□符合　　　　□不太符合　　□完全不符合

后　记

　　随着书稿的修改完成,似乎暗示着自己的研究即将告一段落,于是在后记中想着说一说自己研究的心路历程,以及想要表达感谢的人。

　　起初对城乡教师交流问题研究的关注和思考,应该是十年前的事情了。现在回想起来,记不清当时为何选择了这个主题,也许是在翻阅期刊文章时无意间引起了我的兴趣、勾起了我的思考、触动了我的神经,但毫无疑义地是当时为了申报课题需要寻找值得研究的问题。2010年我从华东师范大学课程与教学研究所博士毕业以后,来到了湖州师范学院工作。作为一名青年博士,当时有个迫切的愿望就是希望自己能够在两年内正常晋升副教授职称,而要能够顺利通过职称的评审,主持省部级课题不是必要条件但却可以增加成功的胜算,让自己在众多竞争者中"脱颖而出"。正是源于这样的简单动机,虽有些功利,但却让我此后一直深深地陷入了这个研究课题之中,成为我博士论文研究主题之后,另一个持续深入耕耘的研究领域,让我与"城乡教师交流"这个研究主题紧密地建立了某种"情缘"。

　　随着研究的深入,慢慢地有了一些学术积累,对县域内城乡教师交流政策实施也有了更多的感性认识和理性思考。于是我又想延续博士期间的研究主题,在"教师身份认同"和"城乡流动教师"之间寻找到新的学术生长点和着力点。非常幸运的是,2016年成功申报了国家社科基金项目"县域内城乡流动教师身份认同的影响因素及其政策支持研究"(16BGL173)。此后围绕项目扎实地开展研究工作。一些研究成果的发表和转载,让我看到了研究的成效和意义,让我增长了研究的信心和勇气,也就萌生了想将自己的研究成果写成一本书稿的念头,也恰好可以圆了研究之初曾有过的美好预期。于是,利用2019年下半年在北京师范大学教师教育研究中心访学的时间,我再次尽可能全面地回顾和梳理了我国城乡教师交流政策的发展脉络,系统地盘点了国内学者们围绕"城乡教师交流"这个主题展开的丰富扎实、富有启示的研究成果,对先前自己的研究成果进行了再次加工和丰富拓展,逐步形成了这本书的雏形。2020年下半年,我又对教师"县管校聘"管理改革进行调查研究,对书稿中的部分内容进一步优化和补充。在2022年上半年国家社科基金项目结题后,我又根据评审专家们提出的修改意见和建议,努力完善框架和润色内容,最终书稿得以基本成型。在书稿中,我借鉴引用了许多学者的观点,是他们的学术智慧助力了我的细微研究。在此一并感谢。由于本人研究能力有限,书中难免存有疏漏和错误之处,恳请各位专家和学人同行批评指正。

整个项目研究的推进,要感谢湖州师范学院副校长舒志定教授。舒校长对前期课题调研的指导,对研究论文撰写的修改建议,以及在研究过程中不经意的关心提醒,都让我受益良多。感谢课题调研过程中给予支持和帮助的一些县区教育局领导,以及接受问卷调查和访谈的各位老师们,是你们为我的研究提供了厚实的第一手资料。感谢浙江大学出版社的责任编辑葛娟,她对书稿的认真校对和优化调整,使这本书能得以顺利出版。

感谢我的博士导师吴刚平教授。在成功申报国家社科项目之后的肯定和鼓励,在项目研究过程中出现困顿时的关心和指导,让我感受到浓浓的暖意和无穷的力量。感谢我的访学导师朱旭东教授。跟随朱老师访学的时间很短暂,却为我的专业成长注入了新力量,也为我的学术研究打开了新视野。

感谢我的爱人曹丹丹老师和女儿李睿婧同学。为了让我的研究有更多一点的时间,我亲爱的爱人精心地照料和呵护着我们的小家,为我扫除了一切后顾之忧。懂事优秀的女儿是我的骄傲,她成长中每一次取得的好成绩,也始终激励着我要和她一起进步、共同成长。

以上所言,是为后记!

李茂森

2022年10月